并购对价与融资方式决策研究丛书

U0674882

公司并购、融资政策选择与资本结构动态调整研究

Corporate Mergers and Acquisitions, Choice of Financial Policy
and Dynamic Adjustment of Capital Structure

李井林 著

东北财经大学出版社
Dongbei University of Finance & Economics Press

大连

图书在版编目（CIP）数据

公司并购、融资政策选择与资本结构动态调整研究 / 李井林
著. —大连：东北财经大学出版社，2017.1
（并购对价与融资方式决策研究丛书）
ISBN 978-7-5654-2788-6

Ⅰ．公⋯ Ⅱ．李⋯ Ⅲ．①上市公司–企业兼并–研究–中
国②上市公司–企业融资–研究–中国 Ⅳ．F279.246

中国版本图书馆 CIP 数据核字（2017）第 142269 号

东北财经大学出版社出版
（大连市黑石礁尖山街217号　邮政编码　116025）
网　　址：http：//www.dufep.cn
读者信箱：dufep@dufe.edu.cn
大连天骄彩色印刷有限公司印刷　　东北财经大学出版社发行
幅面尺寸：170mm×240mm　　字数：228千字　　印张：15.75　插页：1
2017年1月第1版　　　　　　　　　　　　2017年1月第1次印刷
责任编辑：李智慧　魏　巍　田玉海　　责任校对：思　齐
封面设计：张智波　　　　　　　　　　　版式设计：钟福建

定价：48.00元

　　本书系国家自然科学基金面上项目——上市公司如何选择并购对价与融资方式——基于嵌套结构的经验研究（71172120）、国家社会科学基金青年项目——并购视角下企业杠杆率动态调整的理论与实证研究（17CGL013）、中国博士后科学基金面上资助项目——中国上市公司股权结构动态调整的理论与实证研究（2017M611105）的重要成果之一。感谢国家自然科学基金委员会、全国哲学社会科学规划办公室、中国博士后科学基金会的资助！

序言

公司如何选择资本结构？公司如何为其投资项目融资？融资与投资又如何相互影响？融资决策会影响公司价值吗？理论与经验文献关于公司财务中的这些关键问题仍然存在争议。据统计，2009—2011年，在财务学三大国际顶尖学术期刊（Journal of Finance，Journal of Financial Economics，Review of Financial Studies）上公开发表的文章中，有129篇（大约10%）在一定程度上与资本结构问题相关。资本结构理论研究的核心内容主要回答两个相关问题：第一，负债比率的变化是否影响公司价值？第二，如果负债比率的变化影响公司价值，那么最优（目标）负债水平是多少？1958年提出的MM理论，不仅是现代公司资本结构理论的基石，而且是后续资本结构理论研究的逻辑起点。关于MM理论的争论导致了静态权衡理论的产生。其中，财务危机权衡理论认为，公司会依据债务的税盾效应和破产成本设置目标资本结构，并逐渐靠近最优（目标）资本结构；代理成本权衡理论认为，不同的融资契约与不同的代理成本相联系，最优资本结构就是债务代理成本和股权代理成本之和最小时的负债结构。目前，资本结构理论的研究已由静态观（考察资本结构的影响因素）发展到动态观（考察资本结构的动态调整），并出现了动态权衡理论与市场择时理论的争论以及动态权衡理论与优序融资理论的争论。与市场择时理论、优序融资理论均认为公司不存在最优（目标）资本结构不同，动态权衡理论认为公司不仅存在目标资本结构，而且当目标资本结构发生变化或某些因素导致实际资本结构偏离目标水平时，公司就会采取措施逆转偏差，调整资本结构至目标水平。然而，由于阻碍作用的存在，公司仅对资本结构进行了局部（部分）调整。资本结构动态调整是资本结构理论研究的前沿课题之一，它引起了国内外诸多学者的广泛关注，对它的研究如今已经取得了丰富的成果。

　　并购是能够显著改变公司资本结构的重大事件之一，公司会利用并购的机会优化资本结构。在并购交易中，支付方式和融资方式的选择与并购公司的资本结构相互联系、相互影响。一般来说，公司选择的支付方式将影响并购后公司的资本结构，或许还会触发证券发行，而融资政策也会影响资本结构。并购支付方式的选择对并购公司资本结构的变化会产生重大影响，因为现金对价并购会提高并购公司的负债权益比率，股票对价并购则会降低并购公司的负债权益比率。并购需要公司进行外部资金的筹措，因此公司拥有了进入资本市场的机会，而拥有进入资本市场机会的公司能够以较低的调整成本和较快的调整速度调整其资本结构。并购将投资与资本结构决策联系起来，提供了一个观察公司向其目标资本结构进行动态调整的机会。也就是说，如果没有并购等投资机会，杠杆不足的公司只能通过举债来回购股票，以向其目标杠杆水平调整。由于证券交易规则的限制，通过在公开市场上回购股票的方式调整资本结构，不仅需要花费较长的时间，而且可能需要支付较高的溢价，特别是当公司股票价格被市场严重高估时。在这种情况下，公司可能会通过并购等投资机会向其目标资本结构进行动态调整。或者说，并购可以作为公司调整其资本结构的机会窗口。如果公司对不同并购融资政策的选择使得资本结构向其目标水平进行动态调整，就可以验证公司资本结构存在目标调整行为。当然，并购对资本结构的调整效应，既可能是一种主动的目标调整，也可能是并购行为本身引起的间接效应。那么，检验公司并购对资本结构动态调整的影响便成为本书研究的出发点。

　　本书在中国特殊的制度背景下，围绕着公司并购决策、融资政策选择与资本结构动态调整三个方面，考察了以下问题：公司在进行并购决策时，是否会考虑目标资本结构水平的影响？实际资本结构水平与其目标资本结构水平的偏差如何影响公司并购融资政策的选择？在并购交易发生前后，公司的融资政策是否存在动态调整行为？如果存在，公司将采取何种方式进行动态调整？公司并购与资本结构动态调整的相互影响机理是什么？本书的研究结论不仅解决了动态权衡理论、优序融资理论与市场择时理论关于资本结构是否存在对其目标水平进行动态调整这一问题，为资本结构理论研究提供了新的研究思路和视角，而且有助于引导公司从并购价值创造的角度，制定科学合理的目标资本结构，构建资本结构动态优化机制，使公司能够主动适应内、外部环境的变化，充分利用财务杠杆效应获得收益，提高资金的使用效率，从而优化资源配置，提高经济效益与社会效益。

本书可以作为财经类院校高年级本科生、学术型和专业学位研究生以及博士生的课外阅读材料使用；同时，相信本书对致力于中国公司财务与并购重组问题研究的学者、政府相关职能部门、上市公司董事和高级管理人员都会有较多启发。

刘淑莲

2017年1月

并购不仅是我国资本市场上重要的社会资源重新配置的手段之一（刘淑莲，2010），也是公司扩大规模、实现战略转型和产能结构调整的重要手段。目前，并购重组已经提到了国家战略的高度，国家希望通过并购重组实现经济转型、产业升级与结构优化，消化过剩产能；企业希望通过并购重组实现快速成长、竞争力提升。与西方发达国家相比，我国公司并购的发展起步较晚，并且有着特殊的经济背景、政治制度背景和社会背景。刘淑莲（2010）将中国上市公司并购重组实践划分为以下三个阶段：起步阶段（1993—1996年）、快速发展阶段（1997—2005年）、规范与发展并举阶段（2006年至今）。中国企业兼并重组研究中心发布的《2014年中国并购市场报告》的统计数据显示：2006—2014年，中国上市公司发生并购案例的交易金额和交易数量均呈现上升趋势。2015年，中国并购市场再次呈现爆发性增长。清科研究中心发布的数据显示：2015年，中国并购市场共完成交易2 692起；披露金额的并购案例总计2 317起，涉及交易金额共1.04万亿元。2016年，随着经济转型和供给侧改革的推进，存量资产将出现大量并购重组需求，改革红利的释放将推动并购市场迎来黄金发展期。

2015年中国并购市场交易活跃度的走高，得益于改革的红利和兼并重组政策的支撑。2月10日，银监会印发了《商业银行并购贷款风险管理指引》，将并购贷款期限提升至 7 年，并购贷款在并购交易总金额中的占比上限提高至 60%。8 月 31 日，证监会等四部委联合发布了《关于鼓励上市公司兼并重组、现金分红及回购股份的通知》，提出在并购重组监管中将进一步简政放权，扩大并购重组，取消行政审批范围，简化审批程序；鼓励支付工具和融资方式创新，引入定向可转债作为并购支付工具；鼓励国有控股上市公司依托资本市场加强资源整合，调整优化产业布局；鼓励通过并购贷款、境内外银团贷款等方式支持上市公司实行跨国并购。9 月 24 日，国务院发布了《关于国有企业发展混合所有制经济的意见》，进一步加速了国有企业的改革，为并购创造了更多的动力。

　　并购重组不仅是国有企业混合所有制改革的重要方式，而且与产业结构的调整以及产业升级方式的转变密不可分。在国有企业混合所有制改革与供给侧改革的双轮驱动下，央企、地方国企的并购重组将加速，将刺激更大范围的企业重组和资源整合。此外，目前上市公司热衷于通过并购重组进行市值管理，利用一二级市场联动进行资本运作。2014 年 5 月 8 日，国务院下发的《关于进一步促进资本市场健康发展的若干意见》中明确提出，鼓励上市公司建立市值管理制度。那么，国有企业在进行混合所有制改革时，应如何安排其所有权结构呢？国有企业混合所有制改革可以是绝对控股，可以是相对控股，也可以是参股，究竟哪种股权结构最有效率呢？国有企业的股权结构是目标调整行为，还是路径依赖行为呢？股票市场是实现国有企业混合所有制改革的有效方式，那么，在国有企业混合所有制改革的过程中，股权结构作为资本结构的重要方面，其调整行为是否存在择时动机，以进行市值管理，实现国有资产的保值增值呢？然而，不管国有企业是进行混合所有制改革，还是进行市值管理，并购重组都是一个重要的实现手段。本书希望通过探讨上市公司的资本结构动态调整行为与择时行为，对我国国有企业的混合所有制改革和市值管理提供借鉴与参考。具体而言：（1）增强目标资本结构意识，建立资本结构动态优化机制，由于公司的资本结构会受到宏观经济环境、金融市场、法律制度以及公司行业特征的影响，因此公司必须对资本结构进行动态调整，根据实际资本结构与目标水平的偏离情况，合理选择融资方式，以实现资本结构的优化；（2）树立市值管理观念，建立市值管理制度，将公司发展与资本市场价格变化相结合，合理利用市场错误定价进行投融资决策，以实现公司的发展战略；（3）充分利用资本市场实现国有企业混合所有制改革中的所有制结构的动态调整与优化，在并购交易活动中确保国有股权的保值与增值。

全书共分为8章。第1章主要对本书的内容进行简要介绍，具体包括问题的提出、研究思路、研究内容以及研究创新；第2章对并购决策影响因素、并购融资政策选择影响因素以及资本结构动态调整等方面的研究文献进行综述；第3章介绍了并购决策、并购融资政策选择以及资本结构动态调整的理论基础与制度背景；第4章至第7章分别对公司并购决策的影响因素、公司并购对价决策、公司并购融资决策以及并购公司资本结构的动态调整进行了实证研究；第8章对公司并购、融资政策选择与资本结构动态调整研究进行了展望。

本书在以下几个方面存在创新：（1）将并购视为公司资本结构动态调整的机会窗口，研究并购公司资本结构的演变规律及其动态调整过程，实现了公司控制权市场理论与资本结构理论的有效结合，在一定程度上解释了公司并购的动因或结果，在一定程度上拓宽了资本结构的研究视角；（2）有效区分了并购支付方式与融资方式的内涵，对并购支付方式与融资方式选择的影响因素进行了理论分析和经验检验，考察了并购支付方式及融资方式选择与资本结构动态调整的相互影响机理；（3）构建了统一的研究框架，对资本结构的权衡理论、优序融资理论与市场择时理论同时进行检验，对于解决资本结构的动态权衡理论与市场择时理论的争议具有一定的贡献。

本书关于公司并购、融资政策选择与资本结构动态调整的研究是一种探索性质的研究，因此难免存在一些不足之处，恳请各位专家、学者和读者朋友批评指正。

作　者

2017年1月

目录

第 1 章

导　论

第 1 章

1.1 ———————————— **问题的提出** ————————————

美国著名经济学家、诺贝尔经济学奖获得者乔治·斯蒂格勒在其论文《通向垄断和寡占之路——兼并》的开篇就说："一个企业通过兼并其竞争对手成为巨型企业是现代经济史上一个突出的现象……没有一个美国大公司不是通过某种程度、某种方式的兼并而成长起来的，几乎没有一家大公司主要是靠内部扩张成长起来的。"在国家经济转型升级的背景下，银监会印发了《商业银行并购贷款风险管理指引》，证监会、财政部、国资委、银监会四部委联合发布了《关于鼓励上市公司兼并重组、现金分红及回购股份的通知》，进一步优化了并购市场环境。此后，国务院发布了《关于国有企业发展混合所有制经济的意见》，国有企业的改革进一步深化，为并购创造了更多的动力。中国企业兼并重组步伐的不断加快，有利于实现优化资源配置、扩大企业规模、促进战略转型及产业结构调整等目的。得益于改革的红利和兼并重组政策的支撑，中国并购市场2015年再次呈现爆发性增长，交易数量与金额双双突破历史记录。国内创业及股权投资领域权威研究机构——清科研究中心在2016年年初发布的统计数据显示：2015年，中国并购市场共完成交易 2 692 起，较 2014 年增长

39.6%；披露金额的并购案例总计 2 317 起，涉及交易金额共 1.04 万亿元，平均并购金额为 4.50 亿元。同时，"一带一路"战略进一步助推了中国企业走出去，跨国并购案例数量持续增长。总之，随着经济的转型升级和供给侧改革的推进，存量资产将出现大量并购重组需求，改革红利的释放将推动并购市场迎来黄金发展期，通过资本市场进行并购重组将成为优化社会资源配置、提高社会经济运行效率以及企业加强市值管理的有效手段，并购重组将成为我国资本市场上最大的投资主题之一。

并购是能够显著改变公司资本结构的重大事件之一，而且公司可以利用并购的机会优化资本结构（Harford et al.，2009；Uysal，2011；Vermaelen and Xu，2014；王逸、张金鑫、于江，2015）。并购需要公司进行外部资金的筹措，因此公司拥有了进入资本市场的机会，而拥有进入资本市场机会的公司能够以较低的调整成本和较快的调整速度调整其融资政策。并购将投资与融资决策联系起来，提供了一个观察公司向其目标资本结构水平进行动态调整的机会，或者说，并购可以作为公司调整其资本结构的机会窗口。如果公司通过对不同并购融资政策的选择引起了资本结构向其目标水平进行动态调整，就可以验证公司的资本结构存在目标调整行为。当然，并购对资本结构的调整效应可能是一种主动的目标调整，也可能是并购行为本身引起的间接效应。那么，检验公司并购对资本结构动态调整的影响便成为本书研究的出发点。

在中国特殊的制度背景下，公司并购对融资政策将产生何种影响？公司在进行并购决策时，是否会考虑目标资本结构水平的影响？实际资本结构水平与目标资本结构水平的偏差如何影响公司并购融资政策的选择？在并购交易发生前后，公司的融资政策是否存在动态调整行为？如果存在，公司将采取何种方式进行动态调整？公司并购与融资政策动态调整的相互影响机理是什么？针对这些问题，本书在借鉴国内外文献的基础上，结合我国上市公司的实际，运用公司并购与融资政策的相关理论，利用上市公司并购的历史数据，对以下几个方面进行了阐述：第一，宏观经济环境对并购浪潮的影响，以及所有权结构和上市决策对公司并购决策的影响；第二，我国上市公司并购融资政策选择的影响因素；第三，公司资本结构动态调整行为是否存在以及存在方式。

1.2 ──────── 研究思路与研究内容 ────────

1）研究思路

首先，本书在对国内外公司并购、融资政策选择与资本结构动态调整研究文献进行梳理的基础上，以公司并购与资本结构相关理论作为理论基础，回顾并分析了中国公司并购决策的制度背景与融资环境及其对并购行为的影响；其次，从宏观经济环境与企业微观特征两个方面分析了并购活动的影响因素，并从企业微观特征方面分析了并购对价与融资政策的影响因素；再次，以公司并购作为一个事件窗口，考察了并购公司资本结构的动态调整行为；最后，对公司并购、融资政策选择与资本结构动态调整研究进行展望。

2）研究内容

本书共分为8章，各章的主要内容如下：

第1章为导论。该章主要对全书内容进行简要介绍，具体包括问题的提出、研究思路、研究内容以及研究创新。

第2章为文献综述。该章的内容包括并购决策影响因素研究文献综述、并购融资政策选择影响因素研究文献综述以及资本结构动态调整研究文献综述。并购决策影响因素研究文献综述主要从宏观影响因素和微观影响因素两个方面展开，其中，宏观影响因素主要包括经济发展水平和资本市场，微观影响因素主要包括协同效应、代理问题和管理者自负。并购融资政策选择影响因素研究文献综述主要从并购支付方式选择影响因素和并购融资方式选择影响因素两个方面展开，其中，并购支付方式选择的影响因素包括市场错误定价、投资机会和控制权，并购融资方式选择的影响因素包括目标资本结构、市场择时和控制权。资本结构动态调整研究文献综述主要从资本结构调整速度估计、负债与权益的选择以及并购融资政策与资本结构动态调整三个方面展开。

第3章为理论基础与制度背景。该章的内容包括并购决策、并购融资政策选择以及资本结构动态调整的理论基础与制度背景。并购决策的理论基础主要包括并购浪潮的新古典主义理论与行为假说理论，以及公司并购决策的效率理论、信息理论、代理理论和交易成本理论；并购融资政策选择的理论基础主要包括并购支付方式选择的控制权理论、信息不对称理论与行为金融理论，以及并购融资方式选择的优序融资理论、委托代理理论、信息不对称理论、市场择时理论与融资约束理论；资本结构动态调整的理论基础主要为资本结构的动态权衡理论。制度背景部分主要从政府与市场两个维度分析了中国公司的并购决策，从债务与股权融资环境方面分析了并购融资政策的选择与资本结构的动态调整。

第4章为公司并购决策的影响因素研究。该章实证分析了我国的宏观经济环境与并购浪潮的关系，以及所有权结构、家族控制与并购决策的关系。首先，从经济发展水平、市场利率水平与股票市场状况三个方面分析了宏观经济环境对我国企业并购活动的影响；其次，从企业微观视角分析了所有权结构与家族控制对企业并购决策的影响。

第5章为公司并购对价决策实证研究。该章主要从市场错误定价、投资机会与家族控制等方面实证分析了企业微观特征对并购对价决策的影响。

第6章为公司并购融资决策实证研究。该章首先实证分析了目标资本结构与市场错误定价对公司并购融资决策的影响；然后考察了公司并购的IPO融资决策问题。

第7章为并购公司资本结构动态调整研究。该章首先构建了资本结构均值回归模型，考察了并购公司资本结构均值回归现象；然后构建了局部调整模型，检验了并购公司资本结构动态调整行为的存在性；最后构建了并购融资政策选择模型，考察了并购公司资本结构动态调整的方式。

第8章为研究展望。首先，建议从行为财务学的视角研究管理者非理性与投资者非理性对公司并购决策、融资政策选择与资本结构动态调整的影响；其次，建议在公司并购决策、融资政策选择与资本结构动态调整研究中应考察行业异质性问题，在研究模型中充分考虑目标公司特征的影响，同时还要加强对跨国并购事件的研究；最后，建议加强对公司并购决策、融资政策选择与资本结构动态调整的经济后果的研究。

1.3 ———————————— 研究创新 ————————————

并购是资本市场上公司投资的重大主题之一，资本结构动态调整是财务与金融领域的研究热点。本书将公司并购、融资政策选择与资本结构动态调整有机结合起来，在中国特殊的制度背景下进行研究，创新之处体现在以下方面：

1) 公司控制权市场理论与资本结构理论的有效结合

以往的相关研究大多仅从公司融资活动的视角来研究资本结构的动态调整行为，或者仅从投资活动（如并购）的视角来验证目标资本结构动态调整行为的存在性假设，没有进一步研究资本结构的动态调整行为。本书将并购视为公司资本结构动态调整的机会窗口，研究并购公司资本结构的演变规律及其动态调整过程，通过构建修正的局部调整模型，对资本结构的动态权衡理论、优序融资理论与市场择时理论进行检验，并估计并购公司资本结构的平均调整速度，从理论上验证并购公司存在资本结构动态调整行为；同时，通过构建并购融资政策选择模型，从具体的融资政策选择行为考察并购公司的资本结构动态调整方式，为资本结构理论研究提供了新的研究思路和视角，实现了公司控制权市场理论与资本结构理论的结合。

2) 并购支付方式与融资方式内涵的有效区分

在并购支付方式和融资方式的研究中，大多数学者并没有严格区分并购支付方式和融资方式，有些学者甚至将这两个概念混用，从而造成了理解上的困扰和研究结论的偏颇；同时，学者们在研究中多关注并购支付方式，较少关注融资方式，将并购支付方式和融资方式结合起来进行研究的更少。本书对并购支付方式与融资方式选择的影响因素进行了理论分析和经验检验，同时考察了并购支付方式及融资方式选择与资本结构动态调整的相互影响机理。

3) 对资本结构的权衡理论、优序融资理论与市场择时理论同时进行检验

以往关于公司资本结构动态调整行为的研究，学者们较少将权衡理论、优序融资理论与市场择时理论同时纳入模型中进行比较，大多是对其中某一种理论进行单独研究或对其中某两种理论进行比较研究，因而研究结论可能有失偏颇。本书将有关资本结构的三大主要竞争性理论（权衡理论、优序融资理论与市场择时理论）有效融合在一起，并贯穿于并购公司资本结构动态调整研究的始终，即在检验目标资本结构动态调整行为的存在性假设的过程中，将这些理论纳入所构建的模型中同时进行检验（修正的局部调整模型与并购融资方式选择模型），从而使研究结论更具有说服力。

第 2 章

文献综述

2.1 —————— 并购决策影响因素研究文献综述 ——————

2.1.1 并购决策的宏观影响因素

关于并购决策的影响因素，西方学者大多侧重于从微观经济个体的角度进行研究，并且至今尚未得出一致的结论。尽管对并购动因的研究尚存在较大分歧，但一些学者通过研究发现，大部分并购活动几乎在不同的行业、不同的公司同时发生，这表明并购活动可能存在共同的影响因素（Harford，2005），即不同于微观经济个体的宏观经济动因，这些因素可能是经济发展水平、资本市场、产业冲击、科技进步等。

1）经济发展水平与并购浪潮

Reid（1968）提出了并购活动-经济繁荣理论，该理论为人们更好地理解并购活动与宏观经济的关系做出了开创性的贡献。在此基础上，一些学者通过研究发现，并购活动与经济周期存在着相关性，即并购活动存在顺周期特征（Melicher，Ledolter，and D'Antonio，1983；Becketti，1986；Makaew，2012）；并购活动的强度与经济增长及资本市场状况的变化正相关（Nelson，1966；Liu and Wen，2010；Palmquist，Samuel，and Vincent Sandberg，2012）。Maksimovic and Philips（2001）通过研究发现，并购活动通常在经济繁荣时期升温，而在经济衰退时期放缓。Lambrecht（2004）采用实物期权方法表明，并购活动与产品的市场需求正相关，当产品价格处于高位时，就会触发并购。因此，并购活动与产品市场周期相关。此外，Steiner（1975）通过研究发现，并购交易数量与GNP正相关，且并购活动的增加与经济环境的改善相关。Golbe and White（1988）也证实，并购交易数量与GNP正相关，但与实际利率负相关。

2）资本市场与并购浪潮

Harford（2005）不仅认为并购活动是应对经济环境变化的结果，而且认为资本市场的繁荣所带来的足够的资本流动性是驱动并购的必要因素。Shleifer and Vishny（1992）认为，并购活动与经济发展水平的关联性由资产流动性价值与债务融资能力的关联性所驱动。Eisfeldt and Rampini（2006）认为，公司之间资产重新配置的顺周期缘于资本重新配置成本的反周期。Melicher，Ledolter and D'Antonio（1983）将并购作为股票价格和债券利率的函数来解释并购活动，他们通过研究发现：第一，股票价格上涨（下跌）后一个季度内并购活动增加（减少），由于并购谈判往往在并购完成两个季度前开始，因此并购谈判可能比股票价格的变化领先一个季度；第二，并购活动与债券利率负相关，但其相关程度弱于并购活动与股票价格的相关程度。这些结论表明，资金的可获得性是影响并购公司进行并购活动的重要因素，当资金较容易获得时（股票价格上升或利率下跌），并购活动会增多，这与资本市场的状况或其背后的原因可以解释并购活动的观点是一致的。李瑞海、陈宏民和邹礼瑞（2006）认为，中国的兼并活动与GDP增长率和市场化程度正相关，而与股票指数存在较弱的相关性。唐绍祥（2006）通过研究发现，中国的并购活动总体上呈浪潮式发展，并购活动具有周期性，并不遵循随机游走的过程。唐绍祥（2007）认为，经济周期和利率是中国并购浪潮形成的主要原因。潘勇辉（2007）通过对1991—2005年中、美两国跨国并购与经济增长的关系进行协整检验，验证了跨国并购与经济增长之间存在着长期协整关系和短期修正关系。

行为金融学的发展使股票市场与并购活动的关系得到了新的注释。Brealey and Myers（2003）认为，引发并购的原因是部分股票的价值被错估，特别是当股票市场处于繁荣期时，股价被高估的公司的管理层更倾向于进行并购交易活动。从行为学的角度分析，股票市场错误定价与管理者过度乐观与自信的交互作用共同推动了并购活动。Shleifer and Vishny（2003）明确将这种观点概括为"股票市场驱动并购"。Rhodes-Kropf and Viswanathan（2004）认为，繁荣的股票市场使得股价被市场高估的并购公司可以收购股价被市场低估的目标公司，虽然他们对收购者的行为进行了解释，但仍然存在一个问题，即既然并购公司的股价被高估，为何目标公司会接受股票对价并购交易呢？Rhodes-Kropf and Viswanathan 认为，并购公司与目标公司之间存在信息不对称问题，目标公司不足以正确估计并购行为本身的价值。目标公司对股票价格的错误估计导致了对并购协同效应的估价错误，因而接受了并购公司被市场过高估价的股票。Rhodes-Kropf，Robinson and Viswanathan（2005）将公司的市场–账面价值比拆分成公司成分与市场成分，认为市场层面的错误定价是导致并购浪潮发生的主要因素。Rosen（2006）检验了并购对并购公司股票价格的影响，发现相比于其他时期的并购活动，股票市场繁荣时期的并购活动给并购公司带来的收益较高，但是从长期来看，并购收益较低，这表明过度乐观的投资者误判了并购所能带来的协同效应。因为受其他经济因素的影响，股票市场的繁荣可以刺激更多并购活动的发生，但这并不是并购浪潮唯一显著的驱动力。

并购活动除了受经济发展水平、资本市场等因素的影响外，经济、制度、产业冲击等因素也会引发并购活动（Mitchell and Mulherin，1996；Harford，2003）。还有学者分析了科技进步对并购活动的影响，他们认为，技术冲击对产业环境、经济环境的影响改变了市场上各要素的平衡关系，通过并购手段可以实现资源的优化配置和新的平衡（Jovanovic and Rousseau，2002）。

综上所述，我们发现并不存在唯一的并购活动驱动因素，并购浪潮的出现是各种因素综合作用的结果。正如 Ali-Yrkkö（2002）所指出的那样，宏观层面的因素如经济繁荣、技术发展、全球化与规制等引起了行业冲击，为了有效应对这种冲击，微观层面的管理者做出了并购决策。因此，我们认为虽然并购活动更像公司层面的事件，但是这种微观层面的并购交易活动的发生往往具有聚类的趋势，会形成一种浪潮。这种现象表明，从宏观上看，可能存在一种普遍的长期均衡环境驱动着并购活动的发生。

2.1.2 并购决策的微观影响因素

1）协同效应与并购决策

Bradley et al.（1988）和 Seth（1990）认为，管理者并购的动机是创造价值、增加股东财富，并购的发起是因为两个公司合并后的价值（V_{AB}）高于合并之前两个公司各自的价值之和（$V_A + V_B$）。最主要的两类协同效应是经营协同效应和财务协同效应。经营协同效应包括收入的提高和成本的减少，收入的提高、效率收益或者规模经营收益可以通过横向并购或纵向并购实现（Fee and Thomas，2004；李善民和周小春，2007；陈信元和黄俊，2007）。财务协同效应认为，并购会降低并购公司或并购各方的资金成本，并且在公司中形成一个内部资本市场，如果两家公司的现金流情况不完全正相关或者并购降低了现金流的波动性，那么两家公司的合并就可以降低风险（Myers and Majluf，1984；Penas and Unal，2004）。

2）代理问题与并购决策

Jensen and Meckling（1976）认为，作为股东代理人的管理者，由于其目标函数与股东不一致，其行为可能并不符合股东利益，因此管理者与股东之间的代理问题可能会驱动公司发起并购交易。Jensen（1986）认为，由于股东财富仅仅依赖于公司的市场价值，管理者的薪酬则更多依赖于公司规模与破产风险，而非公司价值，因此管理者为了建立个人帝国以获得诸如薪酬、管理权与声誉等个人利益，其可能会发起扩大公司规模的并购交易及降低风险的多元化投资，即使这些投资不能增加公司股东的财富。Khorana and Zenner（1998）检验了管理层薪酬在公司并购决策中的作用，研究发现，在并购之前，公司规模与管理层薪酬正相关，成功的并购交易提高了管理层的薪酬水平。Bliss and Rosen（2001）通过研究发现，并购规模与 CEO 的薪酬正相关，但是会导致公司股价下跌。

Grinstein and Hribar（2004）通过研究发现，权力较大的CEO倾向于发起较大规模的并购交易以获得高额奖金，然而市场给予这些并购交易负面的股价反应，并购奖金与并购绩效之间不存在显著关系。张鸣和郭思永（2007）以2002—2004年发生并购的中国上市公司为样本，研究了并购发生后公司高管的利益变化情况，结果表明，公司高管有很强的动机通过并购这种方式增加自己的薪酬和控制权收益。李善民、毛雅娟和赵晶晶（2009）通过研究发现，中国上市公司并购已经成为高管谋取私有收益的机会主义行为，通过发动并购活动，高管可以获得更高的薪酬。陈庆勇和韩立岩（2008）通过研究发现，并购后虽然公司绩效并未提高，高管的薪酬却得到了显著增加，并且进一步证实了高管薪酬的增加确实是该次并购活动引起的，同时发现高管薪酬的变动水平与并购规模正相关，而与并购绩效无关。这些结论直接支持了公司并购决策中管理者代理动机的存在。不仅管理者与股东之间的代理问题会驱动公司并购交易，大股东的控制权私利也会驱动公司并购交易。Shleifer and Vishny（1986）通过研究表明，在缺乏有效的外部监管机制的情况下，集中的股权有可能诱发大股东通过并购行为窃取控制权私有收益。蔡祥（2004）通过研究发现，获得控制权私有收益是大股东进行资产重组的重要动机。李增泉、余谦和王晓坤（2005）用掏空（Tunneling）与支持（Propping）理论解释了中国上市公司的并购行为，认为上市公司对非上市公司的并购行为是地方政府和控股股东支持或掏空上市公司的一种手段，支持的目的是帮助上市公司达到监管部门对上市公司融资资格的管制要求，掏空则是赤裸裸的利益侵占行为。宁宇新和柯大钢（2006）通过研究发现，在控制权转移以后，既存在大股东利用自身资源支持上市公司的行为，也存在大股东通过资产收购行为将自身资产及时变现以掏空上市公司的行为。

3）管理者自负与并购决策

管理层会对目标公司错误估价，管理层往往将自己对目标公司的估价置于市场的客观估价之上，其原因在于自负或者过度自信使管理层相信自己的估价要优于市场估价。因此，并购公司愿意向目标公司支付溢价。Roll（1986）认为，在解释并购发生的原因时，并购公司管理层的自负或者过度自信可能起到了一定的作用。自负动机意味着管理层可能会出于私人动机而进行并购，获得纯粹的经济收益不是企业进行并购的唯一动机，甚至可能不是主要的动机。一些研究也支持了并购活动中自负动机的存在。Seth，Song and Pettit（2000）对1981—1990年间发生的100起跨国并购交易进行了研究，结果表明自负情绪在这些并购交易中发挥了重要作用。Brown and Sarma（2006），Doukas and Petmezas（2007）以及Malmendier and Tate（2008）通过研究均发现，管理者越过度自信，越容易发起并购，特别是多元化并购。傅强和方文俊（2008）、史永东和朱广印（2010）以及李善民和陈文婷（2010）通过研究均发现，企业并购政策和管理者过度自信显著正相关。然而，姜付秀等（2009）认为，管理者过度自信与企业外部扩张（并购）之间的关系并不显著。

此外，Mueller and Sirower（2003）对并购的协同效应假设、代理动机假设与自负动机假设同时进行检验后却发现，并购的代理动机假设与自负动机假设获得了相当多的支持，而并购的协同效应假设并未获得支持。

除了受上述因素的影响外，一些学者还从其他角度解释了公司发起并购的原因，包括获得市场支配力（Stigler，1950），并购公司股价被市场高估（Shleifer and Vishny，2003），内部投资成长的替代（Jovanovic and Rousseau，2002），行业结构的非预期冲击（Andrade et al.，2001）等。Owen and Yawson（2010）则从公司生命周期的角度分析了并购决策的影响因素。

2.2 并购融资政策选择影响因素研究文献综述

2.2.1 并购支付方式选择的影响因素

1）市场错误定价与并购支付方式选择

国外学者通过研究发现，并购公司在并购支付方式选择时存在市场择时动机。当并购公司股价被市场高估时，并购公司会利用市场的错误定价而选择股票对价并购；当并购公司股价被市场低估时，并购公司会选择现金对价并购（Myers and Majluf, 1984; Hansen, 1987; Faccio and Masulis, 2005）。Andrade, Mitchell and Stafford（2001）通过研究发现，选择股票对价并购的公司具有较高的市场价值，并且在1973—1998年发生的并购活动中，并购公司的托宾 Q 比目标公司的托宾 Q 高的并购活动占 66%。Shleifer and Vishny（2003）以及 Rhodes-Kropf, Robinson and Viswanathan（2005）均建立了关于市场错误定价如何影响并购支付方式选择的模型，得出了以下相似的结论：第一，当两个公司的股价都被市场高估时，股价被高估的公司会选择用股票购买相对而言股价被低估的公司；第二，股票对价的目标公司比现金对价的目标公司的股价更被高估；第三，股票对价的并购公司比现金对价的并购公司的股价更被高估。同样，Dong et al.（2006）在分析了1978—2000年发生的并购活动后发现：第一，并购公司的价值比率一般高于目标公司的价值比率；第二，股票对价并购方式下的并购公司与目标公司之间的价值差异一般大于现金对价并购方式下的并购公司与目标公司之间的价值差异；第三，相对于现金对价并购方式，股票对价并购方式下的并购公司与目标公司具有更高的价值；第四，当目标公司有更高的价值时，并购公司更有可能选择股票作为并购支付方式；第五，具有更高价值的并购公司更有可能选择股票作为并购支付方式。Alberta Di Giuli（2013）将托宾 Q 作为市场错误定价的替代变量，认为托宾 Q 与股票支付方式的使用正相关。

　　然而，正如 Dong et al.（2006）所承认的那样，他们的价值衡量方法（剩余收益与股票价格之比）同时受到市场错误定价与投资机会的影响，很难区分究竟受到哪种因素的影响。Rhodes-Kropf, Robinson and Viswanathan（2005）为了检验市场错误定价对并购活动的影响，将市场-账面价值比（M/B）分解成三个部分：第一部分，公司层面定价偏离行业短期定价（公司层面的错误定价：代表市场价值与内在价值的差异）；第二部分，行业短期定价偏离公司层面的长期定价（行业层面的错误定价：代表公司内在价值与长期定价的差异）；第三部分，公司层面的长期定价与账面价值的差异（增长机会：代表公司长期定价与账面价值的差异）。他们用市场价值与内在价值的差异以及内在价值与长期定价的差异分别进行研究，得到了一致的结果，即采用股票对价并购的并购公司与目标公司的股价分别比采用现金对价并购的并购公司与目标公司的股价更被高估。

国内学者则没有采用托宾 Q 或类似变量（如 M/B）作为市场错误定价的替代变量。李善民和陈涛（2009）用并购公司并购宣告日前一年的持有收益替代并购公司的股价表现，通过研究发现，并购公司在股票支付时机上并没有考虑股价表现，表明市场错误定价理论不能解释中国上市公司的并购支付方式选择决策。刘淑莲、张广宝和耿琳（2012）引入了一个股价水平虚拟变量来检验并购支付方式选择决策，即当并购公司当月平均市净率高于证券市场平均市净率水平时，赋值为1，否则为0。他们通过研究发现，并购公司并购支付方式的选择不存在市场错误定价效应。

2）投资机会与并购支付方式选择

国外学者认为，并购公司的投资机会与股票支付方式的使用正相关。Myers（1977）认为，相对于现金支付方式，具有高投资机会的公司偏好选择股票支付方式，以增加现金持有，避免公司并购后可能出现的流动性约束。

Martin（1996）将托宾 Q 作为公司投资机会的替代变量，首次分析了投资机会对并购支付方式选择的影响，通过研究发现，托宾 Q 与股票支付方式的使用之间存在正相关关系，而采用并购公司市场-账面价值比作为投资机会的替代变量，也能得到与托宾 Q 作为投资机会的替代变量时一致的结论。Faccio and Masulis（2005），Dong et al.（2006）以及 Jorrit Swieringa and Marc B. J. Schauten（2007）用并购公司的市场-账面价值比表示投资机会，通过研究发现，市场-账面价值比越高，使用股票支付方式的可能性越高。

此外，Alberta Di Giuli（2013）将公司并购后的资本支出水平作为投资机会的替代变量，通过研究发现，具有高投资机会的并购公司更有可能选择股票支付方式。

国内学者将市场-账面价值比作为投资机会的替代变量时，却得到了市场-账面价值比与并购支付方式的使用之间并无显著关系的结论。李善民和陈涛（2009）以及苏文兵、李心合和李运（2009）用市场-账面价值比替代投资机会，通过研究发现，投资机会对并购支付方式的选择并无显著影响。刘淑莲、张广宝和耿琳（2012）用并购交易下一年度并购公司投资活动现金流出合计的自然对数替代未来投资需求，通过研究发现，并购公司未来投资需求与现金支付方式的使用负相关。

　　表2-1列示了有关市场错误定价与投资机会替代变量对并购支付方式选择影响的国内外主要研究文献。从表2-1中我们可以直观地看出，国内外学者在单独检验市场错误定价或投资机会对并购公司并购支付方式选择的影响，以及同时检验市场错误定价与投资机会对并购支付方式选择的影响时，所采用的衡量方法主要为托宾Q或市场-账面价值比。然而，由于市场错误定价理论与投资机会理论可能会得出相似的结论，因此市场错误定价效应与投资机会效应将无法被有效区分开来。一些学者可能已经意识到了在检验并购支付方式选择的市场错误定价效应与投资机会效应时，托宾Q或市场-账面价值比等衡量方法所存在的问题，但他们并没有继续深入研究。鉴于此，借鉴以往学者的研究文献，本书引入了新的市场错误定价与投资机会的替代变量（分别为并购前股票年累计收益与并购后实际投资水平），以期为研究市场错误定价与投资机会对并购支付方式选择的影响提供进一步的经验证据。

表2-1　　**有关市场错误定价与投资机会替代变量对并购支付方式选择影响的国内外主要研究文献**

作者	市场错误定价替代变量	投资机会替代变量	实证结论
Andrade，Mitchell and Stafford（2001）	托宾 Q		采用股票对价并购的公司具有较高的市场价值
Alberta Di Giuli （2013）	托宾 Q	公司并购后的资本支出水平	公司并购后的资本支出水平及托宾Q均与股票支付方式的使用正相关
Martin（1996）；Jung et al.（1996）		托宾 Q	公司托宾Q与股票支付方式的使用正相关

续表

作者	市场错误定价替代变量	投资机会替代变量	实证结论
Faccio and Masulis（2005）	并购前一年股票年累计收益	市场-账面价值比	并购前一年股票年累计收益及市场-账面价值比均与股票支付方式的使用正相关
李善民和陈涛（2009）	并购公司并购宣告日前一年的持有收益	市场-账面价值比	市场错误定价替代变量及市场-账面价值比均与并购支付方式选择的关系不明显
Jorrit Swieringa and Marc B. J. Schauten（2007）		市场-账面价值比	高市场-账面价值比的并购公司更有可能选择股票支付方式
苏文兵、李心合和李运（2009）		市场-账面价值比	投资机会与并购支付方式选择的关系不明显
Dong et al.（2006）	剩余收益与股票价格之比	市场-账面价值比	并购公司股价被市场高估的程度高于目标公司；股价被高估的并购公司更有可能选择股票支付方式
Rhodes-Kropf, Robinson and Viswanathan（2005）	市场价值与内在价值的差异；内在价值与长期定价的差异	长期定价与账面价值的差异	股票对价并购方式下的并购公司与目标公司的股价分别比现金对价方式下的并购公司与目标公司的股价更被高估
刘淑莲、张广宝和耿琳（2012）	股价水平：当并购公司当月平均市净率高于证券市场平均市净率水平时，赋值为1，否则为0	并购交易下一年度并购公司投资活动现金流出合计的自然对数	投资机会与股票支付方式的使用正相关；股价水平与并购支付方式选择的关系不明显

16

3）控制权与并购支付方式选择

国外以往的研究文献（Stulz，1988；Amihud，Lev and Travlos，1990；Jung，Kim and Stulz，1996）表明，股票支付会稀释管理层或控股股东的投票权比例，因而增加了其失去控制权的风险。如果控制权是有价值的，那么并购公司的控股股东以及持股的管理层就不愿意使用股票支付方式。然而，当并购公司股权很分散或高度集中时，管理层或控股股东则较少会关注控制权威胁问题。Barclay and Holderness（1989）以及 Dyck and Zingales（2004）讨论了上市公司控制权的私有利益问题。他们认为，由于股票支付会稀释管理层的控制权，因此管理层为了保持他们对并购公司的控制权以及享受控制权的私有利益，会偏好通过债务融资或使用内部资金来支付并购交易。Martin（1996）认为，管理层持股比例与股票支付的可能性之间存在非线性关系，当管理层的持股水平很低或很高时，管理层可能不会关注他们的控制权稀释问题；当管理层的持股水平处于中间水平（5%～25%）时，管理层持股比例与股票支付的可能性显著负相关，因为股票支付可能会导致管理层失去公司的控制权。与 Martin（1996）的结论类似，Faccio and Masulis（2005）以 1997—2000 年欧洲的并购事件为研究对象，发现并购公司终极控股股东的持股比例与并购支付金额中现金支付占比之间存在显著的非线性关系。当控股股东的持股比例处于 20%～60%时，控股股东失去控制权的风险较高，因而现金支付的概率较高；当控股股东的持股比例低于 20%或者高于 60%时，并购公司的控股股东较少考虑控制权威胁问题，因而股票支付概率较高。Swieringa and Schauten（2007）以荷兰 1996—2005 年的 227 件并购案例为样本进行了检验，通过研究发现，并购公司直接控股股东的持股比例与现金支付的可能性之间存在显著的非线性关系。当并购公司直接控股股东的持股比例处于 23.4%～62.5%时，考虑到股票支付会增加失去控制权的风险，控股股东更有可能选择现金支付方式；当并购公司的股权结构更为分散或集中时，控股股东会较少关注失去控制权的风险，更有可能选择股票支付方式。Martynova and Renneboog（2009）通过研究发现，当并购公司终极控股股东的持股比例处于 20%～60%时，控股股东更有可能选择现金支付方式。该结论表明，当股票支付会威胁到并购公司控股股东的控制权时，并购公司管理层会偏好选择现金支付方式。Basu，Dimitrova and Paeglis（2009）研究了家族企业的并购活动，发现管理层持股水平越低，越有可能选择现金支付方式，以避免控制权被稀释。André and Ben-Amar（2009）以加拿大1998—2004年的358起并购事件为研究对象，检验了家族控制权与并购支付方式之间的关系，结果表明家族控制权与现金支付比例正相关。

国内有关控制权与并购支付方式选择关系的研究文献比较有限。李善民和陈涛（2009）以2006—2008年在我国资本市场上发生的572起并购事件为研究对象，分析了我国上市公司并购支付方式选择的影响因素，通过研究发现，并购公司的控制权对并购支付方式的选择没有显著影响。苏文兵、李心合和李运（2009）以1998—2007年我国沪深两市的253起并购事件为对象进行了研究，发现当并购公司大股东的持股比例处于中间水平（30%～60%）时，为了避免控制权转移，并购公司一般选择现金支付方式（包括承债支付）；当并购公司大股东的持股比例较低（低于20%）或较高（高于60%）时，并购公司更倾向于选择股票支付方式。张晶和张永安（2011）研究了并购公司股权结构对并购支付方式选择的影响，发现当并购公司大股东的持股比例处于中间水平（20%～60%）时，为了避免控制权转移，并购公司倾向于采用现金支付；当并购公司大股东的持股比例较低（低于20%）或较高（高于60%）时，并购公司更倾向于采用股票支付；并购公司管理层持股比例越高，采用现金支付的可能性越大。刘淑莲、张广宝和耿琳（2012）以我国2006—2009年发生的265起并购交易为研究样本，分析了在我国特有的宏观环境下并购支付方式选择决策的驱动因素。研究结果表明，并购公司在选择支付方式时，较少考虑控制权稀释威胁的影响。

国内外学者主要从控制权稀释威胁及控制权私有利益的角度，研究上市公司控制权对并购支付方式选择的影响，主要研究结论为控制权比例与并购支付方式之间存在非线性关系。那么，在上市公司股权高度集中的中国，特别是对于中国家族上市公司来说，控制权稀释威胁是否真的影响了并购支付方式的选择呢？如果影响，又是如何影响的呢？这些都是有待研究的问题。

2.2.2　并购融资方式选择的影响因素

1）目标资本结构与并购融资方式选择

近期的一些研究文献突破了从所有权结构以及债务融资能力来研究资本结构对并购融资政策影响的视角，开始关注目标资本结构在并购融资政策选择时发挥的作用，分析并购公司是否会根据实际资本结构与目标资本结构的偏离程度选择不同的融资方式，以进行资本结构的动态调整，即过度杠杆的公司是否会优先偿债或者进行股权融资，而杠杆不足的公司是否会优先回购股票、发放股利或者进行债务融资（李井林和刘淑莲，2015；李井林等，2015）。Harford et al.（2009）以美国1981—2000年发生的1 188起并购事件为样本进行了研究，发现当并购公司实际资本结构水平高于其目标水平时，并购公司倾向于选择股权融资而非债务融资，这支持了资本结构动态权衡理论。与 Harford et al.（2009）认为调整成本是并购后资本结构再平衡的重要影响因素不同，Uysal（2011）发现，当公司预测到很可能要进行收购时，过度杠杆的公司倾向于在并购前发行股票，以降低杠杆赤字，应对可能的收购行为。因此，并购为公司提供了一个调整其资本结构的机会。Huang et al.（2012）以及 Vermaelen and Xu（2014）通过研究均发现，并购公司会根据实际资本结构与其目标水平的偏离程度来选择相应的融资方式或支付方式，以进行资本结构的动态调整。李井林等（2015）研究了并购公司目标资本结构对并购支付方式和融资方式选择的影响，结果发现，相对于过度杠杆的并购公司，杠杆不足的并购公司倾向于选择现金支付方式和债务融资方式，表明并购公司在选择并购融资政策时受目标资本结构的影响，会通过支付方式和融资方式的选择来调整其资本结构至目标水平，从而支持了资本结构动态权衡理论。

2）市场择时与并购融资方式选择

Hovakimian（2001）指出，公司融资理论及资本结构的研究一直以来都忽视了资本市场供给条件对企业融资方式选择的影响。事实上，在融资方式选择的实践中，公司主要考虑的是资本市场融资条件的变化，而不是现有主流理论所认为的融资成本与收益的权衡。Stein（1996）从行为金融的角度进行研究，为公司的融资问题提供了一个有用的框架。他指出，投资者在情绪高涨时会推动股价上涨，导致股价被高估；在情绪低落时则会引起股价下跌，导致股价被低估。当管理者认为股价被高估时，其会选择股权融资，以利用股权融资成本相对较低的优势；当管理者认为股价被低估时，其会选择债务融资或回购股票，以避免股权融资成本过高造成的损失。股票市场的交易旺盛，不仅会在短期内高估股票价格（这使得发行股票成为一个相对便宜的融资方式），而且会缓和投资者将股票发行作为公司内在价值被高估信号的看法（Baker，Ruback and Wurgler，2004）。如果并购公司股价被高估，在并购交易中，就会对支付方式以及融资方式的选择产生重要影响。Shleifer and Vishny（2003）以及 Rhodes-Kropf and Vishwanathan（2004）认为，并购者会用价格被高估的股票来购买股票价格被低估的目标公司的实物资产。Rhodes-Kropf，Robinson and Viswanathan（2005）以及 Dong et al.（2006）认为，繁荣的股票市场驱动了股权融资并购活动，但从长远来看，随着股票价格的回归，这种错误定价所造成的溢价也将不再存在。

3）控制权与并购融资方式选择

在内部留存收益一定的情况下，并购所需要的外部资金实际上体现的是负债融资决策与股权融资决策之间的选择（刘淑莲，2011）。Aghion and Bolton（1992）认为，负债融资与股权融资不仅收益索取权不同，在控制权安排上也不相同，通常负债融资契约和破产机制相联系，而股权融资契约与在保持清偿能力下的公司的经营控制权相联系。Harris and Raviv（1988）认为，在其他因素一定的情况下，公司融资中没有投票权的融资工具（债务、优先股以及认股权证等）越多，管理层的控制权就越大。Amihud and Travlos（1990）认为，注重控制权和拥有公司股票份额的管理层不愿意通过发行股票进行并购融资，以防范其持有股份被稀释和控制权丧失的风险，他们更可能选择债务方式进行融资。Martynova and Rennebog（2009）通过研究发现，管理层和大股东的持股比例对并购融资方式的选择没有显著影响，但是大股东的持股比例对公司的并购对价方式的选择有显著影响。翟进步等（2012）以我国并购市场2002—2006年的数据为例进行分析后认为，当公司控制权比较分散时，为了减少管理层和股东之间的代理冲突，并购公司应该采用负债融资方式，以加强对管理层的刚性约束。

在并购支付方式和融资方式选择的研究中，主要存在三个问题：一是大多数学者并没有严格区分并购支付方式和融资方式，有些学者甚至将这两个概念混用（Travlos，1987；Amihud et al.，1990；Martin，1996；Ghosh and Ruland，1998；Faccio and Masulis，2005），从而造成了理解上的困扰和研究结论偏颇。二是关注并购支付方式选择的研究较多，而关注融资方式选择的研究较少。三是将并购支付方式和融资方式的选择结合起来进行研究的更少。从本质上说，并购支付方式和融资方式都属于并购融资战略，同一并购支付方式可能来源于某一特定的融资方式，也可能来源于不同的融资方式；或者说，同一融资方式获得的资金可使用不同的并购支付方式。采用何种并购支付方式和融资方式不仅对并购交易的完成至关重要，对并购后期的整合也会产生重要影响。

2.3　　资本结构动态调整研究文献综述

2.3.1　资本结构调整速度估计

分析企业的资本结构是否会向目标资本结构进行动态调整时，调整速度是判断公司资本结构是否存在动态调整行为的关键要素。在检验资本结构动态调整行为假设时，除了离散的因变量模型（债务－股票选择模型），学者们主要通过构建标准的局部调整模型或修正的局部调整模型来刻画资本结构的动态调整过程，并通过逐步改进计量估计方法来合理估计资本结构动态调整的平均速度（Lemmon et al.，2008；Huang and Ritter，2009；Flannery and Hankins，2013）。局部调整模型实质上是一个典型的动态面板模型，解释变量包含被解释变量的滞后值；同时，经验研究表明，公司资本结构调整决策存在不可观测的公司个体效应（Flannery and Rangan，2006；Lemmon et al.，2008），因此在模型设定过程中，必须考虑公司个体效应，否则会导致严重的遗漏变量偏误。由于上述两个问题的存在，在对资本结构动态调整速度进行估计时，采用混合普通最小二乘法

（Pooled OLS）或固定效应模型（FE）均无法得到一致的估计量，即Pooled OLS估计量存在下偏偏误，FE估计量则存在上偏偏误（Huang and Ritter，2009；Flannery and Hankins，2013）。总之，为了合理估计资本结构动态调整速度，估计方法的选择尤为重要。Fama and French（2002）以及Kayhan and Titman（2007）采用Pooled OLS估计了美国上市公司的资本结构动态调整速度，发现资本结构动态调整速度很慢。然而，Flannery and Rangan（2006）认为，由于计量方法运用不当，经验研究无法真正识别公司资本结构的局部调整行为，因此他们在估计美国上市公司平均的资本结构动态调整速度时，分别运用了Pooled OLS、FE与IV（工具变量）方法，结果发现采用FE与IV方法估计出来的资本结构调整速度较快。Lemmon et al.（2008）认为，系统GMM（以下简称GMM-SYS）方法比较适用于估计美国上市公司的资本结构动态调整速度。Antoniou et al.（2008）以及Flannery and Hankins（2013）也运用GMM-SYS方法估计了美国上市公司的资本结构动态调整速度。Huang and Ritter（2009）则建议采用长期差分法（LD）估计美国上市公司的资本结构动态调整速度。Gombola and Arioglu（2011）在估计资本结构动态调整速度时，同时运用了一阶差分GMM（以下简称GMM-DIF）与GMM-SYS两种方法，发现GMM-DIF的估计结果小于GMM-SYS的估计结果。而对中国上市公司资本结构动态调整速度的估计，学者们主要采用单一的固定效应模型或GMM-DIF方法，较少综合运用各种方法进行对比研究（姜付秀和黄继承，2011；麦勇，胡文博，于东升，2011）。

此外，国内学者主要研究了资本结构动态调整速度的影响因素（何威风和刘巍，2015；甘丽凝等，2015；宋献中等，2014；龚朴和张兆芹，2014；甄红线等，2014；王化成等，2013；邢天才和袁野，2013；张敏和李延喜，2013；周业安等，2012；常亮，2012；姜付秀和黄继承，2011；麦勇等，2011；肖作平和廖理，2010；王正位等，2007；连玉君和钟经樊，2007；屈耀辉，2006；肖作平，2004）。

2.3.2 负债与权益的选择

检验公司是否会向其目标资本结构进行动态调整的方法之一是采用离

散因变量模型考察公司特征对债务与股票的发行或回购的影响（Hovakimian et al.，2001；Hovakimian et al.，2011）。与权衡理论的预期一致，经验研究发现，公司发行债务而非股票或者回购股票而非债务的可能性随着公司实际资本结构水平超过其目标水平程度的增加而降低。Hovakimian et al.（2004）以在某一时期同时进行债权融资和股权融资的美国上市公司为样本，从目标资本结构的视角考察了公司市场绩效与经营绩效对公司融资行为的影响，发现同时进行债权融资和股权融资的公司通过负债-权益选择消除了由累积盈余或亏损导致的资本结构偏差，从而支持了动态权衡理论。Hovakimian（2004）也以美国上市公司为样本检验了公司证券的发行与回购是否存在资本结构动态调整行为，结果发现只有债务的回购消除了交易发生前累积的目标资本结构偏差。同时，他进一步指出，与债务的发行与回购不同，股票的发行与回购对资本结构并无显著的持续效应，因此即使公司存在向目标资本结构进行动态调整的行为，也可以遵循市场择时理论。Hovakimian et al.（2011）通过模拟实验研究发现，负债-权益选择模型的检验结果支持了公司存在资本结构动态调整行为的假设。

2.3.3　并购融资政策与资本结构动态调整

在并购交易中，支付方式和融资方式的选择与并购公司的资本结构既相互联系又相互影响。一般来说，并购公司选择的支付方式将影响其并购后的资本结构，或许还会触发证券发行（Bruner，2004）。显而易见，融资政策会影响资本结构，并购支付方式的选择对并购公司资本结构的变化会产生重大影响，因为现金对价并购会提高并购公司的负债-权益比率，而股票对价并购则会降低并购公司的负债-权益比率（Eckbo，2009）。并购支付方式的选择可以使并购公司改变其资本结构，因为资本结构的改变与投资决策联系在一起，所以资本结构调整时逆向选择的可能更小。赵息和孙世攀（2015）研究了资本结构对并购支付方式选择的影响，发现杠杆赤字对公司支付方式的选择具有显著影响，杠杆赤字越高，并购中使用现金支付的可能性越小。一些学者对公司在实际并购活动中是否会根据目标资本结构的偏差实施相应的融资行为进行了研究。Harford et al.（2009）

以进行大规模并购的美国上市公司为样本来研究公司在进行大规模并购时是否会考虑目标资本结构，结果发现资本结构偏差是决定公司并购资金来源的重要因素。当并购中所选择的融资方式使得并购公司的资本结构偏离其目标水平时，并购公司就会在并购后将其资本结构水平调整至目标水平。如果杠杆过高的并购公司选择现金对价并购，并购公司就会在并购后的五年内逆转并购所引起的资本结构变化水平的75%。因此，并购公司在整个并购过程中都在调整其资本结构，从而支持了动态权衡理论。Vermaelen and Xu（2014）研究了美国上市公司的并购、股票回购和增发行为对资本结构的影响，他们在比较预测和实际的筹资决策中发现，在80%的收购交易中，收购公司做出的融资决策使公司更接近其目标资本结构水平，公司在并购时倾向于选择使得资本结构水平偏离较小的支付方式。Huang，Pierce and Tsyplakov（2012）发现，在大规模并购活动的筹划过程中，并购公司会考虑自身的目标资本结构，在影响支付方式选择的其他决定因素一定时，公司采用现金支付方式收购的可能性与收购前目标资本结构的偏离度负相关。他们的研究也证明了，当公司存在正向的目标资本结构偏离度时，公司更愿意通过权益手段进行融资以支付并购对价。在并购之前的年度，公司的目标资本结构偏离度上升的幅度越高，并购公司采用现金支付并购对价的倾向就越低，即越倾向于采用股票支付方式。

第 3 章

理论基础与制度背景

3.1 —————— 并购决策的理论基础与制度背景 ——————

3.1.1 并购决策的理论基础

发生并购浪潮的表现是微观个体公司的并购活动在某一特定时期大量增加。也就是说，虽然并购是公司层面的事件，但是公司并购交易活动的发生往往具有聚类的趋势，会形成一种浪潮。这种现象表明，可能存在着一种普遍的长期均衡环境驱动着并购活动的产生。Ali-Yrkkö（2002）认为，公司并购浪潮的出现是宏观和微观各个层面因素综合作用的结果。宏观层面的因素如经济繁荣、技术发展、全球化与规制等引起的行业冲击，为了有效应对这种冲击，微观层面的管理者出于经济动机、管理动机与自负动机而做出并购决策。

1）并购浪潮动因理论

近些年，有关并购浪潮起因的理论不断被提出并接受检验，这些理论可以归结为两大流派："理性经济模型"（Rational Economic Model）和"行为学模型"（Behavioural Model）。理性经济模型又称为新古典主义模型，它认为并购能够创造价值，市场是有效的，并且并购双方的股价是公允的、无偏差的。与此相反，行为学模型将并购浪潮归因为投资者和管理者的有限理性。

（1）并购浪潮的新古典主义理论

①行业冲击理论

行业冲击理论认为，一旦行业的经营环境受到技术、管制或经济的冲击，各公司的集体反应就是通过并购对行业资产进行重新分配。为了提高投资效率与应对行业变化，行业内的公司大多选择进行并购交易活动，因此会出现并购的行业聚集性。Harford（2005）根据美国1981—2000年的数据研究了行业冲击对并购浪潮以及公司部分收购活动的影响。他以冲击产生之后连续的24个月为研究窗口，比较冲击之后的实际并购活动与根据仿真模型计算出的并购指标之间的差异，结果发现：第一，1981—2000年间，共有28个行业累计遭受了35次行业冲击，其中有7个行业遭受了2次以上的明显冲击；第二，遭受冲击之后的24个月内，所有行业的并购活动涉及的目标公司数目平均为7.8家；第三，同一时间段内，遭受冲击的行业的并购活动涉及的目标公司数目为34.3家。Mitchell and Mulherin（1996）在研究了20世纪80年代的并购浪潮之后，也得出了相似的结论。他们发现，不同行业间并购活动发生的频率及时间序列的聚集性有显著差异，而这种行业间的差异与行业对经济冲击的敏感性不同有关，从而表现为时间序列上的差异性。在后续的研究中，Mulherin and Boone（2000）通过研究发现，20世纪90年代的并购浪潮同样具有收购和资产重组的行业集中性。Powell and Yawson（2005）以1986—2000年1 300个英国公司为研究样本，发现其间发生过947起收购活动以及562起重组活动。其中，20世纪80—90年代中后期，收购活动频繁，具有很强的时间聚集性和行业聚集性。Schoenberg and Reeves（1999）以英国1990—1995年近200个行业部门为样本，研究并购活动的行业聚集性，发现放松管制是驱动行业产生并购浪潮的一个重要标志。

②增长理论

在经济扩张时期，人们对公司产品的需求较高，同时，公司拥有更多的投资机会。一个有效的管理者必须能够在内部投资增长与外部并购扩张之间进行决策。两种方式都能够扩大公司资产的规模，而管理者最终是否做出并购决策将取决于市场饱和程度、技术供给冲击、生产限制程度、技术知识、协同成本、税收以及管制程度等基本因素。Gort（1969）认为，并购是经济扩张时期实现公司成长的最便宜、最有效的方式。此外，Gort（1969）补充说，当经济扩张放缓以及增长机会消失时，系列并购活动也因此结束。Maksimovic and Phillips（2001）通过研究发现，在经济扩张时期，具有更高效率的公司可能有较大的投资机会集，从而并购那些不能够有效利用自身资产的公司。他们用工厂绩效的改善来支持并购浪潮的新古典主义理论。

③投资理论（托宾Q理论）

在经济增长时期，公司的资本收益率得到提高，从而促使公司进行更多的资本投资，公司可以在购买厂房及设备或者购买某个公司之间进行选择。Jovanovic and Rousseau（2002）将托宾Q理论扩展到并购中，认为托宾Q理论能够解释并购浪潮。他们认为，并购是资本逐利性的一种体现，具体表现为资本由低质量管理、低效率的公司向高质量管理、高效率的公司流动，这种公司间的资源配置有助于创造更多的价值。人们通常使用公司的市场价值与其资产重置成本之比作为公司资产使用效率的衡量指标，即托宾Q比率。托宾Q比率越高，表明公司资产使用效率越高。因此，根据Jovanovic and Rousseau（2002）的模型，可以预测到高托宾Q比率的公司会收购低托宾Q比率的公司，但其有一个前提，即要求不同的公司对同一资产有不同的估值，公司之间不同的估值促使高托宾Q比率公司收购低托宾Q比率公司的资产。Dong et al.（2006）在对并购浪潮的研究中也发现了支持托宾Q理论的证据。托宾Q理论认为，在同一行业中，有效运行的公司成为并购公司，因而资产从低效率的目标公司转移到高效率的并购公司，高质量管理的并购公司通过并购活动消除了目标公司的浪费行为。Dong et al.（2006）还比较了并购的市场错误定价理论与托宾Q理论，发现高的市场定价缘于较高的增长前景而非错误定价，并购后的公司在行业内通常处于一个更好的位置，从而导致了行业内竞争对手的绩效降低。

④重组理论

并购活动将资产从低效率的使用者手中重新分配至更高效率的使用者

27

手中，该解释获得了大量证据的支持。Healy et al.（1992）通过研究发现，并购后的公司提高了行业资产的生产力。Jovanovic and Rousseau（2001）通过研究发现，以有效管理者替换无效管理者，并购提供了一个更为有效的方法来重组公司资产。Klasa and Mike（2007）采用长期累计超额收益率（CAR）、市账率（M/B）以及公司内外部分析师关于公司增长前景的预测等方法进行研究后发现，并购是公司对行业冲击或行业面临的技术变化的一个有效的反应。

⑤市场势力理论

市场势力（Market Power），也称垄断力量。市场势力理论认为，某一行业或某一公司进行并购活动主要是为了争取市场势力，主要是基于对经营资源的垄断性控制的愿望。一个行业或公司的垄断性越强，它维持高利润的时间就越长，垄断的强度就越大，由超额利润转化来的垄断利润就会越多，这就促使很多公司为了实现这个愿望而进行着市场控制权的争夺，其中实施并购以扩大公司规模并占据有效市场是主要的方式。所以，有效控制市场的愿望是并购浪潮的又一个驱动力。由于这样长期发展下去势必会造成市场中垄断公司的出现，而在市场经济中，政府会严格控制垄断性公司的发展，因此当并购的规模达到一定程度时，政府就会加以限制，以防止垄断行业或公司的出现。

⑥新古典主义理论的扩展

当技术的变化或管制的变化影响到某一行业时，改进的技术或限制贸易的环境就会导致行业内的企业进行并购活动。Yan（2009）构建了一个将产品市场竞争因素纳入新古典主义理论框架中的模型，该模型解释了尽管并购公司与目标公司合并后的联合价值小于合并之前的价值，并购公司为何还会在并购浪潮发生期间选择并购的原因。Yan（2009）通过研究还发现，由行业冲击所触发的并购浪潮中所发生的并购活动仍然是价值最大化的，而且并购浪潮对股东价值的毁损较小，这一结论也支持了他的不完善的产品市场竞争模型。

Harford（2005）通过研究发现，并购聚集缘于行业冲击，并购有利于应对新环境。当然，企业的资金必须要有足够的流动性，以支持资产再配置。Harford（2005）还认为，资金流动性降低会阻碍并购浪潮的发生和延续，而资金流动性与公司的部分收购活动关系密切，因为绝大部分收购活动都是以现金对价的。因此，从这个角度来说，并购浪潮多发生于资金流动性较好的时期，较高的资金流动性为改变竞争结构、应对供求不平衡的冲击提供了必要的保证。总之，放松管制以及伴随着高资金流动性的经济冲击都会提高并购浪潮发生的可能性。

（2）并购浪潮的行为假说理论

与理性经济模型相反，行为学模型假设资本市场不是有效的，并以投资者和管理者对公司股价的高估作为理论依据来解释并购浪潮。

①市场择时理论

市场择时理论认为，在市场繁荣时期，一些公司的股价被市场高估，而股价被市场高估的程度会影响公司的投资决策。市场的非有效性会对公司的并购活动产生重要影响，并购公司倾向于通过收购股价被市场低估的目标公司而获利。并购浪潮发生在股票市场繁荣时期，由于市场普遍乐观，因此寻求增长的管理者相比于正常的市场条件下会发起更多的并购活动。Shleifer and Vishny（2003）认为，一些聪明的公司高管会利用市场的非有效性进行并购活动，以从中获利。当公司股价被高估时，公司可以利用价格被高估的股票收购其他公司。如果此时公司放弃收购机会，那么随着之后市场对股票价格的调整，公司股价回落，公司价值将遭受损失。因此，市场择时理论认为，并购是避免股票价格恢复至正常水平时公司价值下跌的一个重要手段，当市场价值由高估逐渐调整至公允价值时，并购公司的业绩表现将好于同水平下没有并购的公司。Ang and Cheng（2006）也发现了与市场择时理论预期相符的现象：第一，从长期的业绩表现来看，股价被高估的并购公司未来3年的业绩明显好于同等条件下没有进行并购活动的公司；第二，在股价被高估的公司样本中，并购公司的股东财富大于没有进行并购活动的公司。然而，即使目标公司的股价也被市场高估，并购公司管理者也会利用价格被高估的股票收购目标公司价格被高估的股票。因此，市场择时理论表明，目标公司股价被高估的程度低于并购公司。Ang and Cheng（2006）通过研究还发现，采用现金对价方式的收购者的股价相对于目标公司而言并不存在被高估的现象，而采用股票对价方式的收购者的股价则被严重高估。在采用现金对价方式的样本中，收购者与目标公司股价被高估程度之差的中位数仅为 3%（统计上不显著），而在采用股票对价方式的样本中，这一中位数为 7.5%。Rhodes-Kropf, Robinson and Viswanathan（2005）以美国 1997—2000 年发生的 4 325 起并购活动为样本，将估值误差进一步分解为市场因素、行业因素以及公司因素，以 M/B 作为度量公司价值的指标来研究股价被高估现象。他们发现，并购公司股价被高估的程度远高于没有并购活动的公司，目标公司与并购公司均存在股价被高估的情况，但并购公司股价被高估的程度超出目标公司近 20%。Gugler et al.（2012）验证了 20 世纪末并购浪潮在美国、英国与欧洲大陆的存在性，而且并购浪潮的峰值与股票市场繁荣时期的峰值几乎一致。他们还检验了经济领域的真正变化，如行业交易环境的冲击是否会对并购浪潮产生影响，或者并购浪潮是否由市场择时和错误估价所导致，并且认为，如果经济领域存在真正的变化，那么其应该对上市公司与非上市公司产生同样的影响，而且这两类公司对经济冲击的反应应该一致。此外，Gugler et al.（2012）还认为，管理者会利用股票市场的乐观发起并购活动。

然而，为什么目标公司的高管愿意被收购呢？对于这个问题，Shleifer and Vishny（2003）假设目标公司的高管同样存在机会主义行为，他们之所以愿意被收购，是因为他们可以从中实现自己的优先认股权以及相应的股票期权。Rhodes-Kropf and Viswanathan（2004）认为，目标公司的高管之所以愿意被收购，可能并不是出于自身利益的考虑，而是因为目标公司与收购公司之间的信息不对称。Rhodes-Kropf and Viswanathan（2004）构建的模型假设市场对股票的定价是有偏差的。当整个市场经济处于被高估的状态时，目标公司的高管很容易将其对并购公司股价的高估归因于受整个市场行情的影响，而忽略了其自身还受到了并购公司信息的误导这一因素，从而高估并购之后的协同效应，最终导致接受并购条件。因此，较高的市场估值误差使得目标公司高管高估了并购的协同效应，从而引发了并购浪潮。

②过度自信理论

公司所发生的并购活动或者多元化并购可能缘于"自以为是"的管理者的良好初衷（Roll，1986）。虽然并购对管理者来说是一件需要投入大量的个人时间与精力去从事的极为复杂与艰巨的事项，但是管理者们却乐此不疲地选择并购。Aktas et al.（2009）认为，如果一个管理者进行多次并购，则能够体现出他的某种心理状态，即高估并购收益、低估并购风险。同时，管理者自我归因偏差的存在会使其将先前的成功归因于自己的能力，从而产生过度自信。Malmendier and Tate（2008）在对管理者过度自信是否影响并购行为的研究中发现，过度自信的管理者确实在其任期内进行了至少一次的并购活动。过度自信的管理者最显著的特征是高估收益而低估风险（Malmendier and Tate，2005，2008；Malmendier et al.，2011）。在这种心理作用的驱使下，管理者在制定并购决策时，会过度自信地认为自己总能成功，而未考虑到可能的风险和客观条件的约束。与传统"经济人"假设不同的是，"管理者过度自信"假设管理者是忠于现有股东的（Heaton，2002），选择并购是为股东创造价值，而不是谋求自身利益最大化，过度自信的认知偏差是推动并购发生的重要原因。Brown et al.（2006）对管理者过度自信与上市公司连续并购之间的关系进行研究后发现，管理者越过度自信，越容易实施并购。随着管理者过度自信程度的增加，并购带来的股东价值净增加额的期望值将逐渐减少。在连续并购活动中，如果某次并购成功，则管理者会将其归因于自己；反之，若某次并购失败，则管理者会将其归因于外部因素（Doukas and Petmezas，2007；Billet and Qian，2008）。因此，随着并购次数的增加，管理者过度自信的程度将会逐渐增加。

2）公司并购动因理论

公司并购活动的发生并不一定会形成大规模的并购浪潮，但并购浪潮的形成肯定是因为各个公司的并购活动在某一特定时期大量集聚。前面阐述的并购浪潮动因理论对各个公司并购活动的发生同样具有解释力，但本部分阐述的效率理论、信息理论、代理理论和交易成本理论对于解释微观个体公司发起并购活动的原因更具有普遍性。

（1）效率理论

效率理论，又称并购协同效应理论（Weston et al.，2004），该理论认为，公司发起并购以后，能够通过对并购双方资源、技术、知识、管理能力的共享和转移获得协同效应，实现并购后公司的产出大于并购前两个公司各自的产出之和，即1+1>2，从而提高效率，因此公司并购对整个社会来说是有益处的。协同效应理论是公司间横向并购的理论基础。对于并购公司来说，协同效应主要包括经营协同效应、财务协同效应和管理协同效应等方面（Weston et al.，2004）。

经营协同效应是指并购改善了公司的生产经营状况，使生产经营活动方面的效率得到提高，从而带来公司效益的增加。经营协同效应主要体现在以下方面：一是规模经济效应。公司通过横向并购使生产和经营规模扩大，单位产品承担的固定成本下降，从而提高了公司利润，实现了横向并购的规模经济效应。Pratten（1971）认为，并购的重要动机是追求规模经济效应，而非垄断。二是范围经济效应。纵向并购可以减少产品流转的中间环节，降低交易费用，并且能够实现技术上的互补，有利于进行协作化生产，从而实现了纵向并购的范围经济效应（Arrow，1975）；混合并购的范围经济效应主要体现在经营风险分散的经济性和商标、研发机构、营销网络、物流系统、管理经验等方面的共享所带来的经济性上（Weston et al.，2004）。Slusky and Caves（1991）认为，同行业内的公司并购最可能的动因是实现经营协同效应。

财务协同效应是指并购在财务方面给公司带来的效益。Trautwein（1990）认为，并购通过降低公司的资本成本实现财务协同效应，这主要体现在以下三个方面：一是公司通过投资非相关行业，降低了投资组合的系统风险；二是并购扩大了公司的规模，使公司更容易获得融资成本较低的资金；三是公司通过并购构建内部资本市场，与外部资本市场相比，内部资本市场不仅在获取信息和监督管理者方面更有优势，而且在资源配置上更有效率。

管理协同效应又称差别效率理论，当公司的管理能力超出了本公司管理的要求时，就可以采用并购其他公司的方式实现"管理的溢出"（Servaes，1991）。根据管理协同效应的观点，如果并购公司的管理层比目标公司的管理层更有效率，而且并购公司在并购之后能够将目标公司的管理效率提升到并购公司的水平，那么并购参与双方都将从中获益（Mukherjee，Kiymaz and Baker，2004）。并购方过剩的管理资本与被并购方非管理性的资本有机结合起来，能够实现"双赢"的协同效应。

20世纪80年代以来，国外学者运用超额收益法研究并购协同效应对并购双方股东财富的影响，得出了以下结论：第一，相关研究关于被并购公司股东收益的研究结论基本一致，即被并购公司股东在并购交易中获得了正的收益，研究结论的差异主要体现在被并购公司股东获得的收益多少不同（Ruback and Jensen，1983；Jarrell et al.，1988；Bradley et al.，1988；Schwert，1996）。第二，相关研究发现，并购公司股东从并购交易中获得的收益为正（Ruback and Jensen，1983；Jarrell et al.，1988）。第三，并购双方在并购后总的事件收益为正（Bradley et al.，1988；Berkovitch and Narayanan，1993）。

（2）信息理论

Bradley et al.（1983）提出了并购的信息理论，他们认为，并购活动会传递目标企业股价被低估的信息，并且促使市场对这些股票进行重新估价。这一理论包含了两个假设：其一，并购传递了目标公司股价被低估的信息，就目标公司而言，其并不需要采取任何行动，就会产生市值重估，即"待价而沽"；其二，并购要约的公告或关于并购的谈判将向目标公司管理层传达某种信息，激励管理者应该从事更有效率的管理活动，也称为"鞭策效应"。这一理论有助于解释无论并购最后是否成功，目标公司的价值在要约收购中总会被明显提高的现象（毛雅娟，2010）。

（3）代理理论

自Berle and Means（1932）提出"企业所有权与控制权相分离"的观点开始，企业股东与管理者的关系、管理者的行为等话题便成为广大学者研究的焦点。Jensen and Meckling（1976）指出，在企业所有权和控制权分离的情况下，企业的股东与管理者之间是委托代理关系，由于股东和管理者的效用函数不同，因此管理者为了实现个人利益最大化，就会做出有悖于股东财富的决策，产生代理冲突。公司并购的代理动因理论认为，公司管理者发动并购的目的是实现私利最大化，而不是实现股东财富最大化。国外学者对并购的代理动因的解释主要包括以下方面：

①建造公司帝国

随着公司规模的扩大，公司管理者能够控制更多的资源并拥有更多的权力，这不仅能够提高管理者的薪酬水平，还能够在投融资活动、职位分配过程中扩大寻租空间，因此公司管理者倾向于建造公司帝国（Baumol，1960；Marris，1963）。公司管理者为了建造公司帝国，倾向于频繁发动并购等大规模投资活动。Mueller（1969）通过研究发现，公司规模是影响公司管理者薪酬的主要因素，因此公司管理者为了增加收入，有强烈的动机通过并购等投资活动来扩大公司的规模，却不会关心并购等投资活动能够给公司和股东带来多少收益。Firth（1979）通过研究发现，并购公司的管理者在并购成功后的两年内收入增加了33%，而在那些并购没有成功的公司，管理者的收入在同一时间段内也增加了20%。

②管理者自由裁量权假说

管理者自由裁量权假说认为，公司管理者会从公司规模的增长中获得个人收益。这种个人收益或者以货币性激励体现，或者以管理较大规模公司所带来的"精神收入"体现。然而，公司规模的增长并不总是意味着公司股东财富的最大化。近年来，完成并购的CEO们和其他高层管理者都可以获得报酬，这为管理者们完成并购交易提供了激励，即使从长期来看并购会毁灭价值。并购会扩大公司的规模，而管理者的薪酬随着公司规模的扩大而增加。Goel and Thakor（2010）提出了一种"羡慕理论"（Envy Theory），即并购公司的CEO羡慕其他较大规模公司CEO的薪酬，因此发起并购而扩大公司规模，从而增加薪酬。表3-1列示了公司并购对管理者薪酬影响的经验研究。这些研究表明，成功的并购（增加公司价值）与管理者的薪酬正相关，但是不成功的并购也会使管理者的薪酬增加。总之，管理者会为好的业绩索取回报，面对不好的业绩会回避责任，当薪酬对公司规模很敏感时，管理者就会产生通过收购扩大公司规模的动机。

③自由现金流假说

Jensen（1986）指出，自由现金流是"满足所有净现值大于零的投资项目所需的资金后多出的那部分现金流量，而投资项目的净现值是以相关的资本成本为折现率计算出来的"。Jensen（1986）认为，只有将自由现金流以股利的形式支付给股东，才是股东财富最大化。然而，公司管理者并不愿意这么做，其原因是如果管理者将自由现金流支付给股东，就会减少

表 3-1　　　　　　　　　公司并购对管理者薪酬影响的经验研究

作者	国家	样本期间	主要结果
Lambe and Larker (1987)	美国	1976—1980 年	只有当并购增加了股东价值的时候，管理者的薪酬才会增加
Firth (1991)	英国	1974—1980 年	并购使公司规模扩大，从而增加了管理者的回报
Khorana and Zenner (1998)	美国	1928—1986 年	事前，薪酬对公司规模的敏感增加了大规模并购的概率；事后，大规模并购对总体薪酬有小幅正面影响，成功的并购增加薪酬，不成功的并购也不会减少薪酬
Bliss and Rosen (2001)	美国	1986—1995 年	并购会增加管理者的薪酬，仅仅是因为存在规模效应；即使并购导致并购方股价下跌，管理者的薪酬仍会上升；当管理者拥有更多股票的时候，他们进行的并购活动会减少
Grinstein and Hribar (2004)	美国	1993—1999 年	CEO 的权力越大，其从并购中获得的分红就越多；交易规模越大，CEO 的分红就越多
Harford and Li (2007)	美国	1993—1999 年	并购后 CEO 的总体收入有大幅增长；对于管理上薄弱的并购方，并购后 CEO 的收入对业绩不敏感；即使并购是失败的，CEO 的财富还是会增长
Coakley and Lliopoulou (2006)	英国	1998—2001 年	冗杂而不独立的董事会在并购完成后，会给 CEO 明显高的分红和工资

资料来源：苏达斯纳.并购创造价值 [M]. 芮萌，译.2版.北京：中国人民大学出版社，2013：336.

公司管理者可控制的资产，增加管理者的职业风险。因此，自由现金流的使用成为公司股东和管理者代理冲突的又一个体现，公司管理者有动机滥用自由现金流，将其用于不能增加股东价值的交易中。Jensen（1986）通过研究还发现，当公司存在自由现金流时，管理者倾向于将其用于发起并购。大部分发起并购的公司在并购前有较好的经营业绩，但是公司管理者利用充足的自由现金流去并购经营不善的公司或进行多元化并购，从而导致了并购后公司的业绩急剧下降，并购绩效低下。Jensen（1986）用美国20世纪70—80年代石油行业的并购案例验证了公司管理者、自由现金流和并购交易三者之间的关系。

（4）交易成本理论

交易成本理论最初是由 Ronald Coase（1937）提出的，该理论认为，并购交易的发生是为了降低交易成本，是出于对市场交易效率的考虑。当市场交易费用大大高于企业内部之间的行政指令成本时，并购就会发生（大多数情况下是上下游企业之间的纵向并购）。该理论之所以产生，主要有以下几个方面的原因：第一，人都是有限理性的，无论从得到的信息数量还是从处理信息的能力来看，都可以证明这一点；第二，人又是机会主义的，在交易的过程中都会想尽办法采取符合自己目的的行为，甚至可能去损人利己；第三，未来市场的不确定性增加了交易的成本，这也是市场一个很大的缺陷；第四，少数垄断性质的企业存在时，机会主义可能带来更加致命的损害。基于以上原因，为了避免高额的市场交易费用，并购的发生是不可避免的。该理论还认为，公司会反复与市场进行替代，以此来形成最优的公司规模结构，其中并购就是解决这种问题的主要方式。因此，管理者为了降低公司的交易成本、提高公司的业绩，就会进行并购。

3.1.2 中国公司并购决策的制度背景

1）中国公司并购的驱动因素

在我国，并购浪潮与资本市场和上市公司的发展密不可分，并且有其特殊的制度背景。在资本市场上，资本的力量通过上市公司的并购活动争夺或调整对公司的控制权。从最原始的动机来看，公司控制权的转移或调整，或者是为了追逐利润，或者是为了应对竞争的压力。然而，在脱胎于计划经济体制的中国资本市场，政府保留了巨大的行政力量。在这样的制度背景下，由于支持控制权市场健全运作的市场机制和法制规则等社会组织能力禀赋相对缺失和发育滞后，因此自我约束、竞争约束、行业自律、司法约束和监管约束出现了巨大的空白，市场参与者未受节制的贪婪和各种不当行为导致资本市场严重无序，这时政府的行政控制作为伸手可及的能力便成为替代和填补这些缺失的约束机制的一种重要的战略选择。因此，在市场驱动因素之外，政府的行政干预在中国上市公司控制权市场的形成和发展过程中扮演了重要的角色。

（1）政府主导力量

在股权分置改革之前，我国上市公司的股份中有 2/3 是不可流通的，其中大部分又是国有股。根据表 3-2 可知，截至 2005 年年底，国家持股占到了上市公司全部股权的 44% 以上，超过了流通股的总和。这种股权结构是政府对上市公司的运行进行干预的基础。由于我国上市公司非流通股中的国有股与法人股占大部分，因此防止国有资产在转让中流失便成为政府参与公司并购活动的理由，而政府具有的控股地位也为政府参与公司并购活动提供了便利性与正当性。

表 3-2　　　　　　中国上市公司股权结构（1992—2007）

年份	非流通股					流通股			
	国家股	法人股	职工股	其他	合计	A 股	B 股	H 股	合计
1992	41.80%	26.44%	1.23%	0	69.47%	15.76%	14.78%	0	30.53%
1993	49.06%	20.66%	2.40%	0.05%	72.18%	15.82%	6.37%	5.63%	27.82%
1994	43.31%	22.53%	0.98%	0.16%	66.98%	21.00%	6.06%	5.96%	33.02%
1995	38.74%	24.63%	0.36%	0.74%	64.47%	21.21%	6.66%	7.66%	35.53%
1996	35.42%	27.18%	1.20%	0.95%	64.75%	21.92%	6.45%	6.88%	35.25%
1997	31.52%	30.70%	2.04%	1.18%	65.44%	22.79%	6.04%	5.74%	34.56%
1998	34.25%	28.34%	2.05%	1.25%	65.89%	24.06%	5.30%	4.75%	34.11%
1999	36.16%	26.60%	1.19%	1.08%	65.02%	26.34%	4.60%	4.03%	34.98%
2000	38.90%	23.81%	0.64%	0.92%	64.28%	28.43%	4.00%	3.28%	35.72%
2001	46.20%	18.29%	0.46%	0.31%	65.25%	25.26%	3.13%	6.36%	34.75%
2002	47.20%	17.32%	0.27%	0.54%	65.33%	25.69%	2.85%	6.13%	34.67%
2003	47.39%	16.63%	0.17%	0.53%	64.72%	26.67%	2.73%	5.87%	35.28%
2004	46.78%	16.40%	0.13%	0.65%	63.95%	27.87%	2.76%	5.42%	36.05%
2005	44.82%	13.33%	0.05%	3.74%	61.95%	29.78%	2.85%	5.42%	38.05%
2006	30.70%	5.03%	0.02%	26.54%	62.28%	22.08%	1.53%	14.10%	37.72%
2007	26.85%	3.83%	0.00%	23.33%	54.02%	21.53%	1.12%	23.33%	45.98%
均值	39.94%	20.11%	0.82%	3.87%	64.75%	23.51%	4.83%	6.91%	35.25%

资料来源：根据中国证券期货统计年鉴（2008）的数据整理。

注：表中数据由于四舍五入存在些许误差，可忽略不计。

政府对上市公司运行的干预突出表现在公司资产重组的实施方面。在发达国家的证券市场上，上市公司的并购活动完全是一种以市场为基础的纯公司行为，政府很少介入这一活动中。而在我国，上市公司中国有股占据控制地位的产权结构特征和资本市场以为国有企业筹集资金及"解困"为目的的定位，决定了政府必然是上市公司资产重组的内在构成要素，政府干预也会因此贯穿上市公司资产重组的全过程。

1978 年召开的中国共产党第十一届中央委员会第三次全体会议确定了实行改革开放的大政方针，中国经济从此进入了从传统的计划经济体制向市场经济体制转型的历史进程。从 1979 年开始，我国开始对传统的国家所有制企业制度进行改革：一是减税让利，扩大企业的经营自主权；二是实行以承包、租赁为代表的新型经营方式；三是"利改税"。1984 年 7 月，河北保定纺织机械厂和保定锅炉厂以承担全部债权债务的形式分别兼并了保定市针织器材厂和保定市鼓风机厂，开创了中国国有企业间并购的先河。同年 9 月，保定市钢窗厂以出资方式，出资 110 万元收购了保定市煤灰砖厂，这是中国集体企业兼并国有企业的第一例。同年 12 月，武汉市牛奶公司以 12 万元现金收购了汉口体育馆，这是中国国有企业兼并集体企业的早期事例。1985—1988 年，保定市和武汉市政府以地方国有资产所有者代表的身份，为优化资源配置，大力推行企业并购，产生了两种并购模式："保定模式"和"武汉模式"。由于保定和武汉等少数城市在早期企业兼并中的示范效应，1986 年年底，企业并购现象在北京、南京、沈阳、无锡、成都和深圳等地区陆续出现。1987 年党的十三大报告明确提出，小型国有企业产权可以有偿转让给集体和个人；1988 年 3 月的《政府工作报告》明确提出，要把"鼓励企业承包企业，企业租赁企业"和"实行企业产权有条件的有偿转让"作为深化企业改革的两项重要措施；1988 年，大部分省、市制定了企业兼并办法；1989 年，国家体改委、国家计委、财政部和国家国有资产管理局联合颁布了《关于企业兼并的暂行办法》，国家体改委、财政部和国家国有资产管理局联合颁布了《关于出售国有小型企业产权的暂行办法》。至此，在中央和各级地方政府的积极倡导和推动下，我国企业掀起了第一次并购浪潮。有关部门的统计显示，25 个省、市、自治区和 13 个计划单列市，仅 1989 年一年内就有 2 559 家企业被兼并，共转让资产超过 20 亿元，减少亏损企业 1 204 家，减少亏损金额 1.3 亿元。整个 20 世纪 80 年代，全国共有 6 966 家企业被兼并，转让资产 82.25 亿元，减少亏损企业 4 095 家，减少亏损金额 5.22 亿元（张夕勇，2011）。

在经济转轨的过程中，绝大多数国有企业都承担着许多政策性负担，这些负担内生于转轨前的制度中，承袭了计划经济体制的缺陷，造成许多企业缺乏市场自生能力。政府出于战略目的的考虑，必须为这些企业提供支持。由于国有企业在改制上市时，行政机构作为国有产权的代理人而承担"隐性担保人"的角色，因此一旦上市公司出现问题，面临ST、PT甚至是摘牌危险时，行政机构就不得不出面组织"资产重组"，于是就出现了"报表重组""题材重组"等现象，证券市场优化社会资源的功能根本无从体现。在"父爱主义"理念的指导下，证券市场在政府的干预下难以对业绩差的上市公司行使"退出"的惩罚权力，从而导致了市场运行的扭曲以及上市公司行为的异化。1997—2001年是中国控制权市场的快速发展阶段。从2001年开始，监管部门出台的一系列法律法规便成为引发资产重组的动机和引导资产重组手段的一条主线。例如，中国证监会2001年颁布的《关于做好上市公司新股发行工作的通知》，导致上市公司通过各种各样的资产重组方案来实现再融资标准中的净资产收益率要求。再如，2001年2月22日中国证监会发布的《亏损上市公司暂停上市和终止上市实施办法》，引发了以保上市资格为目的的重组并购。这些被迫进行的资产重组大多由政府主导，且治标不治本，因此重组的绩效并不明显。从整体来看，在2002年以前的并购重组案例中，实质性重组少，报表重组居多。

政府将资产重组作为国有企业产业结构调整的手段。自中国证券市场创立以来，各级政府逐渐认识到资产重组的积极作用，纷纷把上市公司资产重组作为现阶段国企战略性重组和产业结构调整的重要手段。由于我国长期重第一、二产业，轻第三产业，国有企业中的传统产业占多数，科技含量高、资本和知识密集型产业发展缓慢，因此经济运行中的结构性矛盾较为突出。各级政府在调整本地产业结构、推动产业转型、开展国有企业战略性重组的过程中，都面临着艰巨的任务。受证券市场制度方面原因的影响，以及客观存在的上市公司"壳资源"现象，各级政府一方面需要将本地重点扶持的产业和企业推向证券市场，获得证券市场融资渠道，另一方面需要对本地亏损严重的上市公司进行重组。同时，证券市场管理层也希望通过资产重组和提高上市公司质量来降低股票市场的市盈率，并鼓励高科技企业通过资产重组进入证券市场，实现国有企业的战略性改组，完成国民经济的战略性调整，从而充分利用资本市场为国企改革服务。从操作上看，上市公司通过资产重组实现产业调整和升级也容易得到地方政府的支持。

（2）市场驱动因素

中国证券市场仍然是一个年轻的、不成熟的市场，只有积极发挥资产重组的作用，才能够推动证券市场的不断发展和日益成熟。尽管中国上市公司的资产重组还存在许多严重的问题，但资产重组对于证券市场的发展还是起到了积极的作用。不少上市公司的资产重组确实给上市公司带来了新生，给证券市场带来了新鲜的血液，实现了重组过程中的价值创造，促进了证券市场的发展。事实上，随着中国资本市场和社会主义市场经济的不断发展，积极利用资本市场、开展资本经营已经成为许多企业的重要经营内容。通过上市公司资产重组，追求财务协同效应和经营协同效应，实现企业快速发展，获得更大的市场份额，追求战略发展目标，是我国证券市场发展的必然要求。

首先，证券市场发展的先天不足造成了部分上市公司因经营业绩低下而成为"壳资源"。1992年以后，在对当时的证券市场进行管理和对市场资源进行分配的过程中形成的额度管理制和两级审批制，一方面有利于规范证券市场，发挥地方政府和中央主管企业信息拥有较为全面的优势；另一方面也导致了更多"壳资源"的形成。1995年以前，我国实行额度管理的方法，这种方法以限规模、不限家数为主要特征，因此，各地方为了用足额度，在没有合适的上市公司时搞"拉郎配"，在分配时将额度"蛋糕"切小，使许多不具备上市资格的公司挤进股票发行行列，有的地方甚至将企业车间分离包装上市，最终导致我国证券市场上出现了一大批具有"壳资源"潜在特征的上市公司。此后，国家明确提出支持国有大中型企业转企改制的指导方针，一大批国有大中型企业经过改制走进中国的证券市场，但也有不少业绩优良、发展前景看好的民营企业被拒于证券市场的大门之外，导致了企业上市的不公平性和非市场竞争性。于是，"借（买）壳上市"的资产重组现象应运而生，一大批经营状况差的上市公司成为市场追逐的"壳资源"。

其次，市场投机和股价操纵也是推动我国上市公司发起并购活动的重要因素。我国证券市场在发展过程中存在一些先天不足，市场投机现象较为严重。应该说，上市公司资产重组在开始时并没有和二级市场投机有太多联系，但随着我国证券市场的发展，一些问题便逐渐浮现出来。相当多的上市公司资产重组和市场投机产生了直接的联系，往往一边是上市公司在暗箱操作，进行资产重组，另一边是投机机构在悄悄低价买入上市公司股票，吸纳今后获利的"筹码"。等到资产重组消息宣布时，股票价格已经涨幅惊人。一旦资产重组成功的消息宣布，股价已经达到顶端，此时买入股票的中小投资者则难以摆脱高位套牢的命运。在这样的背景下，证券市场上资产重组的消息满天飞，真真假假的消息掩藏了股价被操纵的黑幕，出现了许多专门寻找重组对象、利用资产重组改善上市公司"基本面"，从而大幅度拉抬股价以获取暴利的投资机构。

最后，上市公司被"掏空"一度成为困扰股票市场发展的恶疾。上市公司除了成为并购交易的"壳资源"外，还经常成为并购方恶意掏空的对象。例如，恒通集团收购棱光实业后，利用大股东挪用占款、上市公司替大股东担保等方式，将本来具有较好业绩的上市公司完全掏空。这并不是仅有的案例，确实有一些并购者在资本市场上通过并购、掏空上市公司获得暴利，从而严重侵害了其他投资者的权益。

总之，由于上市公司拥有特殊的地位，一些市场参与者出于"买壳"、"借壳"、获得融资渠道、操纵股价（内幕交易）、"掏空"上市公司等不当（违法）目的进行并购活动，这不仅给中国上市公司控制权市场的健康发展带来了严重的阻碍，也损害了广大投资者的利益。

2）中国公司并购的特征

与以美国为代表的西方发达国家相比，我国公司的并购活动起步较晚且具有特殊的社会制度背景和历史渊源。一方面，尽管经历了放权让利、承包制、利改税、股份制等一系列改革，但是走出短缺经济后暴露出来的资源配置不合理的痼疾仍然是我国经济再发展面临的最大障碍，我国迫切需要通过资本的流动与重组来盘活企业资产，以实现资本的扩张和增值；另一方面，改革开放程度的不断加深、市场经济体制的确立、资本市场的建立与发展以及政府职能的不断转变为社会资源的流动和重组提供了有利的契机（刘淑莲，2010）。可以说，在国际、国内经济形势和企业制度变迁的冲击下，我国的公司并购经历了一个从无到有、从小到大、从不规范到逐渐规范的发展历程（刘锴，2011）。回顾中国并购浪潮的发展历程，其大致可以分为五个阶段，详见表3-3。

表3-3　　　　中国并购浪潮不同发展阶段的主要背景和交易特征

时期	主要背景	交易特征
萌芽阶段：20世纪80年代	1978年，中国经济开始进入从传统的计划经济体制向市场经济体制转型的历史进程。1979年，国企开始改革：（1）减税让利、扩大企业的经营自主权；（2）实行以承包、租赁为代表的新型经营方式；（3）"利改税"。在这种背景下，中国企业的第一次并购浪潮出现	（1）并购重组的动机是为国企解困，使国企卸掉财政包袱（2）并购的方式多为承担债务、出资购买和无偿划转（3）并购交易的自发性与政府的干预并存，且基本上都是在同一地区、同一行业或同一部门进行的（4）并购数量少、规模小，并购行为仅限于全国少数城市的少数企业
起步阶段：1993—1996年	1990年12月19日，上海证券交易所正式开始营业。1991年7月3日，深圳证券交易所正式开始营业。1993年，全国建立起16家产权交易中心，并购成为经济体制改革的"排头兵"。随着证券交易所与产权交易市场的成立与发展，以及产权改革进程的推进，中国企业掀起了第二次并购浪潮	（1）并购重组的动机主要是通过买壳获取融资渠道，重组方和被重组方多为国有企业，目标公司多为处于衰退期的企业，并且普遍业绩不佳（2）并购支付方式有股权划拨，也有现金交易，但更多的是以资产换股权（3）并购方式以市场自发探索为主，经历了从简单的举牌收购到复杂的资产置换、从直接在二级市场收购到更为现实的协议收购的过程（4）并购后一般都会有优质资产注入、劣质资产剥离的行为
快速兴起阶段：1997—2001年	1997年以后，随着证券市场进一步走向成熟，有关重组的法规和会计准则日益完善，上市公司重组规模越来越大，重组模式、手段日趋丰富。1997—2001年为中国控制权市场快速发展的阶段，兴起了以协议收购和区域性重组为主的资产重组浪潮	（1）资产重组以国有股和法人股的转让为主要特征，虽然资产重组的目的仍然是"买壳上市""保配"等，但已经开始由片面追求利润套现转向注重产业升级（2）重组方和被重组方多为国有企业，并没有从根本上改变上市公司的国有控股性质，因此支付手段以股权直接划拨为主。如果重组方是民营企业，则多采取现金支付的方式，重组方入主上市公司以后，往往通过注入优质资产和剥离劣质资产的方式来提高公司资产质量，以便恢复再融资资格（3）报表重组甚至虚假重组不断，上市公司资产重组成为操纵股价的工具

续表

时　期	主要背景	交易特征
规范发展阶段：2002—2005 年	随着中国经济的快速发展以及加入 WTO 后与全球经济并轨进程的明显加速，行业内和行业间并购的需求非常强烈，大型、特大型国企改革进入了实质阶段。为此，国家对涉及上市公司并购的相关重要法律问题做出了较为详细的规定，确立了规范上市公司并购重组行为的基本法律体系	（1）并购重组的目的是改变产业结构和市场结构，国内大型、特大型国企并购重组、企业跨国战略并购成为热点 （2）产业资本与金融资本相互渗透，并购支付方式多样化 （3）并购重组活动大多由政府主导，呈现出较浓厚的行政色彩，市场化程度不高。确立了规范上市公司并购重组行为的基本法律体系，实现了证券市场资源优化配置和价格发现的功能，但资产重组的定价基础还不完善
规范与发展并举的市场化阶段：2006 年至今	2006 年以来，一系列法律法规被修订，包括《中华人民共和国证券法》《外国投资者对上市公司战略投资管理办法》《上市公司收购管理办法》《关于外国投资者并购境内企业的规定》《企业会计准则——应用指南》等，这些法律法规调整了上市公司的收购制度，力求转变监管的方式、激励创新、提高效率。2005—2006 年实施的上市公司股权分置改革从根本上扫除了阻碍我国上市公司进行并购重组的障碍，为大规模产业整合奠定了基础	（1）从挽救财务危机公司的"输血式"重组向以产业整合为主的市场化实质性重组转化，战略并购成为并购市场的主流 （2）并购方式从简单的非流通股协议转让，发展到二级市场竞购、要约收购、定向发行和换股合并等多种方式 （3）从交易手段上看，上市公司的并购重组从单纯的现金交易，发展到债务承担、资产认购、以股份对价等多种方式 （4）并购立法趋向完善，控制权市场进入规范与发展并举的市场化阶段 （5）从并购区域来看，海外跨国并购频繁发生 （6）从并购主体的类型来看，私募基金参与的并购活动越来越多，金额也越来越大

资料来源：根据相关资料整理。

3）以美国为主的西方发达国家并购浪潮的特征

美国迄今为止共掀起了六次并购浪潮，每一次并购浪潮的特征都有所不同。表 3-4 列示了美国历史上六次并购浪潮的驱动因素、并购类型、并购特点、主要结果和结束原因。

美国第一次并购浪潮主要以石油、化工、食品、交通运输设备和五金行业的横向并购为主，并购的结果是形成了垄断的市场结构。这种并购模式一直延续到第二次并购浪潮中，第二次并购浪潮的特征是通过使用债务融资进行纵向并购，最终形成寡头垄断的行业结构。第三次并购浪潮的特征是进入企业集团时代，在这一时期，公司开始通过并购处于不同行业的目标公司多元化自己的核心业务，但由于许多企业集团的并购最终都以失

43

表 3-4　　　　　　　　　　　**美国历史上的六次并购浪潮**

时间	驱动因素	并购类型	并购特点	主要结果	结束原因
第一次：1897—1904 年	追求效率；反垄断执法不严；向西部扩张；技术变革	横向并购	（1）"小并小"是这次并购浪潮比较显著的特点 （2）以形成各个部门的垄断公司为并购的主要目的，并购形式以同一产业部门的企业横向并购为主，大量同一产业部门或行业的企业相互并购，形成了在某一产业部门占垄断地位的大企业	增强了行业集中度	欺诈性融资；1904 年股票市场崩溃
第二次：1916—1929 年	加入第一次世界大战；战后经济繁荣	纵向并购	（1）这次并购浪潮的最大特点就是并购方式逐步由横向并购向纵向并购转变 （2）产业资本与金融资本相互融合渗透，产生出一种新的资本 （3）大企业成为并购活动的主角	增强了行业集中度	1929 年股票市场崩溃；《克莱顿反托拉斯法》
第三次：1965—1969 年	股票价格上涨；持续的经济繁荣	混合并购	（1）混合并购成为并购的主导模式 （2）这次企业并购浪潮主要发生在大型企业之间，是一种"大鱼吃大鱼"的并购 （3）出现了跨国并购，并有进一步扩大的趋势	金融工程导致企业集团发展	购买价格不断上涨；过度杠杆
第四次：1981—1989 年	股票价格上涨；经济繁荣；企业集团多元化经营的低效率；美元相对疲软；有利的监管环境；良好的涉外会计实践	杠杆并购	（1）混合并购所占比重急剧下降，并购的对象转向与本行业有关的行业，多元产业发展的公司将非主导产业分割转让，以提高主导产业的资产质量；同时，杠杆收购盛行，"以债权换权益"的并购方式取代了"以股票换股票"的正常并购方式 （2）出现了"小鱼吃大鱼"的并购方式，这是因为投资银行等金融企业在企业并购中发挥的作用越来越重要，这种并购形式的产生与一种被人们称为"垃圾债券"的融资手段相关 （3）跨国并购规模扩大	企业集团的解体；垃圾债券融资交易的增加	垃圾债券市场的崩溃；1990 年的经济衰退

续表

时间	驱动因素	并购类型	并购特点	主要结果	结束原因
第五次：1992—1999年	经济复苏；股票市场繁荣；网络革命；贸易壁垒降低；全球化	战略并购	(1) 战略联盟性的并购成为并购的新特点 (2) 强强联合成为并购的突出特征，并购巨型化使得企业的竞争力迅速提高 (3) 第三产业成为并购的新热点 (4) 跨国并购占了很大比重	并购次数和金额刷新纪录	2001—2002年经济与股票市场的不景气；恐怖主义升级
第六次：2003—2008年	股票价格上涨；全球经济繁荣；全球化；大宗商品价格高企	资源型并购	(1) 资源型并购日益成为主流，在此次并购浪潮中，曾普遍集中于电信、金融行业的投资银行家大量向资源型行业转移 (2) 并购活动呈现出跨国公司联合行动的局面 (3) 私募股权基金在并购中发挥着越来越重要的作用	世界经济体之间的同步性增强	全球资本市场的信心丧失；工业化国家的经济增长放缓

资料来源：根据相关资料整理。.

败告终，因此在第四次并购浪潮中，美国公司开始寻求更加专业化的并购，这也被认为是更高层次的敌意收购和杠杆收购（Holmstrom & Kaplan，2001）。从第五次并购浪潮开始，出于战略上的考虑，并购扩张到新的市场，并且利用潜在的协同效应优势，更多地使用股权融资及反收购措施（Moeller，Schlingemann and Strulz，2005）。由于股市崩溃和全球经济衰退，并购交易数量明显下降，并购活动处于相对停滞的时期，第五次并购浪潮结束，管理者受"9·11"恐怖袭击事件、伊拉克战事的不确定性、大量公司倒闭（如安然事件、世通事件）的影响而产生的较高的风险厌恶情绪以及新的公司治理改革（如萨班斯-奥克斯利法案）可以对这个时期的情况进行解释。美国的第六次并购浪潮从2003年开始，在2007年达到空前水平。

伴随着美国第六次并购浪潮的兴起，全世界范围内的并购浪潮也很汹涌。Zephyr（2008）的并购年度报告显示，2007年，世界范围内发生了72 999次并购交易，总价值达5.58万亿美元（2004年发生了55 342次并购交易，总价值达2.41万亿美元）。这一时期，不仅并购交易完成数量和价值是空前的，并购已然成为全球性现象，并购在全世界范围内频繁地进行着（Gregoriou and Renneboog，2007）。在欧洲市场，2002年欧元区创建，2004年欧盟实现了有史以来规模最大的扩盟，因此欧盟成员的推动作用促进了该区域该期间并购行为的发生（Campa and Hernando，2007）。2007年，欧洲实现并购交易23 010次、价值1.96万亿美元（2006年实现并购交易29 699次、价值1.58万亿美元），而同时在美国和加拿大两国，共实现并购交易1 842次、价值1.84万亿美元（Zephyr，2008）

在欧美发达国家爆发第六次并购浪潮的同时，亚太地区的公司也成为并购浪潮中重要的参与者，并在2007年达到高峰，实现并购交易12 359次、价值6 980亿美元（2003年实现并购交易5 176次、价值2 000亿美元）。值得一提的是，新兴市场中买家的出现，其中一个重要例子是2007年1月印度塔塔钢铁公司以120亿美元收购英资Corus集团，这是当时印度塔塔钢铁公司数额最大的一次海外并购。此外，2006年，迪拜世界港口公司以68亿美元收购了东方半岛汽船公司，使其成为世界上三大港口运营商之一。2008年的金融危机导致全球并购数量下降到了自2004年以来的最低点，但学者认为，在经济动荡时期，新兴市场是并购活动的主要驱动者。

4）中国公司并购与西方发达国家公司并购的比较

根据以上论述，表3-5列示了中国公司并购与西方发达国家公司并购之间的差异。

表3-5 **中国公司并购与西方发达国家公司并购比较**

区别	中国公司	西方发达国家公司
并购动因	政府主导与市场驱动并存	追求利润、垄断，市场驱动力强劲
并购主体	政府、公司	公司
并购特征	政府行政干预色彩浓厚	公司在市场经济中的自主行为
并购对象	绝大部分是亏损公司，极少数为盈利公司	有亏损公司，但更多的是盈利公司
并购方式	无偿划拨占很大比重	有偿转让
并购类型	跨地区、跨行业兼并受到部门所有制、地区所有制壁垒的制约	跨地区、跨行业混合兼并占重要地位
并购组织	中介组织较少发挥作用	投资银行等中介组织起重要作用
上市公司参与程度	较不活跃	活跃
并购手段	主要是现金收购或承担债务	各种金融工具
法律环境	法律不健全	法律完善
并购内容	资产与股权并存	公司股权
并购市场	不发达	发达

3.2 ──── **并购融资政策选择与资本结构动态
调整的理论基础与制度背景**

3.2.1 并购融资政策选择与资本结构动态调整的理论基础

1）并购支付方式选择的理论分析

（1）控制权理论

在现代公司制的控制权利益主体中，主要涉及两类主体：一类是公司的管理者；另一类是控股股东。在股权分散的情况下，公司的所有权和控制权相分离，公司的控制权更多地集中在管理者手中（Berle and Means，1932），此时公司股东为了防止管理层的败德行为，往往会给予管理层一定的股权激励；在股权集中的情况下，控股股东（大股东）掌握着公司的主要控制权，其控股比例越高，享有的控制权收益就越高。管理者和控股股东为了维护自身的控制权收益[①]，很可能会抵制公司开展的威胁其控制权的投融资活动。

按照这一理论，在公司的并购交易过程中，无论是管理者还是控股股东，都会很关注并购对价的选择是否会使他们的控制权受到威胁。特别是在并购对价过程中，管理者和控股股东可能更关心控制权的稀释威胁，因为并购支付方式会直接决定交易双方的股权结构。具体来说，在并购对价过程中，并购公司管理者和控股股东倾向采用现金对价方式，以防范采用股票对价方式引入目标公司的新股东对其控制权的稀释。

并购对价过程中的控制权稀释，其实质更多体现的是公司管理层和大股东等内部人控制机制。根据并购控制权威胁理论，并购公司的管理层为了防止并购后控制权被稀释而影响个人财富，在并购对价中他们更偏好选择现金对价方式（Hansen，1987；Stulz，1988；Amihud et al.，1990；Martin，1996）。然而，管理层的持股比例与现金对价的关系并不是线性

----

① 管理者的控制权收益主要是指管理者为了实现自身利益最大化而享有的私有收益（Jensen and Meckling，1976）。控股股东的控制权收益可分为共享收益和私有收益。前者是指控股股东由于加强监督、改善经营管理而带来的公司价值的提高，这一价值提高的好处由所有股东共同分享；后者是指控股股东利用控制权进行自利性交易行为（如转移定价、内幕交易、关联交易等），通过侵害中小股东的利益而获取的收益（Grossman and Hart，1988）。

的，当股权高度分散或高度集中时，管理层没有丧失控制权的担忧，并购公司更有可能采取股票对价方式进行并购（Amihud et al.，1990）。

（2）信息不对称理论

在并购过程中，信息不对称现象是普遍存在的。信息不对称是指参与交易的主体各自掌握的信息不同，交易一方拥有另一方无法拥有的信息，由此造成了信息的不对称。交易双方对有关信息的了解是有差异的，掌握信息比较充分的一方往往处于比较有利的地位，而信息贫乏的一方则处于比较不利的地位。信息不对称导致的后果按发生时间的不同，可分为双方交易实施前的"逆向选择"和交易实施后的"道德风险"。[①]

从并购公司的角度来分析，其一般不如目标公司了解并购标的的真实情况，因此在并购交易中，并购公司往往存在较严重的"支付过多"（溢价支付）的风险。在这种信息不对称的情况下，并购公司在并购交易中通常倾向选择股票支付方式，并与目标公司一同分担溢价支付风险，以防范目标公司的"道德风险"。从目标公司的角度来分析，目标公司是否愿意接受并购公司提出的股票对价也会受到信息不对称的影响。由于目标公司不了解并购公司真实的内在价值信息，因此如果目标公司认为并购公司用于对价的股票价格被市场高估，目标公司就会倾向要求并购公司提供现金对价，以提防并购公司的"欺骗行为"。这样看来，信息不对称对并购对价的影响似乎没有定论，但是目标公司的信息不对称程度毕竟要高于并购公司的信息不对称程度，因为并购公司的股价在公开市场上还是很容易被目标公司所了解的，而目标公司及并购标的的详细信息并购公司了解起来往往十分困难，并且这种困难程度随着并购交易规模的扩大而增加。因此，在大规模的并购交易中，并购交易双方协商采用股票对价的可能性还是较大的。当然，如果出于风险分担的目的，并购公司使用了股票对价，也意味着其必须选择股权融资的方式。

---

① 逆向选择是指在买卖双方信息不对称的情况下，拥有信息优势的一方在交易中总是趋向于做出尽可能有利于自己而不利于别人的选择；道德风险是指在双方信息不对称的情况下，人们享有自己行为的收益，而将成本转嫁给别人，从而造成他人损失的可能性。道德风险的存在不仅会使处于信息劣势的一方受到损失，而且会破坏原有的市场均衡，导致资源配置的低效率。

（3）行为金融理论

①市场错误定价理论

在不完美的资本市场上，股票价格包含了非理性市场的错误定价以及投资者对投资机会的理性预期。在美国，20世纪60年代与90年代的股票市场价值非常高，并购交易普遍采用股票支付方式；20世纪80年代的股票市场价值较低，并购交易则经常采用现金支付方式。一些学者认为，股票市场或市场错误定价驱动了并购，并购公司在选择并购支付方式时利用了市场对股票的错误定价（Shleifer and Vishny，2003；Rhodes-Kropf，Robinson and Viswanathan，2005；Dong et al.，2006）。

市场错误定价理论认为，管理者的融资（如发行股票）与投资（如并购）决策会受到市场非有效性的影响，管理者在做出财务决策时会利用市场对公司价值的高估或低估。同样，市场的非有效性也会影响到并购公司并购支付方式的选择。在并购过程中，当并购公司股价被高估或相对于目标公司而言更被高估时，并购公司管理者往往会选择股票作为并购支付方式（Shleifer and Vishny，2003）。同时，从经济周期来看，股票对价并购一般发生在股票市场价值高涨时期（Rhodes-Kropf，Robinson and Viswanathan，2005；Dong et al.，2006）。由此可以推断出，股价被市场高估的并购公司一般会选择股票作为并购支付方式。

②过度自信理论

在并购决策的理论基础部分，我们分析了管理层的过度自信对并购浪潮和公司并购动因均具有一定的解释力。按照这一理论分析，过度自信理论同样也会对公司并购对价决策产生影响。因为过度自信的管理层往往会频繁发起并购，他们会高估目标公司的价值，乐观估计并购后的协同效应，在并购交易的谈判过程中往往接受过高的价格，而此时目标公司也更倾向于提出现金对价，因为可以获得更高的溢价收入。

过度自信理论对并购融资也会产生一定的影响。这是因为过度自信的管理者通常高估并购后公司未来的现金流入及公司价值，进而会认为市场低估了公司目前的股价，所以他们不愿意进行外部融资（Heaton，2002），而倾向于采用内部融资方式进行并购；当公司必须寻求外部融资时，因为股票价格对市场的反应更加敏感，这时发行股票比发行债券的成本要高，所以他们偏好采用负债融资方式。由此看来，管理层的过度自信也会驱使其产生并购融资偏好：先是内部融资，然后是负债融资，最后是股权融资。这也从行为金融的视角为优序融资理论提供了解释。

2）并购融资方式选择的理论分析

（1）优序融资理论

资本成本反映了公司支付并购交易资金的融资代价，是影响公司并购融资方式选择的首要因素。公司的融资方式不同，其付出的资本成本也不同。Myers and Majluf（1984）提出了经典的优序融资理论（Pecking Order Theory）。按照该理论的分析，负债融资和股权融资的资本成本要高于内部融资方式，原因主要有以下两个方面：一是外部融资方式存在交易成本；二是外部资金提供者与公司管理层之间的信息不对称，这会引起外部资金提供者对公司管理层逆向选择和道德风险的担忧，从而使得债权人和股东要求较高的投资报酬率，导致相应的融资成本增加。因此，相比外部融资方式，公司会优先选择内部融资方式。Myers and Majluf（1984）还认为，相比负债融资方式，通过发行股票进行融资会向外界传递公司股价被高估的负面信号，引起股价下跌，从而使得股权融资的资本成本高于债务融资，所以股权融资是公司的最后选择。

根据这一理论，上市公司在并购融资的过程中会从降低资本成本的角度来选择融资方式。当公司内部资金比较充裕时，公司首先要考虑内部融资方式；当需要外部资金时，如果公司有足够的负债能力（如有较多的可抵押资产、较低的资产负债率），则会倾向负债融资，最后才会选择股权融资。然而，优序融资理论隐含的假设是，在当前的信息状态下，存在融资优先顺序。倘若股票市场正处于繁荣阶段，大多数公司的股价可能会追随牛市的趋势大幅上涨，股权融资成本相对较低，并购公司出于成本考虑也可能会择时选择股权融资。尽管此时发行股票会向外界传递负面信号，但是公司股价下跌的幅度在很大程度上会被股价随大盘上涨的幅度所抵消。

（2）委托代理理论

从本质上说，公司的管理者和股东、内部人与债权人、大股东与中小股东等各相关利益主体之间的契约关系就是一种委托代理关系。通常，公司委托人和代理人之间的行动目标并不完全一致，代理人可能会为了自己的利益而损害委托人的利益。公司各项决策的做出都可能会给各利益主体之间带来冲突，从而产生较高的代理成本①。所以，公司在进行并购对价和融资决策时，要充分考虑相关利益人之间的代理成本问题。

①公司管理者和股东之间的代理成本对并购融资方式选择的影响

公司管理者和股东之间的代理问题主要表现为管理者在缺乏有效的监督约束时会做出有损股东利益的行为，特别是在股权集中度较低的公司，这种代理问题更加明显。由于股东和管理者之间的代理问题会影响交易融资的选择（Jensen and Meckling，1976），因此为缓解此类代理问题、强化对管理者的约束和监督，在进行并购融资决策时，股东会通过选择合适的融资方式来降低代理成本（翟进步、王玉涛和李丹，2012）。如果并购公司选择股权融资方式，可能会因股利支付难以对管理者构成刚性约束，进而导致管理者的低效率行为；如果并购公司选择债务融资方式，由于利息支付具有强制性，因此可在一定程度上抑制和防止管理者的低效率行为。此外，若并购公司采取股权融资方式，则有可能导致控股股东所占股份比例下降，控股股东对公司的控制力也会有所削弱。因此，当并购公司控股股东所占股份比例较低时，也会倾向于选择负债融资方式。

②内部人和债权人之间的代理成本对并购融资方式选择的影响

公司负债融资形成了债权人与内部人（股东和管理者）之间的委托代理关系。债权人的目标是贷出的资金能如期"回本收息"，股东和管理者则希望通过借入资金最大化自己的利益，因而债权人与内部人之间就产生了以下两个方面的利益冲突：

第一，资产替代。这主要是指公司负债后，内部人很可能放弃事先债

51

---

① Jensen and Meckling（1976）认为，代理成本包括为设计、监督和约束利益冲突的代理人之间的一组契约所必须付出的成本，加上执行契约时成本超过利益所造成的剩余损失。在 Jensen and Meckling 看来，代理成本是监督成本、约束成本和剩余损失之和。委托人的监督成本，即委托人激励和监控代理人，促使代理人为委托人的利益尽力的成本；代理人的约束成本，即代理人用以保证不采取损害委托人利益行为的成本，以及如果采取损害行为，将给予委托人补偿的成本；剩余损失，即委托人因代理人代行决策而产生的一种价值损失。

务契约所拟定的较低风险的投资项目，而将负债资金转移到具有高风险、高收益的投资项目上。债权人为了降低和防止内部人的资产替代的道德风险，往往会提高贷出资金的成本，或者与内部人签订有关债务资金的限制性条款，这些代理成本最终都需要由内部人来承担。因此，如果并购公司具有较高的成长潜力①，未来有较大的投资需求，那么并购公司在并购中应该尽量避免采用负债融资方式，以防止因债务合同的束缚使其在今后的发展中失去良好的投资机会。

第二，投资不足。这是指巨额负债融资使得公司的破产风险加大，股东更容易放弃价值增加很小的投资项目，长此以往会导致公司投资不足。Myers（1977）认为，股东财富最大化目标要求管理者只有当项目的预期收益大于支付给债权人的必要收益时才能进行投资，管理者可能会放弃预期收益仅仅足够偿付债权人收益的净现值为正的投资项目。因为股东和管理者认为，即使此时投资能够获取一定的收益，但是大部分或全部收益要归属债权人，股东的收益不足，所以他们就会放弃一些微利的项目，而伺机谋划高风险、高收益的项目。由此可知，对于未来投资需求比较大、负债比例比较高的并购公司来说，为了避免并购后由于业务扩张而引起的资金不足，公司应该采用股权融资，而不是通过负债来筹集外部资金。

③控股股东和中小股东之间的代理成本对并购融资方式选择的影响

很多研究表明，许多国家的上市公司股权都是集中的，普遍存在控股股东。一方面，控股股东持股比例较大，分享收益和承担损失的比例也较大，这有利于降低"股东–管理者"的代理冲突；另一方面，控股股东与中小股东的利益不完全一致，控股股东可能会凭借对公司的控制权谋取私有收益。Johnson et al.（2000）将控股股东获取私有收益的行为称为"隧道效应"，即以隐蔽的方式"掏空"公司，但是掏空的部分或全部成本最终仍要由控股股东来承担，因为外部投资者和中小股东可以通过"用脚投票"的方式保护自己。这样看来，控股股东又必须对自己的掏空行为有所节制，特别是在上市公司处于困境的时候，控股股东还可能会动用私有资

---

① 较高成长潜力的公司往往具有以下特点：主营业务突出且主营业务收入持续增长；重视无形资产的投入；某种资源具有垄断性；投资数额比较大，风险也较大。

源来"支持"上市公司。

在我国，上市公司的并购行为具有明显的关联性，因此可以用掏空和支持理论来解释（李增泉、余谦和王晓坤，2005）。并购融资方式的选择既会影响控股股东的收益，也可以传递出控股股东的掏空和支持动机（李善民和陈涛，2009），因此发生在上市公司和控股股东之间的关联交易并购①与并购融资之间可能存在一定的联系。如果在关联交易并购中，控股股东出于掏空动机向上市公司虚增注入资产价值或注入劣质资产，就会给中小股东带来不利的影响，就会形成利益侵占性的关联交易并购，而上市公司要通过内部融资或负债融资的方式来支付对价款②；相反，如果在关联交易并购中，控股股东出于支持动机向上市公司注入优质资产或帮助上市公司扭亏，交易双方协商的结果很可能是采用股票对价或股权融资方式完成并购，控股股东此时会暂时牺牲个人利益，接受上市公司提出的诸如非公开发行股份购买资产等并购议案，从而为上市公司节约更多的资金用于未来投资，使上市公司长远获利。由上述分析可知，关联交易并购对上市公司并购对价和融资方式的影响可能较为复杂，但从行为反映动机的角度来看，这种不确定的关系可以为关联交易并购的动机提供证据，即如果能够观察到关联交易并购与股票支付方式或股权融资方式正相关，则可以推断关联交易并购中控股股东具有支持动机的可能性较大；相反，如果是负相关，则控股股东具有掏空动机的可能性较大（李善民和陈涛，2009）。

（3）信息不对称理论

在现实中，公司管理者和老股东作为内部人总是更了解公司的内部经营情况，总是掌握着外部人无法知道的信息，这就是所谓的信息不对称性。依据该理论，在并购融资的过程中，并购公司的管理层和老股东比外部人（债权人和新股东）更了解公司未来收益和投资的真实信息。假设并购公司只考虑负债融资和股权融资两种并购融资方式，由于内部人比外部人更了解并购后公司的预期真实收益，因此如果收益的净现值为正数，则

53

---

① 关联交易并购还可能发生在受同一控股股东控制的其他子公司之间，但最终受益人还是控股股东。

② 在出于掏空目的的关联交易并购中，如果采用股票对价方式，上市公司和控股股东就要一同承担并购后的风险，这对于控股股东来说成本是比较高的，所以此时控股股东倾向于使用现金支付，以降低其需要承担的掏空给上市公司造成的损失成本。

说明并购后公司具有较好的获利能力，这时代表老股东利益的管理者不愿意发行新股，而会选择负债融资方式，以免把并购后的收益转让给新股东；反之，内部人就会倾向于选择股权融资方式。但是，当外部人领会到并购公司内部人的意图时，外部人就会把发行股权融资看作负面信号，这样并购决策宣布后，并购公司股票的价格就会下降。

（4）市场择时理论

Baker and Wurgler（2002）首次提出了"市场择时理论"。按照该理论的假说，在股票市值被高估、公司股票价格上扬时，公司通常偏好选择股权融资方式，公司的资本结构是过去进行市场择时行为累积的结果。在我国股票市场上，市场择时现象也是存在的（才静涵和刘红忠，2006；王琳，2009）。

依据市场择时理论，我们可以很好地理解股票市场状况与公司并购融资方式选择的关系。当股市处于繁荣阶段时，上市公司的盈利能力往往会提高，公司的股价也会维持在一个较高的水平，在这种情况下如果发生并购，并购公司可能更倾向于采用股权融资方式完成并购交易；当股市处于低迷阶段时，并购公司的股票可能会受股市整体形势的影响，价格偏低，此时目标公司可能不愿意接受并购方价格较低的股票，为此并购公司必须选择内部融资或负债融资方式来完成并购交易。

（5）融资约束理论

依据优序融资理论和市场择时理论，公司内外部融资方式之间是可以相互替代的，上市公司一般根据融资成本的大小选择并购融资方式，但在现实情况下，公司并购融资方式还会受到公司融资约束程度的影响。融资约束主要是指公司内外部融资成本存在差异，导致内外部融资方式具有不完全替代性的一种现象。融资约束缘于资本市场的不完善，表现为公司外部融资成本的溢价，或者说公司外部融资成本要远远高于内部融资成本。虽然资本市场的不完善导致了公司融资约束问题的产生，但不同的公司面临的约束程度是不同的，这又取决于公司的特征差异。与融资约束程度较低的公司相比，融资约束程度较高的公司会面临较大的外部融资障碍，这些公司在进行并购融资时只能更多依赖其内部资金，即使它们能够获得外部融资，也要承担较高的融资成本。

3）资本结构动态调整的理论分析

无企业所得税条件下的 MM 理论认为，在完美的资本市场中，公司价值独立于资本结构。然而，在假定存在企业所得税的条件下，由于利息具有抵税作用，因此增加了公司税后现金流量。有企业所得税条件下的 MM 理论认为，公司价值会随着负债比率的提高而增加。在 Kraus and Litzenberger（1973）的模型中，债务的利益体现为税收的减少，而债务成本的增加缘于预期的破产成本。在 Jensen（1986）的代理模型中，债务的利益表现为负债避免了具有高自由现金流公司的过度投资问题，而债务成本则表现为负债使得具有投资机会的公司存在风险转移问题以及投资不足问题。债务融资一方面可能降低了那些没有好投资机会的公司的管理者与股东之间的代理冲突，另一方面可能加剧了那些具有好投资机会的公司的股东与债权人之间的代理冲突。权衡理论认为，公司的资本结构由债务融资的利益（税盾收益与因自由现金流减少而减少的代理成本）与成本（财务困境与破产成本及代理成本）决定，当债务融资的边际收益与边际成本相等时，公司达到最优资本结构。总之，如果一个公司的财务杠杆是对利益与成本单期权衡的结果，则可以认为其融资决策遵循静态权衡理论。

然而，静态权衡理论仅关注单期决策，不包含任何目标调整的概念。因此，一个自然的延伸就是考虑多期决策，这就产生了动态权衡理论。尽管有可能存在一个最优债务比率，但是保持这一最优债务比率长期不变，对公司来说是需要花费成本的。维持一个固定的杠杆比率，需要公司频繁地对债务与股权进行再平衡，因此交易成本就产生了。Brennan and Schwartz（1984）首次提出，公司存在一个债务比率区间，公司的债务比率可以在该区间内上下浮动，而非试图维持一定的债务比率。一旦公司的债务比率超出了该区间的上界或下界，则公司需要再平衡其债务比率以恢复到最优水平。Fischer et al.（1989）的模拟结果表明，即使较少的交易成本，也能延迟债务比率的再平衡以及债务比率较大幅度的波动。由于资本市场存在摩擦，因此动态模型表现为大多数公司在大多数时间内，其债务比率有可能偏离其最优债务比率。Flannery and Rangan（2006）、Hovakimian（2006）以及 Huang and Ritter（2009）等关于目标资本结构调整模型的经验证据支持了动态权衡理论，表明公司的资本结构在长期内存在目标水平。动态权衡理论认为，公司资本结构存在向其目标水平进行动态调整的行为，当公司实际资本结构偏离目标资本结构时，公司应该权衡调整成本和调整收益，以决定是否进行调整以及调整的幅度，在一定时期内逐渐消除公司实际资本结构与其目标水平的偏差。

3.2.2　并购融资政策选择与资本结构动态调整的制度背景

1）融资环境分析

（1）股权融资环境分析

1984年10月，中共十二届三中全会通过了《中共中央关于经济体制改革的决定》，股份制随即进入正式试点阶段。1984—1986年，北京、广州、上海等城市进行了股份制试点①，广州、上海等地的少数企业还进行了对本厂职工发行内部股票的试点。1986年，随着国家政策的进一步放宽②，许多企业开始半公开、公开发行股票，股票一级市场开始出现。这一时期，股票一般按面值发行，且保本、保息、保分红，到期偿还，在一定程度上具有债券的特点；发行对象多为内部职工和地方公众；发行方式多为自办发行，没有承销商。

随着证券发行的增多和投资者队伍的逐步扩大，证券流通的需求日益强烈，股票和债券的柜台交易陆续在全国各地出现。1986年8月，沈阳市信托投资公司率先开办了代客买卖股票和债券及企业债券抵押融资业务。同年9月，中国工商银行上海市信托投资公司静安证券业务部率先对其代理发行的飞乐音响公司和延中实业公司的股票开展柜台挂牌交易，这标志着中国股票二级市场的雏形开始出现。③

---

①　例如，1984年北京天桥百货公司股份制试点，1985年上海延中实业公司股份制试点，1985年广州绢麻厂、明兴制药厂、侨光制革厂三家国有中小型企业股份制试点。
②　1986年12月，国务院发布了《关于深化企业改革 增强企业活力的若干规定》，指出："各地可以选择少数有条件的全民所有制大中型企业进行股份制试点。"
③　资料来源：中国证券监督管理委员会.中国资本市场二十年[M].北京：中信出版社，2012.

①沪深证券交易所主板市场

1990年11月26日，上海证券交易所由中国人民银行批准成立，同年12月19日正式开始营业。当日，首批上市公司共有方正科技等7家。1991年7月15日，上海证券交易所以1990年12月19日为基期100点，开始发布上证综合指数。1989年11月15日，深圳证券交易所开始筹建，1991年4月11日由中国人民银行批准成立，并于同年7月3日正式开始营业。1991年4月4日，深圳证券交易所以前一天为基期100点，开始发布深证综合指数。图3-1显示了1990—2011年上海、深圳证券交易所上市公司数量。

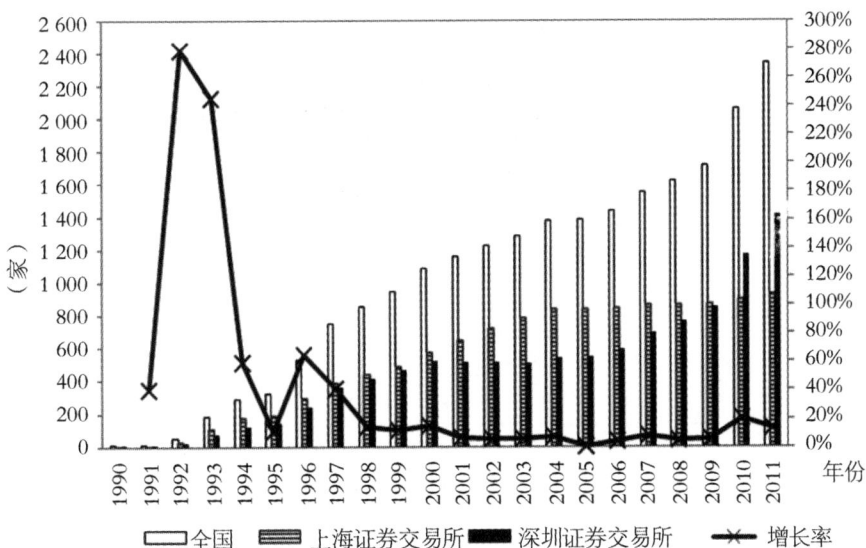

图3-1　1990—2011年上海、深圳证券交易所上市公司数量

资料来源：根据上海、深圳证券交易所网站资料整理。

由图3-1可知，1990—2011年上市公司数量年平均增长率为40.93%，其中增长率最高的年份为1992年，全国上市公司数量由上一年的14家增至53家，增长率为278.57%；增长率最低的年份为2005年，全国上市公司数量由上一年的1 377家增至1 381家，增长率为0.29%。2001—2011年，全国上市公司数量的增长基本处于较平稳的状态。

从上市公司的行业分布来看，在2011年全国2 342家上市公司中，机械、设备、仪表行业的上市公司为449家，占全国上市公司总数的

19.17%；其次为石油、化学、橡胶、塑料行业，上市公司为252家，占全国上市公司总数的10.76%；其他行业上市公司数量占比均小于10%。2011年中国上市公司行业分布的有关数据如图3-2所示。

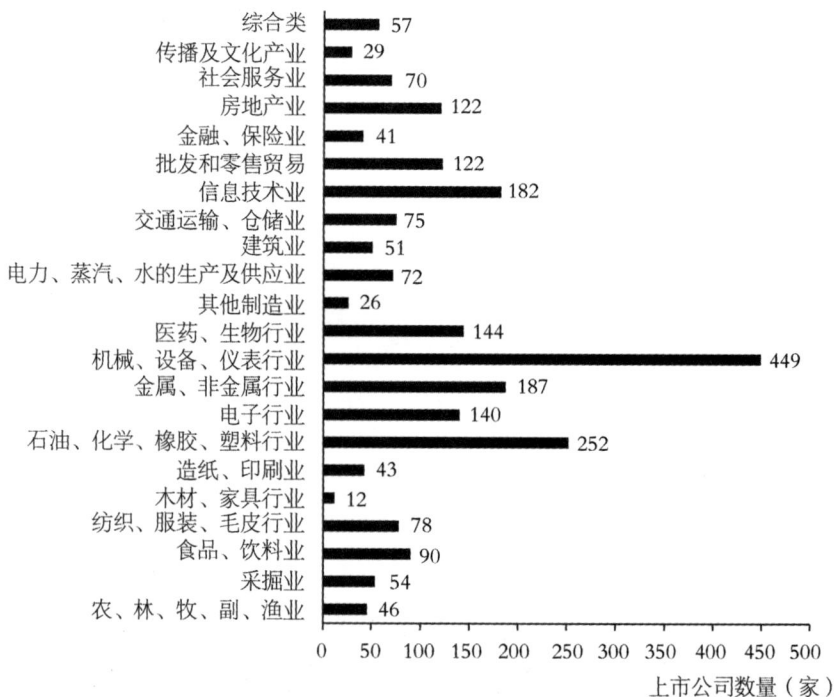

图3-2　2011年中国上市公司行业分布状况统计

资料来源：根据上海、深圳证券交易所网站资料整理。

从股权融资情况来看，中国上市公司主要通过首次公开募股（IPO）、再融资（增发和配股），或在香港上市（H股）进行股权融资。1991—2011年中国股票发行情况统计见表3-6。

由表3-6可知（以A股为例），在1991—2011年间，上市公司各年A股发行量最低为5亿股（1991年），最高为561.33亿股（2010年），平均值为137.49亿股；上市公司各年A股发行额最低为5亿元（1991年），最高为8 870.74亿元（2010年），平均值为2 082.08亿元。在此期间，股票发行量和发行额的波动幅度都较大。从股票发行额来看，至少经过三次大的波动，其中两大拐点在2005年和2008年，前者与我国2005年的股权分置改革有关，后者与2008年的次贷危机有关。

表 3-6 1991—2011 年中国股票发行情况统计表

年份	股票发行量（亿股）			股票发行额（亿元）		
	A 股	B 股	H 股	A 股	B 股	H 股
1991	5.00			5.00		
1992	10.00	10.75		50.00	44.09	
1993	42.59	12.79	40.41	276.41	38.13	60.93
1994	10.97	10.40	69.89	99.78	38.27	188.73
1995	5.32	10.90	15.38	85.51	33.35	31.46
1996	38.29	16.05	31.77	294.34	47.18	83.56
1997	105.65	25.10	136.88	825.92	107.90	360.00
1998	86.30	9.90	12.86	774.52	25.55	37.95
1999	98.11	1.77	23.05	893.60	3.79	47.17
2000	145.68	7.10	359.26	1 527.03	13.99	562.21
2001	93.00	0	48.48	1 182.13	0	70.21
2002	134.20	0	157.54	738.25	0	181.99
2003	83.64	1	196.79	638.96	3.54	534.65
2004	54.88	1.53	171.51	626.68	27.16	648.08
2005	13.80	0	553.25	338.13	0	1 544.38
2006	351.11	0	936.66	2 423.66	0	3 130.59
2007	413.27	0	223.97	7 668.39	0	1 011.78
2008	114.91	0	65.38	3457.75	0	317.26
2009	260.38	0	155.58	5 004.90	0	1 073.18
2010	561.33	0	367.04	8 870.74	0	2 365.62
2011	258.82	0	108.37	7 941.89	0	741.12
合计	2 887.25	107.29	3 674.07	43 723.59	382.95	12 990.87

注：

①折算汇率：

1992 年　1 美元＝5.75 人民币元　1 港元＝0.74 人民币元

1993 年　1 美元＝5.80 人民币元　1 港元＝0.75 人民币元

1994 年　1 美元＝8.46 人民币元　1 港元＝1.09 人民币元

1995—1998 年　1 美元＝8.30 人民币元　1 港元＝1.07 人民币元

1999—2004 年　1 美元＝8.28 人民币元　1 港元＝1.07 人民币元

2005—2011 年外资股折算汇率为股票发行月的月末汇率。

②A 股发行量为 IPO 数量。

③1991—2007 年的股票筹资额以发行日口径统计，2008 年以来的股票筹资额以上市日口径统计。

④配股包含权证行权筹资。

⑤A 股筹资对历史口径进行了调整，删除了历年数据包含的可转换债券筹资。

⑥2011 年股票筹资额中的增发项包含公开增发和定向增发现金、定向增发非现金资产认购部分，以及权证行权部分。

为了描述各种股权融资方式的变动趋势，图3-3将A股融资方式进一步分解为IPO、增发和配股三种方式。相对来说，中国上市公司的IPO、增发和H股在2003年以后有大幅度提升。在2007—2009年间，各种股权融资方式基本上都呈U形变化；在2009—2011年间，IPO、配股、H股都呈倒U形变化，而增发融资呈U形变化。这表明在后次贷危机中，上市公司股权再融资主要是通过增发方式完成的。

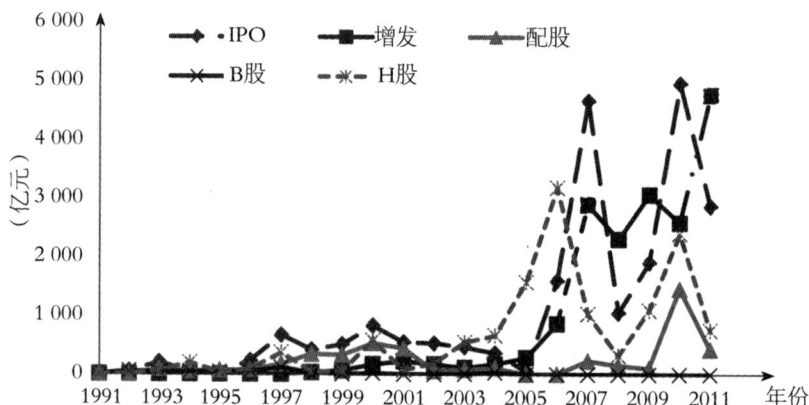

图3-3　1991—2011年中国股票发行情况统计图

资料来源：中国证券监督管理委员会.2012中国证券期货统计年鉴［M］.上海：学林出版社，2012.

从上市公司的行业分布和行业融资情况来看，大部分上市公司都属于制造业。图3-4列示了2011年中国A股IPO融资额行业分布状况统计。

由图3-4可知，2011年A股IPO融资额最多的行业是机械、设备、仪表行业，其次为石油、化学、橡胶、塑料行业，这与图3-2的结论基本一致。这反映了中国各级政府在选择上市公司时的政策偏好，也反映了中国的经济结构依然以机械、设备、仪表等制造业为主。

表3-7给出了2011年中国A股IPO融资额的地区分布情况，反映了中国目前经济发展的地区差异。融资额前六名的地区分别是北京、江苏、浙江、广东、山东、上海，这一分布与中国改革开放过程中优先发展沿海地区的总体战略有关，而贵州、宁夏、西藏、云南等西南部地区2011年A股IPO融资额为0，这与其历史上的经济地位有关。

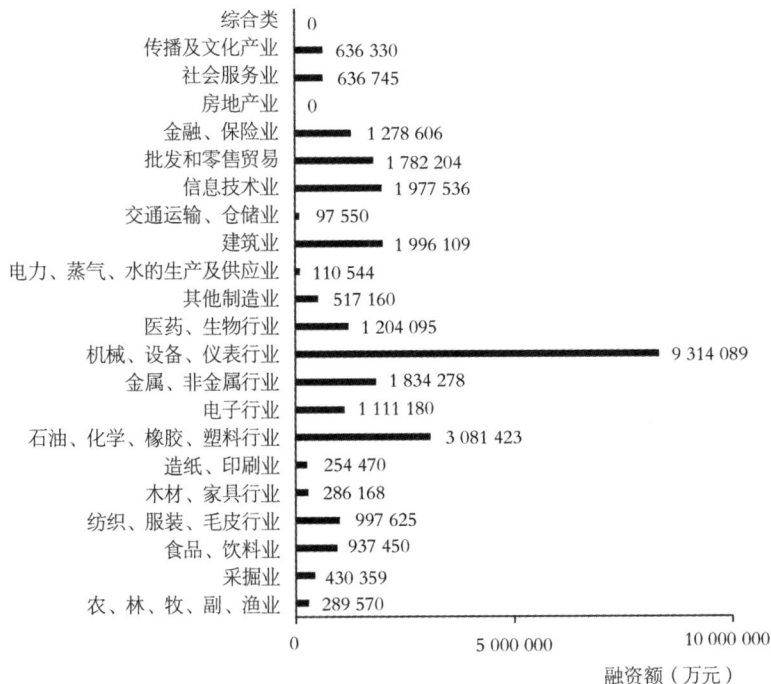

图 3-4　2011 年中国 A 股 IPO 融资额行业分布状况统计

资料来源：中国证券监督管理委员会.2012 中国证券期货统计年鉴［M］.上海：学林出版社，2012.

表 3-7　　　　2011 年中国 A 股 IPO 融资额的地区分布情况

地区	融资总额		地区	融资总额	
	金额（万元）	占比（%）		金额（万元）	占比（%）
安徽	1 039 840	3.74	辽宁	191 746	0.69
北京	4 807 506	17.31	内蒙古	317 100	1.14
福建	879 338	3.17	宁夏	0	0.00
甘肃	120 320	0.43	青海	96 000	0.35
广东	3 147 416	11.33	山东	1 642 810	5.92
广西	114 406	0.41	山西	226 629	0.82
贵州	0	0.00	陕西	86 870	0.31
海南	137 310	0.49	上海	1 566 686	5.64
河北	1 325 756	4.77	四川	534 911	1.93
河南	890 720	3.21	天津	100 000	0.36
黑龙江	174 600	0.63	西藏	0	0.00
湖北	476 379	1.72	新疆	74 179	0.27
湖南	1 123 432	4.04	云南	0	0.00
吉林	186 124	0.67	浙江	3 482 093	12.54
江苏	4 768 300	17.17	重庆	223 021	0.80
江西	40 000	0.14			

资料来源：中国证券监督管理委员会.2012 中国证券期货统计年鉴［M］.上海：学林出版社，2012.

②中小企业与创业板市场

为了丰富资本市场的层次，满足处于不同阶段、属于不同类型企业的融资需求和投资者不同的风险偏好，2004年5月，我国在深圳证券交易所设立中小企业板。截至2012年年底，中小企业板上市公司数由2005年的50家上升至701家，中小企业板的股票市场价值总额从2005年的482亿元增长到28 804亿元。2005—2012年中国中小企业板上市公司数量及市场价值情况如图3-5所示。中小企业板行业从以制造业为主，开始向信息技术、互联网、物流服务、金融、房地产等行业覆盖，企业的分布地区也从浙江、广东向全国扩大。

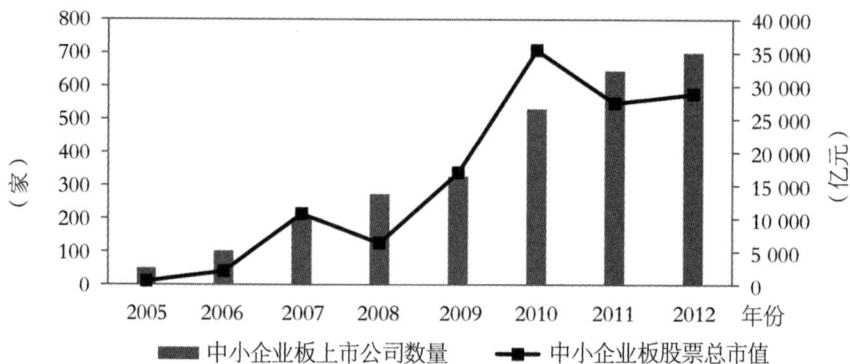

图3-5 2005—2012年中国中小企业板上市公司数量及市场价值情况

资料来源：中国证券监督管理委员会. 2012中国证券期货统计年鉴［M］. 上海：学林出版社，2012.

如果说中小企业板市场主要面向已符合现有上市标准、成长性好、科技含量较高、行业覆盖面较广的各类公司，那么创业板市场主要面向符合新的发行条件但尚未达到现有上市标准的成长型、科技型以及创新型企业。经过长达10年的准备，创业板于2009年10月正式推出，10月30日，创业板首批28家公司上市。截至2012年年底，创业板上市公司总数从2009年的36家上升至355家，上市公司股票总价值从2009年的1 610亿元增长到8 731亿元。创业板市场的推出为一批具有自主创新能力的企业提供了发展所需的资金，促进了中小企业政策支持体系的建设，引导着社会资金流向自主创新型企业和战略性新兴产业。

20世纪90年代，为了解决外汇短缺和外汇管制等问题，吸引国际资本，一些企业开始在境外发行H股、N股、L股等股票。H股是指在中国内地注册、在香港上市的外资股[①]；N股是指在中国境内注册、在纽约上市的外资股[②]；L股是指在中国境内注册、在伦敦上市的外资股[③]。

表3-8是境外上市外资股发行和筹资情况简表（截至2010年年底）。从表3-8可以看出，截至2010年年底，我国共有166家境内股份有限公司在境外上市。其中，在香港主板上市的公司有129家（10家同时在纽约证券交易所上市，1家同时在纽约证券交易所、伦敦证券交易所上市），在香港创业板上市的公司有34家，在新加坡证券交易所上市的公司有3家，这些公司的筹资总额为1 631.6亿美元（含再融资）。此外，约有100家境外中资控股上市公司，筹资总额超过630亿美元。[④]

表3-8　**境外上市外资股发行和筹资情况简表（截至2010年年底）**

年度	数量（家）			退市数量（家）	筹资额（亿美元）
	首次发行	增资发行	可转换债券		
1993	6				10.49
1994	12				22.34
1995	2	1			3.79
1996	6	1	1		12.12
1997	17	2	2		46.85
1998	1	2			4.57
1999	3				5.69
2000	5				67.90
2001	8	1		1	8.82
2002	16	1			23.23
2003	18	3	2		64.92
2004	18	8			78.26
2005	12	12		1	206.47
2006	23	11		2	393.48
2007	7	15	1	2	126.97
2008	5	6			45.63
2009	6	8			152.49
2010	7	15			353.80
合计	172	82	6	6	1 631.60

资料来源：根据中国证监会网站资料整理。

[①]　1993年6月，青岛啤酒股份有限公司在香港发行H股，成为中国内地首家在香港上市的企业。

[②]　1994年8月，山东华能发电股份有限公司在纽约证券交易所发行N股，成为中国首家在纽约上市的企业。

[③]　1997年3月，北京大唐发电股份有限公司在伦敦证券交易所发行L股，成为中国首家在伦敦上市的企业。

[④]　资料来源：中国证券监督管理委员会.中国资本市场二十年[M].北京：中信出版社，2012.

图 3-6 列示了 1993—2011 年证券市场境外 H 股融资情况。1993—
2004 年，H 股融资稳定增长；2005—2011 年，H 股融资呈 M 形变化。中
国企业海外上市不仅拓宽了融资渠道，而且加快了国有大型企业转换经营
机制的步伐，提升了中国企业的国际知名度和竞争力，更使中国证券界了
解了国际成熟资本市场的业务规则。

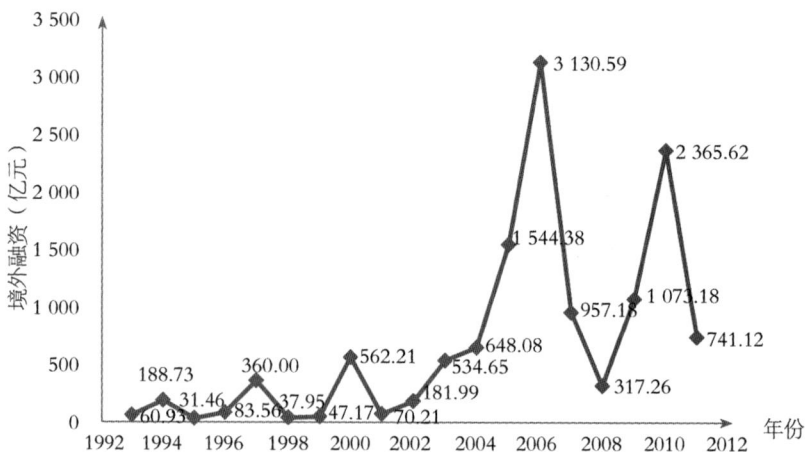

图 3-6　1993—2011 年证券市场境外 H 股融资情况

资料来源：中国证券监督管理委员会．2012 中国证券期货统计年鉴［M］．上海：
学林出版社，2012.

③私募股权投资基金

中国私募股权投资最初以创业风险投资为主。1986 年，中国第一家
创业风险投资公司（中国新技术创业投资公司）成立。1992 年前后，我
国出现第一次创业风险投资浪潮。在《关于加快发展我国风险投资事业》
提案的指导下，1999 年，我国出现第二次创业风险投资浪潮。截止到
1999 年 6 月，我国共成立了 92 家创业风险投资机构，注册资金达 74 亿元
人民币。2003 年，境外私募股权投资基金开始投资于境内企业。2004
年，新桥、华平、凯雷等美国私募股权投资集团开始大举进军中国市场，
"私募股权投资基金"代替"创业风险投资基金"成为业界的热点话题。
2004 年 6 月，美国新桥资本以 12.53 亿元人民币收购深圳市政府手中
17.89%的深发展股权，这被认为是我国第一起典型的私募股权投资案例。

　　清科研究中心发布的《2013 年中国私募股权投资研究报告》的统计数据显示（如图 3-7 所示），2013 年共有 349 只可投资于中国大陆地区的私募股权投资基金完成募集，募资金额共计 345.06 亿美元，新募基金数同比下降 5.4%，募资金额同比增长 36.3%。从新募基金的类型来看，房地产基金是 2013 年表现最抢眼的基金类型，其数量与金额占比均超过总量的三成；从新募基金的币种来看，人民币基金数量仍然占据绝对优势，外币基金募集情况有所回温。2013 年，中国私募股权投资市场上的投资交易数量与上一年相比有小幅缩水，投资金额同比增长 23.7%，共发生私募股权投资案例 660 起，其中披露金额的 602 起案例共计投资 244.83 亿美元；发生退出案例 228 起，其中境外市场共计发生 41 起，62 起成为最主要的退出方式。

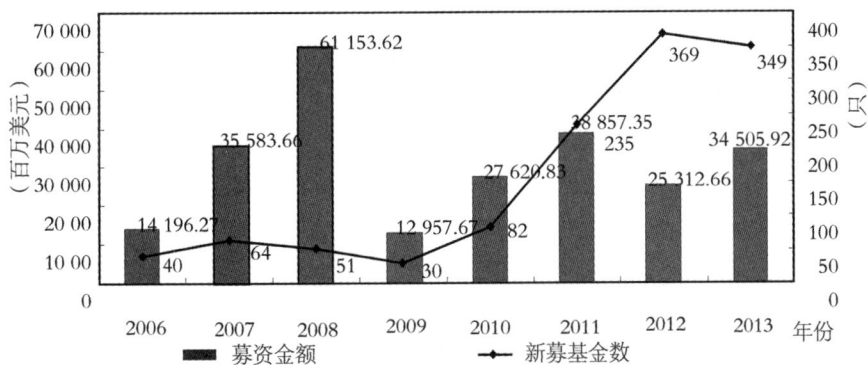

图 3-7　2006—2013 年中国私募股权投资基金完成募集数及募资金额

资料来源：清科数据库，2014 年 1 月。

　　在基金类型方面，349 只新基金中，成长型基金的数量与金额均占一半左右，占比较往年有所下降，共计新增基金 181 只，披露金额的 172 只基金共计到位 188.07 亿美元。房地产基金共计新增 132 只，披露金额的 131 只基金共计到位 106.67 亿美元，包括外币房地产基金 4 只、共计到位 25.20 亿美元。2013 年，新增并购基金 19 只、共计到位 25.07 亿美元，新增夹层基金 6 只、过桥基金 1 只，以及以 PIPE 基金、基建基金为主的其他类型基金 10 只。

　　在投资策略方面，2013 年，成长型基金投资、PIPE 投资（投资上市公司）、房地产投资三种策略占据全部投资策略类型的95.0%以上。其中，发生成长型基金投资431起、房地产投资105起、PIPE投资94起，披露金额的投资交易分别有384起、100起、92起，分别涉及金额126.12亿美元、63.39亿美元、45.63亿美元。2013年还发生并购投资14起、夹层投资7起、过桥投资2起。

（2）债务融资环境分析

与股票交易并行，中国从1981年起重新开始发行国债。从1982年开始，有的企业开始自发地向社会或企业内部集资并支付利息，形成了最初的企业债券。1984年，银行开始发行金融债券支持一些在建项目，此后，金融债券成为银行的一种常规性融资工具。公司的债务融资工具主要有公司债券、可转换债券等。表3-9描述了1990—2011年中国各类债券发行情况。

表3-9　　　　1990—2011年中国各类债券发行情况　　　　单位：亿元

年份	国债	金融债券	企业债券	公司债券	可转换债券
1990	197.23	64.40	126.37	0	0
1991	281.25	66.91	249.96	0	0
1992	460.78	55.00	683.71	0	0
1993	381.31	0	235.84	0	0
1994	1 137.55	0	161.75	0	0
1995	1 510.86	0	300.80	0	0
1996	1 847.77	1 055.60	268.92	0	0
1997	2 411.79	1 431.50	255.23	0	0
1998	3 808.77	1 950.23	147.89	0	3.50
1999	4 015.00	1 800.89	158.20	0	15.00
2000	4 657.00	1 645.00	83.00	0	28.50
2001	4 884.00	2 590.00	147.00	0	0
2002	5 934.30	3 075.00	325.00	0	41.50
2003	6 280.10	4 561.40	358.00	0	180.60
2004	6 923.90	5 008.70	327.00	0	209.03
2005	7 042.00	6 818.00	2 046.50	0	0
2006	8 883.30	9 520.00	3 938.30	0	40.40
2007	23 139.10	11 912.90	5 058.50	0	54.60
2008	8 558.20	10 822.98	8 435.40	0	77.20
2009	17 927.24	11 678.10	15 864.40	638.43	46.61
2010	19 778.30	13 192.70	15 491.45	603.00	717.30
2011	17 100.10	19 972.70	21 850.71	1 252.50	413.20

资料来源：中国证券监督管理委员会.2012中国证券期货统计年鉴［M］.上海：学林出版社，2012.

表 3-9 表明，1990—2011 年间，中国发行的债券主要是国债、金融债券、企业债券，从 1998 年开始发行可转换债券，直到 2009 年才出现公司债。以 2011 年为例，在国债、金融债券、企业债券和公司债券四种债券的发行额中，企业债券占 36.31%，其次为金融债券、国债，发行额最少的是公司债券，如图 3-8 所示。

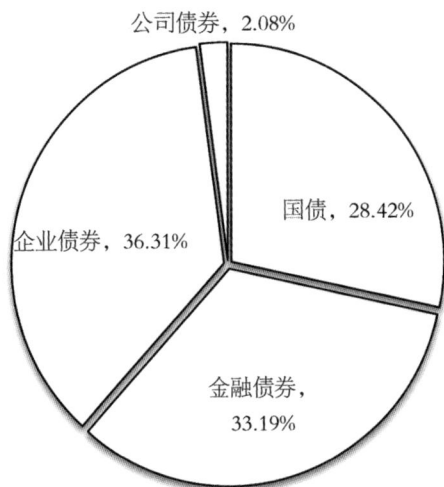

图 3-8　2011 年中国各类债券发行情况

资料来源：中国证券监督管理委员会 . 2012 中国证券期货统计年鉴〔M〕. 上海：学林出版社，2012.

需要说明的是，企业债券和公司债券虽然都是企业依照法律程序发行的、约定在一定期限还本付息的有价证券，但是这两种证券也有不同之处，具体体现在以下四个方面：第一，发行主体不同。公司债券目前只能由上市的股份有限公司发行。第二，募集资金用途不同。企业债券的募集资金一般用于基础设施建设、固定资产投资、重大技术改造、公益事业投资等方面；公司可根据自身的具体经营情况提出发行公司债券的需求。第三，监管机构不同。公司债券的发行实行核准制，中国证监会审核发债公司的材料是否符合法律制度的规定；企业债券的发行则由国家发改委审批。第四，信息披露要求不同。企业债券的发行人没有严格的信息披露义务；对公司债券发行人的信息披露要求则较为严格。

为了适应债券投融资需求的多元化发展趋势，交易所债券市场的产品不断创新，品种日趋丰富。1998 年，我国首次推出了可转换公司债券；2005 年 12 月，资产支持证券试点逐步启动；2006 年 11 月，推出了认股权证和分离交易的可转换公司债券；2007 年 9 月，启动了完全基于企业商业信用、无担保的上市公司债券试点；2009 年 12 月，中央财政代地方政府发行的债券在交易所市场挂牌交易。截至 2010 年年底，交易所债券市场已形成了涵盖国债、地方政府债、企业债券、可转换公司债券、分离交易可转债、公司债券、资产支持证券等债券现货以及债券回购在内的品种体系；托管在交易所市场的债券现货市值为 6 301 亿元，是 1990 年全国债券余额的 5.3 倍。①

《中国证券监督管理委员会年报 2012》指出，截至 2012 年年底，沪深两市共发行股票和债券 602 只，合计融资 7 610.56 亿元。2012 年，共有 154 家企业首次公开发行 A 股股票，筹集资金 1 034.31 亿元，主板、中小板、创业板分别有 25 家、55 家、74 家企业首次公开募股，分别融资 333.57 亿元、349.25 亿元、351.49 亿元；定向增发（现金认购）合计融资 1 867.49 亿元；公开增发合计融资 104.74 亿元；配股合计融资 121 亿元。沪深两市共发行债券 272 只，合计融资 2 722.77 亿元。其中，可转债 4 只，融资 157.05 亿元；公司债 181 只，融资 2 471.97 亿元；中小企业私募债 87 只，融资 93.75 亿元。

2）融资环境对并购公司融资行为的影响

（1）并购公司融资行为的国际经验与中国实践

并购公司的融资行为主要可以从融资方式与支付方式的选择两个方面进行分析，但由于国内外关于并购交易中融资方式选择的信息并未给予过多的披露，因此相关数据的获得受到了一定的限制。此外，国内外学者一般将并购融资方式等同于并购支付方式，忽视了对并购融资方式选择的研究，从而导致这方面可获得的资料有限。基于此，下面我们主要从并购交易中支付方式的选择方面对并购公司的融资行为进行分析。公司并购交易的支付方式主要有现金支付、股票支付、综合证券支付以及其他支付方式等。在国外，很大一部分并购交易是

---

① 资料来源：中国证券监督管理委员会.中国资本市场二十年[M].北京：中信出版社，2012.

通过现金支付完成的，但是股票支付也相当普遍。在我国，上市公司的并购支付方式单一，绝大部分并购交易采用现金支付方式完成，股票支付与综合证券并购支付方式较少应用。另外，我国还有政府无偿划拨等具有中国特色的并购支付方式。刘淑莲（2010）按照国泰安（CSMAR）数据库对并购支付方式的分类标准进行研究后发现，在 1998—2008 年共计 20 647 起并购案例中（其中 575 起未披露支付方式），采用现金支付方式的并购案例占 90.11%，采用股票支付、资产支付、承债支付以及混合支付方式的并购案例占比非常小。下面我们分别从英国、除英国以外的欧洲国家以及美国上市公司并购交易的支付方式来分析并购公司融资行为的国际经验，并将其与中国公司并购交易支付方式选择的实践进行比较。

①英国上市公司并购交易的支付方式

在英国，现金支付已经成为最主要的支付方式，其次是换股，然后是混合支付。1972—1992 年间，在英国所有的并购案例中，现金支付被使用的概率不低于 50%，除了 1972 年和 1983—1987 年以外，因为这些年份的股市处于牛市阶段。在 1972 年和 1983—1987 年，换股的比例达到或超过 50%；在 1987 年，当股市达到顶峰时，现金支付仅占 35%，而股票支付占 60%；但是在 1988 年，当股市大跌时，现金支付占 70%，股票支付仅占 22%；在绝大多数年份，固定利息债券这种支付方式在所有并购案例中所占的比例低于 10%，占比最高的年份是 1972 年，达到了 23%（Sudarsanam，2003）。因此我们认为，并购公司在现金和股票支付方式之间进行选择时，对股市的状态是很敏感的，在牛市时更有可能采用股票支付方式。表 3-10 提供了 1990—2002 年英国上市公司并购交易支付方式的分类以及不同支付方式下并购交易的价值。虽然整体上看股票支付和混合支付比现金支付少得多，但股权融资的平均交易规模在 1995—2001 年迅速增长，这与 20 世纪 90 年代的股市繁荣是一致的。通常包括一些股权内容的混合支付在 1995—1999 年也出现了数量上的增长。此外，现金支付方式的平均交易规模比股票支付和混合支付方式更稳定，这表明并购公司利用了有利的股市状况，特别是在大规模的并购融资中。

表3-10　　1990—2002年英国上市公司并购交易中的支付方式

年份	纯现金			纯股票			混合		
	数量（起）	百分比（%）	总价值（10亿美元）	数量（起）	百分比（%）	总价值（10亿美元）	数量（起）	百分比（%）	总价值（10亿美元）
1990	79	66	16.9	9	8	1.7	31	26	8.7
1991	50	53	3.0	18	19	1.4	27	28	7.9
1992	21	42	0.5	9	18	0.4	20	40	8.2
1993	29	48	1.6	8	13	0.5	24	39	1.9
1994	49	58	7.2	11	13	0.5	25	29	2.6
1995	52	47	16.1	21	19	17.1	38	34	32.7
1996	54	47	15.7	27	23	11.8	35	30	11.2
1997	80	59	18.6	28	21	20.1	27	20	6.4
1998	121	65	32.7	28	15	26.9	36	19	21.2
1999	141	64	49.9	31	14	8.4	48	22	85.9
2000	109	66	44.1	29	18	113.7	26	16	47.4
2001	64	62	20.4	22	21	27.2	18	17	6.9
2002	29	63	1.3	4	9	0.4	13	28	14.8
总计	878	59	228.0	245	16	230.1	368	25	255.8

注：目标公司是英国上市公司，并购交易只包括完成的交易，并购公司在并购完成后拥有目标公司50%以上的股权；"纯现金"和"纯股票"意味着100%通过现金或股票支付；数字加总不正确是因为凑整出现了误差，可忽略不计。

资料来源：SUDARSANAM S. Creating value from mergers and acquisitions： The challenges： An integrated and international perspective ［M］. New York： Pearson Education Inc.，2003.

②除英国以外的欧洲上市公司并购交易的支付方式

表3-11给出了1990—2002年除英国以外的欧洲上市公司并购交易中有关支付方式的数据。这表明混合支付和股票支付方式在股市繁荣期间是比较受青睐的。此外，股票支付和混合支付方式的平均交易规模与现金支付方式相比波动性较大，这再次表明了并购公司利用了有利的股市状况，特别是在为大宗交易融资时。

表3-11 1990—2002年除英国以外的欧洲上市公司并购交易中的支付方式

年份	纯现金			纯股票			混合		
	数量（起）	百分比（%）	总价值（10亿美元）	数量（起）	百分比（%）	总价值（10亿美元）	数量（起）	百分比（%）	总价值（10亿美元）
1990	56	47	16.8	9	8	13.8	53	45	4.9
1991	71	39	18.2	9	5	5.2	104	57	6.5
1992	99	47	16.3	13	6	4.1	99	47	4.3
1993	105	51	25.5	11	5	7.8	90	44	6.8
1994	102	49	17.1	14	7	3.6	93	44	1.5
1995	155	56	22.6	15	5	12.8	108	39	9.4
1996	151	55	30.5	21	8	43.6	103	37	12.9
1997	147	57	44.9	29	11	62.2	84	32	14.8
1998	171	53	41.8	31	10	92.6	118	37	40.9
1999	280	59	62.9	49	10	203.2	147	31	284.8
2000	267	58	40.7	50	11	90.5	144	31	29.4
2001	196	64	49.2	28	9	11.7	84	27	48.3
2002	80	69	11.8	1	1	0	35	30	0.4
总计	1880	55	398.3	280	8	551.1	1262	37	464.9

注：目标公司是除英国以外的欧洲上市公司，并购交易只包括完成的交易，并购公司在收购完成后拥有目标公司50%以上的股权；"纯现金"和"纯股票"意味着100%通过现金或股票支付；数字加总不正确是因为凑整出现了误差，可忽略不计。

资料来源：SUDARSANAM S. Creating value from mergers and acquisitions： The challenges： An integrated and international perspective ［M］. New York： Pearson Education Inc.，2003.

③美国上市公司并购交易的支付方式

随着20世纪90年代后半期汹涌的换股浪潮，美国也出现了相似的情况。表3-12给出了1990—2002年美国上市公司并购交易中有关支付方式的数据。20世纪90年代的许多大规模并购交易，如世界电讯收购MCI、美国在线与时代华纳合并以及戴姆勒-奔驰与克莱斯勒合并等，都采用了股权融资方式。在这些案例中，并购公司股票被高估和并购融资的巨大成本使得换股交易变得非常具有吸引力。此外，并购前目标公司股票的增值和并购溢价意味着现金支付可能会导致目标企业的税收负担迅速增加，换股则可以避免这一点。

表 3-12   1990—2002 年美国上市公司并购交易中的支付方式

| 年份 | 纯现金 | | | 纯股票 | | | 混合 | | |
	数量（起）	百分比（%）	总价值（10亿美元）	数量（起）	百分比（%）	总价值（10亿美元）	数量（起）	百分比（%）	总价值（10亿美元）
1990	118	38	11.7	53	17	20.6	139	45	25.7
1991	75	26	6.0	76	26	23.0	142	48	14.7
1992	84	28	6.1	93	31	14.7	125	41	15.7
1993	122	34	8.0	110	31	36.3	126	35	59.9
1994	163	33	47.0	173	35	42.0	156	32	50.4
1995	190	35	51.7	199	36	109.3	160	29	73.7
1996	188	32	45.3	195	33	114.0	212	36	148.6
1997	191	26	48.1	277	38	200.9	259	36	197.1
1998	227	29	63.1	298	38	727.7	265	34	279.5
1999	275	35	86.0	245	31	383.8	263	34	537.9
2000	281	41	91.9	193	28	524.5	217	31	473.9
2001	215	41	56.3	136	26	90.8	178	34	204.4
2002	55	45	8.6	18	15	5.9	48	40	11.1
总计	2 184	33	529.8	2 066	32	2 293.5	2 290	35	2 092.6

注：目标公司是美国的上市公司，并购交易只包括完成的交易，并购公司在收购完成后拥有目标公司50%以上的股权；"纯现金"和"纯股票"意味着100%通过现金或股票支付；数字加总不正确是因为凑整出现了误差，可忽略不计。

资料来源：SUDARSANAM S. Creating value from mergers and acquisitions： The challenges： An integrated and international perspective ［M］. New York： Pearson Education Inc.，2003.

④中国公司并购交易的支付方式

表 3-13 给出了 1998—2012 年中国公司并购交易中有关支付方式的数据。从披露的公开信息来看，在股权分置时代，中国公司绝大部分并购交易是通过现金支付方式完成的，占比平均达到了90%，但自2005年4月29日中国证监会启动股权分置改革以来，中国公司在并购交易中采用配股、增发新股方式的情况也频频出现。虽然在所有并购交易中，采用股票支付方式的案例所占比重很少，但采用股票支付方式完成并购交易活动的案例

数在渐趋增多，这表明中国公司并购交易的支付方式渐趋多元化。

表 3-13　　　　1998—2012 年中国公司并购交易中的支付方式

年份	披露的案例数（起）	现金		股票		其他	
		数量（起）	百分比（%）	数量（起）	百分比（%）	数量（起）	百分比（%）
1998	286	259	91	2	0	25	9
1999	667	639	96	5	0	23	3
2000	988	964	98	3	0	21	2
2001	1 251	1 217	97	2	0	32	3
2002	1 272	1 121	88	7	0	144	11
2003	1 445	1 394	96	5	0	46	3
2004	1 993	1 852	93	2	0	139	7
2005	1 921	1 790	93	30	2	101	5
2006	2 087	1 873	90	29	1	185	9
2007	4 579	4 264	93	165	4	150	3
2008	4 838	4 451	92	291	6	96	2
2009	5 418	5 081	94	279	5	58	1
2010	5 197	4 883	94	226	4	88	2
2011	5 791	5 559	96	168	3	64	1
2012	5 851	5 617	96	171	3	63	1
总计	43 584	40 964	94	1 385	3	1 235	3

注："现金"意味着并购交易仅采用现金支付方式；"股票"意味着并购交易除了仅采用股票支付方式外，还包括股票与现金等其他支付方式的混合支付；"其他"包括资产项、可转债项、承担债务项以及各种支付方式间的混合支付。

资料来源：CSMAR 中国上市公司并购重组研究数据库。

与欧美等国家上市公司并购交易中支付方式的多元化相比，中国公司并购交易中的支付方式却显得极为单一。下面我们将从股权融资环境与债务融资环境两个方面来分析中国并购企业融资行为的特征。

（2）股权融资环境对我国并购企业融资行为的影响

我国企业的并购和产权转让活动兴起于 1984 年，而上市公司的并购和产权转让活动则是随着上海、深圳证券交易所的成立才出现的。因此，从股权融资环境的角度来分析我国并购企业的融资行为，则可以划分为三个阶段：20 世纪 80 年代的并购企业融资行为、股权分置时代的并购企业融资行为以及股权全流通时代的并购企业融资行为。

①20世纪80年代的并购企业融资行为

并购现象最早发生在20世纪80年代的保定市和武汉市等地，随后在北京、南京、沈阳、无锡、成都和深圳等地陆续出现。当时，这些地区的国有企业大多处于亏损状态，那些优势企业却由于受到资金、土地等的限制而很难实现跨越式发展。为了解困、促进经济发展，地方政府开始尝试运用并购这种市场手段来配置资源。1988年，大部分省、市制定了企业兼并办法；1989年，国家体改委、国家计委、财政部和国家国有资产管理局联合颁布了《关于企业兼并的暂行办法》，国家体改委、财政部和国家国有资产管理局联合颁布了《关于出售国有小型企业产权的暂行办法》。至此，在中央和各级地方政府的积极倡导和推动下，我国企业的第一次并购浪潮出现。

这一时期的并购行为以国有企业为主，并且大多是在政府主导下进行的。政府为了减少国有企业的亏损，以所有者的身份积极介入企业并购活动，从而使这一时期的大多数并购活动具有明显的强制性，很多并购活动被称为"拉郎配"。严格来看，这一时期的并购行为是一种"准兼并"行为（刘文通，1997），并不是企业自发的、基于某种发展战略目的的并购。并购方式多为承担债务式、出资购买式和无偿划转式，其主要目的是消灭亏损企业，卸掉财政包袱。

②股权分置时代的并购企业融资行为

随着上海、深圳证券交易所的相继成立，我国股份制企业的数量日趋增多，上市公司的并购开始出现。不过截至2005年4月29日中国证监会启动股权分置改革之前，我国上市公司的股权结构普遍表现为一部分股份上市流通，另一部分股份暂时不上市流通。前者称为流通股，主要成分为社会公众股；后者称为非流通股，大多为国有股和法人股。2001年，《减持国有股筹集社会保障资金管理暂行办法》的出台使得我国股市经历了一次深幅度的调整，国有股不能流通仍是制约并购的重要因素。据此，本书将20世纪90年代至2005年这段时间的中国上市公司并购称为股权分置时代的企业并购。1993年以前，大量非流通股的存在使得二级市场的收购模式主要集中在"三无"板块（无国家股、无法人股、无转配股）。1993

年 9 月 30 日，深宝安收购延中实业，这标志着中国上市公司并购浪潮的开始。1993—1996 年，并购的主体大多为国有企业，出现了国有股权转让、外资企业并购、法人股股权协议转让等并购形式。在这一阶段，并购主要以股权划拨为主，并购支付方式都是现金支付，并购程度低，资产重组的动机主要是通过买壳获取融资渠道。显然，在中国上市公司特殊的股权结构以及由此形成的市场分割的背景下，协议收购已成为上市公司收购的主要形式。1997—2005 年，证券市场进一步成熟，规模继续扩大，上市公司的重组规模也越来越大，市场化、国际化的发展趋势开始显现。从2001 年开始，监管部门出台的一系列法律、法规成为引发资产重组的动机和引导资产重组手段的一条主线。这一时期上市公司的并购融资行为与我国上市公司股权融资的法律环境和监管环境的变化密切相关。总之，监管部门法律、法规的出台导致这一阶段的并购动机是利用"壳资源"融资。为了满足再融资的财务要求，公司并购后一般都会采取注入优质资产、剥离劣质资产的行为。由于并购活动中的目标公司一般都是经营业绩欠佳，甚至发生严重亏损的公司，因此并购公司往往通过注入优质资产和剥离劣质资产来改变公司的盈利状况，以尽快使控股上市公司达到配股的盈利要求。从并购的支付方式来说，由于并购双方的经济性质存在差异，因此支付方式既有股权划拨，也有现金交易，但更多的是以资产换股权。如果收购方是国有企业，而收购的股权也是国有性质的，则可能采用股权直接划拨方式，这种股权划拨其实是对国有经济的调整和产业结构的整合；如果收购方是民营企业，则可能采用现金支付方式，或现金加资产换股权的支付方式。

③股权全流通时代的并购企业融资行为

股权分置制约了股票支付等证券支付手段在中国并购交易中的运用与发展，与国外成熟的证券市场普遍以证券作为支付手段不同的是，国内上市公司的绝大部分并购交易采用现金支付方式完成，并购支付方式单一，现金对价方式的并购交易量远远大于其他支付方式的并购交易量（见表3-13）。为了发挥资本市场应有的定价功能，实现股权的同股同价，扫清我国上市公司进行并购重组的障碍，创新并购重组中的支付手段，丰富并购支付方式，2005 年 4 月 29 日，中国证监会启动了股权分置改革。截至

2007 年年底，沪深两市共有 1 298 家上市公司完成或者进入股权分置改革程序，占应改革公司的 98%；未完成改革的上市公司仅 33 家，股权分置改革在两年的时间里基本完成。①股权分置改革以来，我国企业并购交易的案例数与股票对价并购的案例数都得到了显著增加（见表 3-13 与图 3-9）。此外，《中华人民共和国公司法》（以下简称《公司法》）和《中华人民共和国证券法》（以下简称《证券法》）明确了公开发行和非公开发行两种融资方式，为上市公司在并购重组活动中使用股票支付方式创造了条件；随后，自 2006 年 5 月 8 日和 9 月 1 日起施行的《上市公司证券发行管理办法》和《上市公司收购管理办法》明确了上市公司以非公开发行股份作为支付方式的合法性，使定向增发迅速成为控股股东资产注入和整体上市的主流方式。万得（Wind）资讯的统计结果显示，自 2006 年 5 月 8 日至 2007 年 12 月 31 日，共有 170 家上市公司实施了定向增发，235 家上市公司已公布定向增发预案但尚未完成实施，在合计 405 家上市公司中，有 120 多家涉及向大股东或实际控制人非公开发行新股，以购买其持有的第三方股权或其他资产。②自 2006 年 9 月 8 日起施行的《关于外国投资者并购境内企业的规定》明确规定，外国投资者可以以股权作为支付手段并购境内公司。自 2009 年 3 月 1 日起施行的《股权出资登记管理办法》规定，允许投资人以股权出资，从而降低了企业战略重组的成本，为企业重组、改组、改制提供了便利的通道，充分发挥了股权出资在促进投资等方面的重要作用。2009 年 4 月 30 日财政部和国家税务总局发布了《关于企业重组业务企业所得税处理若干问题的通知》，再次为并购重组开路，企业重组的税收负担大幅降低，企业符合规定的股权收购等行为可以免税。上述政策的相继出台，有利于我国企业以换股并购的方式进行并购重组活动。同时，随着全流通资本市场的日益完善，并购重组法律、法规的不断建立，以及上市公司质量的不断提高，可转换债券支付、权证支付以及杠杆支付等成熟资本市场上的并购支付方式也将在我国企业的并购重组市场中得到广泛应用。

---

① 中国证券监督管理委员会.中国资本市场发展报告[M].北京：中国金融出版社，2008.
② 刘锴.并购交易特征、股权结构与市场绩效研究：基于后股权分置时代上市公司的经验数据[M].北京：经济科学出版社，2011.

中国公司并购概况

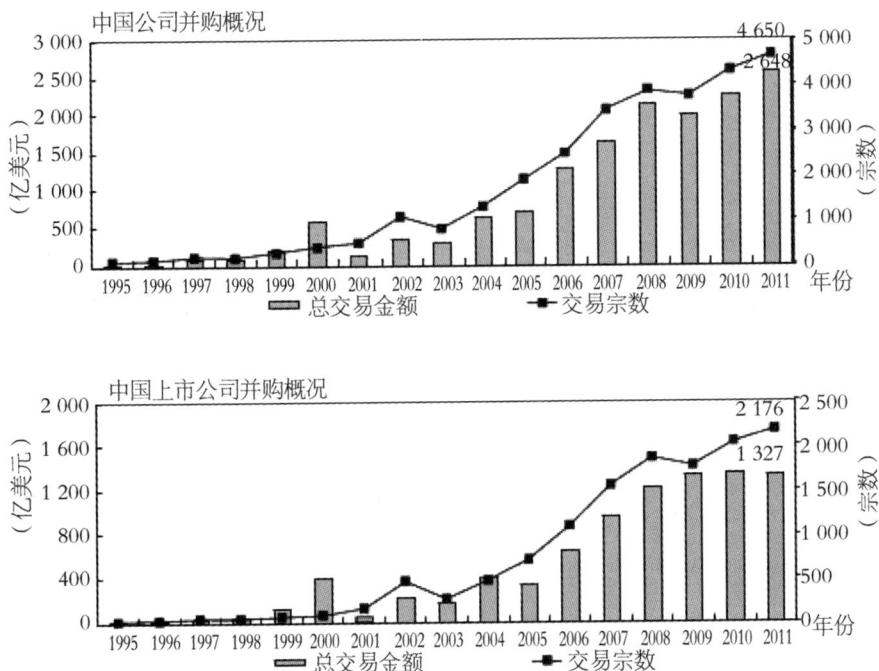

图 3-9　1995—2011 年中国并购市场概况

资料来源：中国证券监督管理委员会，中国上市公司协会.中国上市公司年鉴 2012［M］.北京：中国经济出版社，2013.

在中国证监会等有关部门的鼓励和推动下，股权全流通时代的并购重组活动表现为从简单的非流通股协议转让，发展到二级市场竞购、要约收购、定向发行、换股合并等多种方式；上市公司的资产重组也从单纯的资产购买或出售，发展到与定向增发相结合的注资活动；从支付手段来看，上市公司的并购重组从单纯的现金支付，发展到债务承担、资产认购、股票支付等多种方式（见表 3-13）；从并购主体的类型来看，私募股权投资基金参与的并购越来越多，金额也越来越大。2007 年，共有 64 只可投资亚洲市场（包括中国大陆地区）的私募股权基金成立，同比上升了 60.0%；募集资金高达 355.84 亿美元，同比增长了 1.5 倍。2013 年，中国资本市场受制于 IPO 停摆，倒逼 VC/PE 机构通过并购实现退出；同时，并购市场的快速发展和股权投资退出的多元化，也导致 VC/PE 相关并购的活跃度大幅提升。清科研究中心发布的《2013 年中国并购市场年度研究报告》的统计数据显示（如图3-10所示），2013年，我国共发生 VC/PE 相关并购交易446起，较2012年的208起大幅度上升114.4%。其中，披露金额的交易为413起，涉及金额共计346.60亿美元，涨幅创下历史新高。总体上，2013年的 VC/PE 相关并购表现与往年相比呈井喷之势。

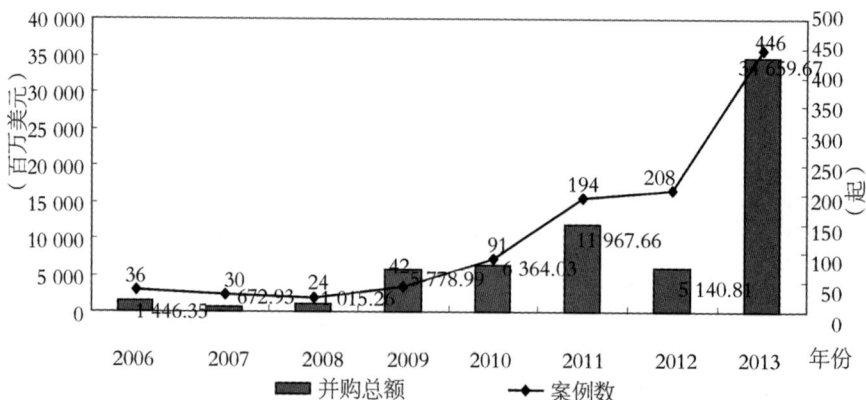

图3-10　2006—2013年中国并购市场VC/PE相关并购发展概况

资料来源：清科数据库，2014年1月。

（3）债务融资环境对我国并购企业融资行为的影响

①银行贷款融资对我国并购企业融资行为的影响

并购贷款通常是企业获取并购融资的主要渠道，参照国际市场数据，50%甚至60%以上的并购交易使用现金支付，而在现金支付中，来自银行的债务性资金占60%甚至70%以上。并购贷款作为高风险贷款，在国内一直受到严格的控制。1995年颁布的《中华人民共和国商业银行法》规定，商业银行在境内"不得向非自用不动产投资或者向非银行金融机构和企业投资"。该法还规定，同业拆借"禁止利用拆入资金发放固定资产贷款或者用于投资"，并将并购贷款排除在法定的经营范围之外。1996年颁布实施的《贷款通则》更是把并购贷款明文列为"禁区"，规定借款人"不得用贷款从事股本权益性投资，国家另有规定的除外"。在2008年以前，只有国家鼓励的境外投资才可以获得贷款。[1]虽然并购贷款受到限

---

[1]　《国家外汇管理局关于〈境外投资外汇管理办法〉的补充通知》（〔1995〕汇资函字第163号）规定："项目属于国家鼓励行业或属于国家鼓励的国家（地区），可向国家计委申请使用国家专项贷款。"

制，但是商业银行可以经营"经银行业监督管理机构批准的其他业务"，"国家另有规定的除外"的规定也为将来并购贷款的开闸预设了通道。

2008 年 12 月 6 日，中国银监会发布《商业银行并购贷款风险管理指引》（以下简称《指引》），允许开办并购贷款业务，这标志着并购贷款正式解冻。2008 年 12 月 8 日，国务院办公厅发布了《关于当前金融促进经济发展的若干意见》（国办发〔2008〕126 号），首次提出"创新融资方式，拓宽企业融资渠道"，并且"允许商业银行对境内外企业发放并购贷款"。2009 年 1 月 10 日，银监会针对并购贷款，公布了《关于当前调整部分信贷监管政策促进经济稳健发展的通知》，其中第一条就是"支持发放并购贷款"。《指引》及相关政策的出台正式放行了并购贷款这一新型并购融资方式。

然而，由于企业和银行对并购贷款的认识还处于摸索阶段，因此并购贷款开闸后，并没有出现"井喷"的迹象。截至 2009 年 5 月 31 日，工商银行、建设银行、中国银行、交通银行、国家开发银行等国内银行已经签订合同的并购贷款金额达 136 亿元人民币、4.2 亿美元，所支持的并购交易总金额约为 420 亿元人民币，跨境并购金额达 8.4 亿美元。[①]为了使读者对并购贷款有一个更全面的了解，我们将 2009 年中国并购交易市场上的主要并购贷款事件逐月进行汇总整理，见表 3-14。

表 3-14　　　**2009 年中国并购交易市场上的主要并购贷款事件**

时间	事　件
1 月 6 日	工商银行北京市分行、北京首创股份有限公司、北京产权交易所三方签订了《关于并购贷款合作框架协议》
1 月 20 日	国家开发银行与中信集团、中信国安签署了中信集团战略投资白银集团项目并购贷款合同，发放并购贷款共计 16.315 亿元人民币，成为《指引》出台后我国境内首笔实质性的并购贷款案例。该笔并购贷款用于中信集团和中信国安斥资 32.63 亿元人民币对白银集团进行增资扩股这一并购项目
2 月 16 日	建设银行与上海电力股份有限公司签订首单 5 000 万元人民币并购贷款合同
2 月 19 日	工商银行上海市分行与百联集团签署了《并购贷款协议》及《并购财务顾问协议》，根据协议，工商银行上海市分行向百联集团提供 4 亿元人民币并购贷款，用于收购上海实业联合集团商务网络发展有限公司 100%的股权
3 月 3 日	建设银行上海市分行与宝钢签署贷款合同，为宝钢收购宁波钢铁提供了 8 亿元人民币的 3 年期并购贷款

① 数据来源于时任中国银行业监督管理委员会副主席蔡鄂生在"2009（第七届）中国并购年会"上发表演讲时披露的数据。

公司并购、融资政策选择与资本结构动态调整研究

时 间	事 件
3月3日	交通银行上海市分行与宝钢集团签署并购贷款合同，为宝钢集团提供了7.5亿元人民币并购贷款，用于收购宁波钢铁有限公司56.5%的股权
3月11日	中国银行北京市分行向中国华能集团公司发放了6.8亿元人民币并购贷款
3月13日	中国银行浙江省分行与电联控股集团有限公司签署并购贷款协议，向电联控股集团下属企业浙江正通实业有限公司提供并购贷款2 600万元人民币，用于收购浙江通普特种车有限公司52%的股权
3月26日	国机集团与中国银行、北京银行、中信银行联合签署了总额为8.5亿元人民币的银团贷款协议，用于并购中国一拖集团
3月27日	兴业银行北京市分行、北京产权交易所、北京市华远置业有限公司三方签署《开发并购贷款合作框架协议》。其中，兴业银行提供第一笔6亿元人民币并购贷款给北京市华远置业有限公司，北京市华远置业有限公司将其中1亿元人民币用于长沙项目的收购
3月31日	招商银行向苏州国际发展集团有限公司发放1.1亿元人民币的并购贷款，用于对江苏东吴农村商业银行的战略并购
4月16日	建设银行山东省分行与华能山东发电有限公司签订了20亿元人民币的并购贷款合同，用于收购鲁能集团旗下部分火电厂及火电、风电项目成果
4月30日	上海银行与上海梅林正广和有限公司签署4 325万元人民币的并购贷款合同，用于收购某食品有限公司51%的股权
5月13日	工商银行长沙全通支行向华天酒店发放2亿元人民币并购贷款
6月16日	浙商银行为绍兴某印染有限公司收购绍兴某国有企业100%的股权，发放1 400万元人民币的并购贷款
6月17日	中国银行上海市分行向万业企业发放了3 833.50万元人民币并购贷款，用于收购某公司23%的股权
6月19日	中国银行陕西省分行向陕西煤业集团提供了5亿元人民币的并购贷款
7月2日	中国银行锦州市分行为锦州汉拿电机有限公司并购英国年城有限公司（Year city Limited）项目投放6 400万元人民币海外并购贷款
7月7日	中国银行浙江省分行与浙大网新科技股份有限公司签订了4 500万元人民币的并购贷款合同
7月17日	农业银行向中国物资开发投资总公司发放1.98亿元人民币并购贷款，用于收购广东冠豪高新技术股份有限公司27.27%的股份以及其关联公司——湛江冠龙纸业有限公司的全部股份
8月10日	工商银行山东省分行向济宁市矿业集团收购济宁里能集团新河2号井煤矿提供并购贷款
9月3日	工商银行山西省吕梁市分行发放首笔9.7亿元人民币的煤炭资源整合并购贷款
10月15日	中信银行苏州分行与江苏苏化集团有限公司签订了5 800万元人民币的并购贷款合同，已完成对苏州东沙合成化工有限公司的股权收购
12月6日	国家开发银行为武钢并购提供了一笔800亿元人民币的大额综合授信大单
12月8日	建设银行江苏省宿迁市分行向宿迁市银控自来水有限公司成功发放并购贷款2 150万元人民币
12月11日	建设银行成都高新支行向成都投资控股集团有限公司发放3.87亿元人民币并购贷款

从市场上披露的并购贷款案例来看，大多数获得并购贷款的企业都有着国有背景，部分原因在于当时国有企业是我国并购交易的主要参与者，这些国有企业都迫切需要进行产业调整和转型。在某种程度上，国有企业相对民营企业有较好的治理结构，这种稳定的治理结构不仅能够控制长期风险，而且有助于控制内部人的道德风险，加上国有企业之间的并购，各方作假的利益冲动不如民营企业那样强烈，贷款人更容易控制贷款风险。同时，国有企业对政策和政府导向敏感，响应速度快，并购双方能够迅速达成合意。由此可知，对于国有控股商业银行而言，尽快释放贷款，不仅能够实现银行的商业目标，而且能够助推市场恢复信心，实现企业与银行共同的利益诉求。因此，在并购贷款的初始阶段，并购贷款将更多流向国有企业。不过，随着金融资源配置的进一步优化，民营企业公司治理的日趋完善，银企之间信任程度的不断加强，市场上必将看到更多的并购贷款流向民营企业。比较典型的案例如 2010 年中国银行浙江省分行向浙江荣盛控股集团有限公司提供了 3.855 亿元人民币的并购贷款，支持其收购宁波联合（SH：600051）29.90%的股权。

目前，并购交易规模日益扩大，如果并购贷款由一家银行提供，则会增加该贷款银行的风险。因此，由某家银行牵头组织由若干个银行组成的财团共同承担某笔并购活动的贷款，既可以筹集到大规模的资金，又可以分担贷款银行的风险。在西方，这种贷款方式被称为联合贷款或辛迪加贷款（Syndicated Loan）。这种贷款方式已经屡见不鲜，联想用于支付收购价款的 6 亿美元就是由 16 家银行组成的财团提供的。除了商业银行的贷款融资外，为了迅速解决企业并购中的临时融资需求，投资银行往往会提供一种"桥式贷款"（Bridge Loan），也称"过桥贷款"，以解决并购资金问题。这种贷款一般没有抵押，期限也较短。近年来，在我国企业的并购重组中，过桥贷款也有所利用。例如，为了推动德隆系重组工作的顺利进行，华融资产管理公司向德隆系控股的两家实业公司——屯河股份和天一实业发放了总额为 2.3 亿元人民币的过桥贷款。又如，联想收购 IBM PC业务的 12.5 亿美元中，有 6.5 亿美元以现金形式支付，其中联想使用自有资金 1.5 亿美元，向高盛过桥贷款 5 亿美元，余额为股权转让，联想控股在集团占有46%的股份，IBM占有18.5%的股份。

②债券融资对我国并购企业融资行为的影响

20世纪80年代末，我国企业债券才开始起步。1990—1993年出现过一轮企业债券的发行高潮，但由于当时金融监管不到位，个别地方利用企业债券搞起了乱集资，出现了企业债券到期不能兑付的现象，因此监管部门停止了企业债券的发行。直到1997年以后，随着我国对金融监管的加强和市场秩序的进一步规范，企业债券市场才逐步恢复发展起来。近年来，我国国债、金融债券和企业债券的发行量都在不断增加，国债的发行额从1990年的197.23亿元增加到2011年的17 100.10亿元，金融债券的发行额从开始时不足100亿元增加到2011年的19 972.70亿元，企业债券的发行额则从1990年的126.37亿元增长到2011年的21 850.71亿元。2012年，我国通过企业债券净融资2.25万亿元，同比多出8 840亿元，企业债券融资额占社会融资总额的14.3%，同比高3.7个百分点。

虽然债券的融资规模和所占比例逐年增加，但是债券融资也存在一些问题：首先，我国对债券发行实行规模控制，这使得债券的发展速度受制于国家事先确定的规模，从而无法根据市场情况和企业实际融资需求确定债券发行额。其次，我国的债券市场还不发达，市场容量有限，因此国家对发行主体的盈利能力、负债规模及资金用途等都有严格的要求。再次，缺乏二级交易市场制约了债券的流动性，不能满足更多入市投资者交易的需求，限制了投资者资金的投入。最后，债务融资工具包括票据、债券等，将这些工具用于并购融资都会受到相应法律、法规的限制。例如，《证券法》第16条规定："公开发行公司债券筹集的资金，必须用于核准的用途，不得用于弥补亏损和非生产性支出。"1993年8月2日国务院发布的《企业债券管理条例》第20条规定："企业发行企业债券所筹资金应当按照审批机关批准的用途，用于本企业的生产经营。企业发行企业债券所筹资金不得用于房地产买卖、股票买卖和期货交易等与本企业生产经营无关的风险性投资。"从企业债券的发行情况来看，我国债券发行的主体大多是一些关系国计民生的大企业，如三峡债券等，所筹资金主要用于支持能源、交通、通信和重要原材料等行业的发展。国内企业能发行股票上市实属不易，而在发行股票的基础上再发行债券的企业更是屈指可数。

虽然债券等债务融资工具所筹资金运用于并购融资时会受到相应法律、法规的限制，但是可转换债券作为债券的一种，已经运用到我国并购资金的筹集中来，不过其在我国的发展才刚刚起步，还只是"实验"阶段。我国目前仅允许上市公司和重点国有企业发行可转换债券。1993年，深宝安第一次在深交所挂牌发行A股上市可转换债券，最后在1996年以失败告终。可转换债券在并购融资中的应用以青岛啤酒定向发行可转换债券为重要标志。2002年10月21日，青岛啤酒与美国著名啤酒酿造商安海斯－布希公司（简称AB公司）签署了战略性投资协议，根据该协议，AB公司将有条件地向青岛啤酒分三批认购总值为1 416 195 342.00港元的青岛啤酒发行的可转换债券，该可转换债券将强制性地转换成308 219 178股H股股份，届时AB公司在青岛啤酒中的股权将从当前的4.5%增加到27%。认购可转换债券所得资金仅用于青岛啤酒未来收购啤酒厂、现有啤酒酿造设施的资本性开支以及建设新的啤酒酿造厂。从上述案例我们可以看出，并购业务融资的发展渠道正在拓展，并且随着金融工具的发展和证券市场的不断完善，利用可转换债券融资将有较好的发展前景。

融资环境对我国并购企业融资行为的影响详见表3-15。

表 3-15　　　　　**融资环境对我国并购企业融资行为的影响**

时期	融资环境	融资行为
20世纪80年代	1988年3月的《政府工作报告》明确提出，要把"鼓励企业承包企业，企业租赁企业"和"实行企业产权有条件的有偿转让"作为深化企业改革的两项重要措施。1988年，大部分省、市制定了企业兼并办法。1989年，国家体改委、国家计委、财政部和国家国有资产管理局联合颁布了《关于企业兼并的暂行办法》，国家体改委、财政部和国家国有资产管理局联合颁布了《关于出售国有小型企业产权的暂行办法》，对企业兼并的各个方面做了较为详细的规定，初步提出了企业的兼并形式，并规定了对被兼并企业资产的评估作价方法	并购方式多为承担债务式、出资购买式和无偿划转式，其主要目的是消灭亏损企业，卸掉财政包袱

时 期		融资环境	融资行为
股权分置时代	1993—1996年	1993年以前，中国证券市场处于试点阶段，上市公司数量较少，法律制度还很不健全，大量非流通股的存在使得二级市场的收购模式主要集中在"三无"板块。1993年以后，我国出现了国有股权转让、外资企业并购、法人股股权协议转让等并购形式。1993年4月22日发布的《股票发行与交易管理暂行条例》对要约收购做出了规定。1993年11月14日，《中共中央关于建立社会主义市场经济体制若干问题的决定》进一步明确了按照现代企业制度的要求，实施产权改革和产权转让的一系列政策。1994年11月3日，《股份有限公司国有股权管理暂行办法》发布。1993年8月2日国务院发布的《企业债券管理条例》第20条规定："企业发行企业债券所筹资金应当按照审批机关批准的用途，用于本企业生产经营。企业发行企业债券所筹资金不得用于房地产买卖、股票买卖和期货交易等与本企业生产经营无关的风险性投资。"	资产重组的动机主要是渠道多为股权划拨，并且并购没有从根本上改变上市公司中国有控股性质。在中国上市公司特殊的成因以及由此形成的股权市场分割背景下，协议收购已成为上市公司收购的主要形式
	1997—2001年	1997年以后，中国证券市场进一步走向成熟，规模扩大。有关重组的法规和会计准则日益完善，金融中介水平提高，资产重组的经验和技巧也不断提高。1997年9月，党的十五大报告指出："把国有企业改革同改组、改造、加强管理结合起来，要着眼于搞好整个国有经济，抓好大的，放活小的，对国有企业实施战略性改组，以资本为纽带，通过市场形成具有较强竞争力的跨地区、跨行业、跨所有制和跨国经营的大企业集团，采取改组、联合、兼并、租赁、承包经营和股份合作制、出售等形式，加快放活国有小型企业的步伐。"1998年12月29日通过的《证券法》，确立了上市公司协议收购的法律地位，对收购主体放松了限制，从而大大减少了二级市场的收购成本。1999年发布的《关于上市公司配股工作有关问题的通知》以及2001年3月发布的《上市公司新股发行管理办法》，都对上市公司以配股形式筹集资金的有关问题进行了规范。1996年8月1日起实施的《贷款通则》第20条第3款规定："不得用贷款从事股本权益性投资国家另有规定的除外。"贷款还不能直接用于股权收购。2000年11月6日发布的《关于债转股企业规范操作和强化管理的通知》强调，债转股工作要保证质量、加快进度、规范操作、强化管理	并购动机是利用"壳资源"融资，为了满足再融资的财务要求，公司并购后一般都会采取注入优质资产、剥离劣质资产的行为。并购活动的目标公司一般都是经营业绩欠佳，甚至发生严重亏损的公司，因此并购公司往往通过注入优质资产和剥离劣质资产来改变公司的盈利状况，以尽快使控股上市公司达到配股的盈利要求。从并购的支付方式来说，由于并购交易双方经济性质存在差异，因此支付方式既有股权划拨，又有现金交易，但更多的是以股权换股权。如果收购的是国有企业，而收购方也是国有性质的，则可能采取用股权直接划拨方式，这种股权划拨其实是对国有经济的调整和产业结构的整合；如果收购方是民营企业，则可能采用现金支付方式，或现金加资产换股权的支付方式
	2002—2005年4月	2002年以后，《上市公司收购管理办法》《关于向外商转让上市公司国有股和法人股有关问题的通知》《利用外资改组国有企业暂行规定》等一系列文件发布，对涉及上市公司并购的相关重要法律问题做出了较为详细的规定，逐步建立了较为完整的有关上市公司并购重组的基本法律、法规体系。此外，2002年7月发布的《关于上市公司增发新股有关条件的通知》对上市公司以增发形式筹集资金的有关问题进行了规范。2001年《减持国有股筹集社会保障资金管理暂行办法》出台后，我国股市经历了一次大幅度的调整，国有股不能流通仍是制约并购的重要因素	由于我国的上市公司大多脱胎于国有企业，在这一阶段，上市公司的并购重组大多由政府主导，并且呈现出较浓厚的行政色彩，并购支付方式多样化因此上市公司并购大多由政府导致，程度不高。产业资本与金融资本相互渗透，并购支付方式多样化

续表

时　期	融资环境	融资行为
股权全流通时代（2005 年 5 月至今）	2005 年 4 月 29 日，我国正式启动股权分置改革。此后，中国证监会和其他国家职能部门先后颁布出台了一系列新的法律法规，全面展开了以股权分置改革为核心的中国资本市场游戏规则的重新设计。具体包括：基础制度层面的改革，如 2005 年 10 月 27 日修订通过的《证券法》和《公司法》提出了部分要约收购，有利于上市公司收购的市场化行为；证券发行与交易规则的改革，如《上市公司证券发行管理办法》、《首次公开发行股票并上市管理办法》、《证券发行与承销管理办法》、《上市公司流通股协议转让业务办理规则》以及修订的《上市公司收购管理办法》等；规范市场投资主体行为的法律文件，如《外国投资者对上市公司战略投资管理办法》、《合格境外机构投资者境内证券投资管理办法》、《关于外国投资者并购境内企业的规定》、《企业会计准则——应用指南》、《商业银行设立基金管理公司试点管理办法》、《商业银行并购贷款风险管理指引》和《中华人民共和国外资银行管理条例》等。显而易见，这一系列制度变革将极大地改善我国资本市场的运行环境，因此必将对并购方式、支付手段和融资行为产生深远的影响	在中国证监会等有关部门的鼓励和推动下，股权全流通时代的并购重组活动表现为从简单的非流通股协议转让、要约收购发展到二级市场竞购、换股合并等多种方式；并购的资产重组也从简单的资产购买或出售发展到与定向增发相结合的注资活动；从支付的手段来看，上市公司现金支付、承担债券、股权支付等多种类型越来越多，金额也越来越大；从并购主体来看，私募股权投资基金参与的并购越来越大

第 4 章

公司并购决策的影响因素研究

4.1 ——————— 宏观经济环境与并购浪潮 ———————

4.1.1 引　言

关于并购活动的动因，西方学者通常是根据新古典经济理论和行为理论进行解释的。新古典经济理论认为，并购浪潮一般是由经济、管制和科技等因素的冲击所引起的（Mitchell and Mulherin，1996；Brealey and Myers，2003；Harford，2005；Martynova and Renneboog，2011）；行为理论则认为，并购浪潮是由管理者的代理问题、自负及羊群行为所引起的（Shleifer and Vishny，1991；Bikhchandani，Hirshleifer and Welch，1992；Milbourn，Boot and Thakor，1999）。此外，还有一些学者认为，并购浪潮是资本市场的发展，以及公司管理者利用资本市场的过高估价而择时并购的结果（Shleifer and Vishny，2003；Rhodes-Kropf and Vishwanatan，2004；Rhodes-Kropf，Robinson and Vishwanathan，2005）。尽管我国与西方发达国家的经济环境不同，但并购活动总体上也呈浪潮式发展，并且具有周期性（唐绍祥，2006；刘淑莲，2010；张秋生，2010）。针对这一现象，国内学术界主要运用归纳性假设分析法来研究并购浪潮的驱动因素

（刘淑莲，2010；张秋生，2010）。在实证研究中，唐绍祥（2007）运用协整检验和误差修正模型检验了1998—2006年我国总体并购活动与宏观经济变量之间的关联性，发现经济周期、利率及股价与总体并购活动之间存在长期均衡关系。

　　总体而言，采用实证方法检验并购与宏观经济的关系，特别是运用中国公司并购的时间序列数据检验宏观经济冲击的影响，还存在很大的研究空间。本节以我国上市公司在1998年1月至2012年12月发生的并购事件为研究样本，运用协整检验、VAR模型、脉冲响应函数、方差分解及格兰杰（Granger）因果关系检验方法进行研究后发现：经济发展水平及股价与总体并购活动存在长期均衡关系，而利率与总体并购活动并不存在长期均衡关系；经济发展水平与股价是总体并购活动的Granger原因，而利率并不是总体并购活动的Granger原因；在短期内，经济发展水平的波动与股票价格的波动对总体并购活动的波动存在正向影响，利率波动对总体并购活动的波动存在负向影响。与其他有关中国公司并购活动的研究不同，本节的研究样本时间跨度长，同时采用协整检验、平稳时间序列数据的向量自回归模型以及Granger因果关系检验方法检验并购动因，这样一方面可以克服多元线性回归在刻画经济变量之间的长期关系时可能存在的伪回归问题，另一方面可以与非平稳时间序列数据的向量误差修正模型相比较。本节的研究结论与唐绍祥（2007）的研究结论有所不同，得出了一些新的研究结论。本节的研究不仅有助于检验我国上市公司并购交易活动已取得的各种归纳性假设，而且有助于理解我国上市公司总体并购活动的发展趋势，明确影响并购活动的宏观驱动因素，从而为我国上市公司预测与选择并购时机、提高并购协同效应提供有价值的参考依据。

4.1.2　理论分析与研究假设

1）经济发展水平与并购活动

　　根据"并购活动－经济繁荣理论"，经济增长和资本市场繁荣与并购活动同方向变化。如果用国内生产总值（GDP）代表总体经济增长水平，那么GDP越高，并购活动的交易量与交易额就越大。这是因为GDP绝对规模越大或者GDP增长率越高，意味着总体经济需求越大，从而可能导致经济资源的重新配置以达到最佳使用效果，这种经济资源重新配置的需要又触发了并购活动。在美国和英国，并购浪潮总是发生在经济增长强劲、股票市场繁荣的时期，并购浪潮与经济发展水平的关系紧密，全球并购活动的兴起与衰退伴随着世界经济发展水平高峰与低谷的交替轮回。同时，随着经济发展水平的变化，宏观经济因素的变化对公司并购活动也产生了影响。GDP对并购活动的正向影响得到了Nakamura（2004）以及Resende（2008）的支持，他们认为，国内总体并购活动与GDP之间存在正相关关系。此外，Healy and Palepu（1993）认为，GDP规模越大，公司现金持有水平就越高，而公司会利用这些超额现金去并购当地的其他公司，以扩大公司规模及获得市场支配力。基于上述分析，我们提出如下待检验的假设：

假设1：经济发展水平（GDP）对并购活动存在正向影响。

2）市场利率水平与并购活动

并购作为一种投资行为，需要大量的资金作为保证。由于并购公司的内部资金有限，完成并购交易所需的资金一般通过债务融资获得，因此并购活动可能会受到实际利率水平的影响。较高的利率水平将意味着较高的资本成本以及紧缩的货币政策，不利于并购活动的发生，因此并购活动与实际利率水平之间存在负相关关系（Golbe and White，1988；Weston，Mitchell and Mulherin，2004）。融资约束可能会阻碍公司的并购交易活动，而较低的利率放松了对公司的融资约束，当公司持有更多的现金或更容易进入外部资本市场融资时，公司更容易发起并购活动（Harford，2005）。已有的研究表明，并购水平与经济环境及资本市场状况的变化相关，融资可获得性是并购公司进行并购活动的重要驱动因素，较低的利率降低了融资成本，当资金较容易获得时，并购活动就会增加（Melicher，Ledolter and D'Antonio，1983）。Haque，Harnhirun and Shapiro（1995）以及Yagil（1996）通过研究发现，利率与并购活动之间存在负相关关系。基于上述分析，我们提出如下待检验的假设：

假设2：市场利率水平对并购活动存在负向影响。

3）股票市场状况与并购活动

根据预期理论，股票市场状况直接影响人们对未来经济增长前景的预期。股票市场越繁荣，股票价格越高，越容易引发公司的并购活动。

Geroski（1984）以及 Guerard（1989）分析了股票价格与并购活动之间的关系，认为股票价格对并购活动具有两方面的影响：一是高股票价格降低了公司的资本成本，提高了并购活动能带来的未来回报的净现值；二是现行的股票价格在预测未来经济发展水平的变化方面在统计上显著。Gort（1969）提出了用来解释并购活动与股票价格之间关系的"经济突变理论"（Economic Disturbance Theory）。他认为，外部经济因素的变化（如股价的上升）会引起持股股东和非持股股东对公司价值的不同预期，从而导致并购活动的增加，变动的股市比静止的股市能产生更多价值被低估的公司，促使一些公司去收购价值被低估的公司，这解释了在股市变动的过程中出现并购活动高潮的原因。当一国股票市场进入萧条期时，股票价格往往被严重低估，就会出现较多的跨国并购现象。McCann（2001）通过研究发现，英国的股票价格指数越低，其他国家公司收购英国公司的跨国并购活动越多，但这种关系在统计上并不显著。Shlerfer and Vishny（2003）以及 Rhodes-Kropf and Viswanathan（2004）认为，股票市场估值驱动并购浪潮，繁荣的股票市场导致并购公司用价格被高估的股票去并购被市场低估的目标公司的资产。基于上述分析，我们提出如下待检验的假设：

假设 3：股票价格指数对并购活动存在正向影响。

4.1.3　研究设计

1）样本选取与数据来源

由于中国上市公司较为频繁的并购活动始于 1997 年，因此本节采用的数据起止日期为 1998 年 1 月至 2012 年 12 月。为了保持数据统计口径的一致性，我们将各变量数据调整为季度数据，并对明显具有季节性的变量数据利用 X12 季节调整方法进行调整。并购数据来源于 CSMAR 中国上市公司并购重组研究数据库，GDP、利率与股票价格指数的数据来源于中经网统计数据库及 Wind 资讯。

2）变量定义与模型设定

（1）变量定义

①并购交易数量

衡量并购交易活动的方法有两种：一种是使用并购交易数量衡量；另

一种是使用并购交易总金额衡量。使用并购交易数量衡量，可以做到对所有并购交易活动一视同仁，是对并购交易活动广度的度量；使用并购交易总金额衡量，是对大规模并购交易活动的深度或重要性的度量。由于不少中国上市公司的并购交易金额并未披露，考虑到数据的可获得性，本节决定使用并购交易数量的季度数据来衡量中国上市公司的并购交易活动。根据 CSMAR 中国上市公司并购重组研究数据库的重组类型标准，我们将并购交易活动限定为资产收购、股权转让、吸收合并以及资产置换，而不包括资产剥离、债务重组与股份回购等形式的广义并购活动。在进行实证研究之前，利用 X12 季节调整方法进行调整。变量用 M&A 表示。

②GDP

为了研究经济发展水平对中国上市公司总体并购活动的影响，本节采用实际 GDP 的季度数据进行度量。变量用 GDP 表示。

③利率

利率指标采用6个月期贷款实际利率的季度数据。变量用 R 表示。

④股票价格指数

由于综合反映股票市场状况的沪深 300 指数只能获得 2005 年及以后的数据，且国内没有其他反映沪深股价综合水平的指数，同时考虑到深证综合指数与上证综合指数的波动几乎保持同步，因此本节采用深证综合指数的季度数据来反映股票市场状况。数据在使用之前采用 X12 季节调整方法进行调整。变量用 Stock Price 来表示。

（2）模型设定

为了研究宏观经济环境对中国上市公司总体并购活动的影响，本节建立了（1）式的基本模型，分别考察经济发展水平、利率以及股票市场状况与并购活动之间的关联性。考虑到各宏观经济变量之间可能存在相关性，我们将对 1998 年 1 月至 2012 年 12 月间的变量数据进行时间序列分析。采用的研究方法具体包括协整分析以及建立 VAR 模型，通过运用脉冲响应函数与方差分解，检验各宏观经济变量对总体并购活动的动态影响关系及其影响程度，最后对各宏观经济变量与总体并购活动进行了 Granger 因果关系检验。

$$M\&A_t = \alpha + \beta_1 GDP_t + \beta_2 R_t + \beta_3 Stock\,Price_t + \varepsilon_t \tag{1}$$

式中：$M\&A_t$ 表示并购交易数量；

GDP_t 表示国内生产总值；

R_t 表示利率；

$Stock\,Price_t$ 表示深证综合指数；

ε_t 表示随机扰动项。

4.1.4 假设检验与结果分析

1）宏观经济变量与并购活动的长期关系检验

在假设检验中，首先进行单位根检验。Chowdhury（1993）认为，大多数宏观经济变量与并购活动的替代变量为非平稳变量。因此，在模型的构建过程中，为了避免时间序列出现伪回归现象，本节利用 Augmented Dickey Fuller（ADF）检验以及 Phillps-Perron（PP）检验，以验证时间序列的平稳性。

从表4-1中可以看出，这些序列都是一阶单整序列 I（1），即它们本身都是非平稳时间序列，而其一阶差分序列都为平稳时间序列，满足协整检验的前提。

表4-1　　　　　并购活动与宏观经济变量的单位根检验

变量	水平变量t值					一阶差分t值				
	ADF	截距项	时间趋势项	滞后期数	PP	ADF	截距项	时间趋势项	滞后期数	PP
M&A	0.886	0	0	1	0.784	−5.761**	0	0	1	−8.949**
GDP	4.282	0	0	1	13.227	−4.889**	1	1	1	−5.085**
R	−0.787	0	0	1	−0.873	−4.149**	0	0	1	−5.465**
Stock Price	−2.467	1	0	1	−1.853	−5.055**	0	0	1	−5.080**

注：**表示在5%的置信水平上拒绝存在单位根的原假设。

Johansen 检验与用于单方程的基于回归残差检验的ADF检验不同，它是基于回归系数的协整检验，用于检验变量之间的长期稳定关系。单位根检验结果表明，M&A、GDP、R 与 Stock Price 四个变量在 5%的置信水平上均为 I（1）过程，从而采用 Johansen 检验法分别检验 M&A 与 GDP、R 及 Stock Price 之间的协整关系。

表4-2 至表4-4 中的迹统计量和最大特征值统计量检验方法的结果同时表明，M&A 与 GDP 及 Stock Price 之间在 5%的置信水平上至少存在一个协整关系，而 M&A 与 R 之间在 5%的置信水平上不存在协整关系，说明并购活动与经济发展水平及股票价格之间存在长期的均衡关系，而并购活动与利率之间不存在长期的均衡关系。

表4-2　　　　　　　　M&A 与 GDP 之间的协整检验结果

原假设 （协整向量个数）	特征值	迹统计量（P 值）	最大特征值统计量（P 值）
None*	0.2956	25.9189（0.0002）	11.2248（0.0010）
At most 1*	0.0919	5.5917（0.0214）	5.5917（0.0214）

表4-3　　　　　　　　M&A 与 R 之间的协整检验结果

原假设 （协整向量个数）	特征值	迹统计量（P 值）	最大特征值统计量（P 值）
None	0.0925	5.8183（0.4585）	5.6326（0.3934）
At most 1	0.0032	0.1857（0.7209）	0.1857（0.7209）

表4-4　　　　　　　M&A 与 Stock Price 之间的协整检验结果

原假设 （协整向量个数）	特征值	迹统计量（P 值）	最大特征值统计量（P 值）
None*	0.3225	22.8358（0.0006）	22.5822（0.0004）
At most 1	0.0044	0.2536（0.6739）	0.2536（0.6739）

2）宏观经济变量随机波动影响并购活动的动态过程分析

通过协整检验确定了 M&A 与 GDP、R、Stock Price 之间是否存在长期均衡关系之后，我们利用 VAR 模型考察变量之间的短期动态关系。在 VAR 模型中，我们直接把系统中的每一个内生变量作为系统中所有内生变量的滞后值的函数来构造模型，分析随机扰动对系统的动态冲击，从而解释各种经济冲击对经济变量造成的影响。为了考察并购活动、经济发展水平、利率及股票市场状况之间的短期动态关系，我们建立了包括并购交易数量、实际 GDP、6 个月期贷款利率以及深证综合指数的 VAR 模型，见（2）式。由于平稳时间序列在建立 VAR 模型时效果较好且各变量均为一阶单整序列，因此下面我们将使用各变量的一阶差分序列进行分析。

$$A_i \begin{pmatrix} M\&A_t \\ GDP_t \\ R_t \\ Stock\ Price_t \end{pmatrix} = \Phi_i + \varepsilon_{it} \qquad (2)$$

式中：A_i 表示 i 维矩阵；

　　　i 表示滞后阶数；

　　　Φ_i 表示常数项向量；

　　　ε_{it} 表示白噪声扰动向量。

在 VAR 检验中，我们主要从 VAR 模型滞后阶数的确定、VAR 模型的平稳性检验、脉冲响应函数、方差分解，以及基于 VAR（1）的 Granger 因果关系检验五个方面进行分析。

建立 VAR 模型的一个重要问题是滞后期的确定，滞后期的选择可能会影响 VAR 模型估计的结果。因为模型的解释变量多了，解释力就会大一些，但解释变量的增多也会带来自由度的损失。因此，在选择滞后期时，既要保证有足够的滞后项，又要保证有足够的自由度，而各种信息准则考虑了自由度的损失，可以作为判断模型阶数的依据。本节采用 LR 检验、AIC 信息准则以及 SC 信息准则等来判断滞后期（见表 4-5）。由表 4-5 我们可以看到，滞后 1 期的 VAR 模型最为合适，因此建立 VAR（1）模型。

表 4-5　　　　　　　　　　　VAR 模型滞后期选择

Lag	LogL	LR	FPE	AIC	SC	HQ
0	−1 160.890	NA	3.27e+12	40.16862	40.31072	40.22397
1	−1 120.095	74.55576*	1.39e+12*	39.31363*	40.02413*	39.59039*

注：*表示依据相应的标准选择的滞后期。

VAR 模型的稳定性是其适用的前提条件，模型稳定的充分必要条件是所有特征值的模都在单位圆以内（小于 1），本节通过 VAR 单位根表对模型进行平稳性检验，得出模型中不存在大于 1 的单位根（见表 4-6），所以建立的 VAR（1）模型是非常平稳的。在此基础上，我们可以进行脉冲响应和方差分解，检验宏观经济变量波动对并购活动的影响。

表 4-6 　　　　　　　　　　　VAR 模型的单位根检验结果

Unit Root（单位根）	Modulus（模）
0.685577	0.685577
0.348868　−0.235178i	0.420735
0.348868　−0.235178i	0.420735
−0.215310	0.215310

VAR 模型的系数通常难以解释，而脉冲响应函数描述了在随机误差项上施加一个标准差大小的冲击或新息（Innovation）对内生变量的当期和未来值所带来的影响。因此，研究者通常运用脉冲响应来推断 VAR 模型的内涵。在 VAR 模型的基础上，本节采用 Cholesky 分解技术，通过脉冲响应函数进一步分析并购活动对 GDP、R 与 Stock Price 的一个标准差新息的脉冲响应程度。

从图 4-1 中可以看出，对 ΔGDP 的一个冲击，ΔM&A 在初始阶段具有正向影响，之后这种扰动冲击对并购的影响缓慢减小，在第三期后，并购的波动趋于零。这说明中国并购活动的波动与反映经济发展水平的GDP 的波动正相关，处于扩张或繁荣阶段的宏观经济环境有利于并购活动的开展。然而，ΔGDP 冲击对 ΔM&A 的影响较为微弱。原因在于，中国市场经济的发展不如西方国家那么成熟，并购重组活动大多在行政主导下完成，带有政策性色彩，真正通过市场化运作完成并购交易的公司较少。

从图 4-2 中可以看出，对 ΔR 的一个冲击，ΔM&A 在短期内有较小幅度的下降，在第三期之后趋于稳定。可见，并购活动的波动与利率的波动之间存在着负相关关系，说明在短期内融资成本的高低会直接影响并购交易活动的发生。

从图 4-3 中可以看出，对 ΔStock Price 的一个冲击，ΔM&A 在短期内有较小幅度的上升，在第三期之后趋于稳定。这说明并购活动的波动与反映股票市场状况的股票价格指数的波动正相关。然而，ΔStock Price 冲击对 ΔM&A 的影响较为微弱。原因在于，一方面，中国政策性的股票市场不能完全有效反映宏观经济的发展状况，股市不能真正成为经济发展的"晴雨表"；另一方面，由于中国上市公司长期以来进行股权分置，存在股权高度集中、"一股独大"的现象，不利于股票在并购交易中充当支付工具的角色，同时，政策制度等方面的限制也不利于并购公司利用股票市场的错误定价择时并购。此外，从并购交易支付方式的角度来看，股票市场状况对并购交易的影响较为微弱，中国并购公司较少通过股权融资来完成并购交易活动。

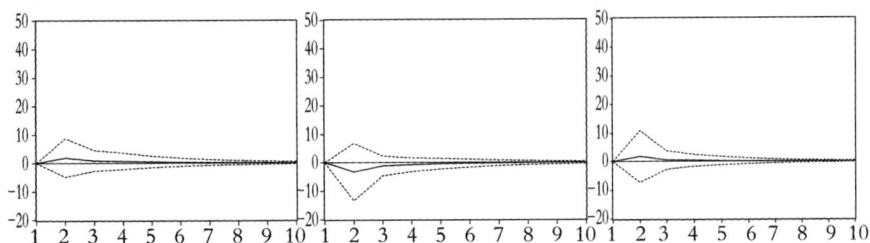

图 4-1　ΔM&A 对 ΔGDP
冲击的响应

图 4-2　ΔM&A 对 ΔR 冲
击的响应

图 4-3　ΔM&A 对
ΔStock Price 冲击的响应

在分析并购活动的波动对经济发展水平、利率及股票市场状况扰动冲击变化响应程度的基础上，我们将利用方差分解方法分析经济发展水平、利率及股票市场状况的波动对并购活动波动的贡献度，从而了解各新息对并购活动变化的相对重要性。

从表 4-7 中可以看出，在对并购活动波动的影响中，如果不考虑并购活动自身的贡献率，利率波动对并购活动波动的贡献率虽然最大并且长期保持稳定，但也只达到 0.8% 左右；反映经济发展水平的 GDP 的波动对并购活动波动的贡献率较小，一直在 0.3% 左右；股票价格指数的波动对并购活动波动的贡献率同样较小，一直在 0.2% 左右。总之，在短期内，GDP、利率及股票价格的波动对并购活动波动的贡献率均较小。

表4-7 并购活动变量的方差分解结果（%）

Period	S.E.	ΔM&A	ΔGDP	ΔR	ΔStock Price
1	38.18092	100.0000	0.000000	0.000000	0.000000
2	39.20956	98.84856	0.233459	0.697458	0.220528
3	39.28484	98.69661	0.279852	0.789801	0.233742
4	39.30207	98.61518	0.309423	0.833231	0.242168
5	39.30836	98.58520	0.322420	0.847057	0.245325
6	39.31125	98.57083	0.328810	0.853213	0.247149
7	39.31264	98.56400	0.331819	0.856071	0.248110
8	39.31331	98.56067	0.333242	0.857479	0.248605
9	39.31364	98.55908	0.333911	0.858167	0.248846
10	39.31379	98.55832	0.334225	0.858499	0.248960

由单位根检验的结果可知，所有变量均为 I（1）序列，即原序列是非平稳时间序列。Granger 因果关系检验要求变量序列是平稳的，且滞后期的选择也很重要。基于 VAR 模型的 Granger 因果关系检验可以运用于具有协整关系的非平稳时间序列，并且滞后期的选择也是确定的。基于 VAR（1）的 Granger 因果关系检验结果见表4-8。

表4-8 基于VAR（1）的Granger因果关系检验结果

原假设	观测值	F统计量	概率
GDP不是M&A的Granger原因	59	7.08265	0.01014
M&A不是GDP的Granger原因		0.29640	0.58831
R不是M&A的Granger原因	59	0.34428	0.55973
M&A不是R的Granger原因		0.98047	0.32634
Stock Price不是M&A的Granger原因	59	7.25619	0.00931
M&A不是Stock Price的Granger原因		0.73803	0.39396

检验结果表明，反映经济发展水平的GDP与反映股票市场状况的股票价格指数是并购活动的Granger原因，而利率并不是并购活动的Granger

原因。这说明在繁荣时期，经济发展水平与股票市场状况确实有助于并购活动的发起，而利率对并购活动发起的影响并不明显。

4.1.5 研究结论

本节运用时间序列数据深入研究了经济发展水平、利率与股票价格指数对我国总体并购活动的影响。研究结果表明：

第一，总体并购活动与经济发展水平及股票市场状况存在长期的均衡关系，而总体并购活动与利率并不存在长期的均衡关系。从因果关系来看，经济发展水平及股票价格指数与总体并购活动存在单向因果关系，而利率与总体并购活动不存在因果关系。这说明经济发展水平与股票价格指数是中国并购浪潮形成的重要原因。

第二，在短期动态调整过程中，各宏观经济变量波动的冲击对并购活动波动的影响程度存在差异。GDP波动在短期内对并购活动波动有着正向影响，但影响幅度较小。影响幅度虽然没有达到西方发达国家的水平，但随着我国市场经济的不断发展，宏观经济的繁荣与否确实影响着公司的投资行为。虽然利率与总体并购活动并不存在长期的均衡关系，但利率波动在短期内对并购活动波动具有一定的负向影响。这说明融资成本在一定程度上阻碍了并购活动的发生。股票价格指数波动在短期内对并购活动波动也存在正向影响，影响幅度同样较小。其原因在于：一方面，我国证券市场还不是很成熟，是典型的政策市场，并且股权分置改革前后，我国股票市场上均存在大量的国有股与法人股，这使得股票价格指数的波动很难对总体并购活动的波动产生显著的短期动态影响。通过以上分析我们可以发现，经济发展水平与股票价格指数的波动是形成并购浪潮的重要原因，而利率波动虽然在短期内对总体并购活动有影响，但并不存在长期稳定的影响。

本节研究了反映宏观经济环境的几个主要因素对总体并购活动的影响，下一步的研究需要在此基础上，结合微观层面与行业层面的因素来分析总体并购活动的影响因素，以及驱动总体并购活动的各层面影响因素的相对重要性。随着全球经济一体化的逐渐深入，对不同国家的总体并购活动的主要驱动因素进行比较分析，将进一步加深人们对全球性并购活动驱动因素的理解。

4.2 —— 所有权结构、家族控制与并购决策及并购绩效 ——

4.2.1 引　言

为什么公司要发起并购交易呢？研究表明，公司发起并购交易的动机或原因有很多种。Berkovitch and Marayanan（1993）以及 Kiymaz and Baker（2008）经过总结后认为，关于并购动机的假设，一般来说主要包括创造协同效应（Andrade et al.，2001），代理动机（Jensen，1986；Morck et al.，1990），以及管理者自负或过度自信（Roll，1986；Malmendier and Tate，2008）。公司的所有权结构既会影响决策者的激励机制，也会影响并购决策（相比于存在控股股东的家族企业，股权分散的并购公司中管理者帝国的建设更普遍）。同时，并购决策也会影响公司的所有权结构，因为当公司选择股票支付方式时，会稀释控股股东的控制权。以往的研究主要关注所有权结构对公司绩效的影响（Anderson and Reeb，2003；Barontini and Caprio，2006；Bennedsen et al.，2007；Miller et al.，2007；孙永祥，2001；苏启林和朱文，2003；谷祺、邓德强和路倩，2006；许永斌和郑金芳，2007；冯旭南、李心榆和陈工孟，2011），却忽略了所有权结构与控股股东的性质在公司并购决策中的角色。Jing Chi，Qian Sun and Martin Young（2011）对中国资本市场上并购公司的特征进行研究后发现，在并购交易之前，并购公司的股权结构主要表现为集中的所有权与大股东强有力的控制。

本节主要从公司所有权结构与控股股东性质的角度分别研究公司终极控股股东的控制权水平、控制权与现金流权分离度以及家族控制对并购决策及并购绩效的影响。借鉴 La Porta et al.（1999）等学者对公司所有权与控制权的衡量方法，我们追踪了公司的控制链，衡量了公司实际控制人的终极控股权、所有权（现金流权）及两权分离程度，同时借鉴了苏启林和朱文（2003）等学者提出的家族上市公司判定标准——一是终极控制权能归结到自然人或家族，二是最终控制者直接或间接是此上市公司的第一大股东——将我国上市公司划分为家族上市公司与非家族上市公司。最后，我们通过事件研究法衡量了并购公司的并购绩效。在此基础上，我们分别运用面板 Logit 回归分析方法和线性回归分析方法分别检验了所有权结构与家族控制对并购决策及其绩效的影响。检验结果表明，公司终极控股股东控制权水平对并购决策及其绩效并无显著影响；控制权与现金流权分离度同并购决策显著正相关，但对并购绩效并无显著影响；家族控制与并购决策显著负相关，与并购绩效显著正相关。

4.2.2 理论分析与研究假设

1) 大股东监督与并购决策

代理理论认为，集中的所有权结构会阻碍那些旨在增加管理者个人利益而损害股东利益的投资活动（Fama and Jensen，1983）。因此，强有力的所有者能够监督管理者，以避免此类投资活动的发生。大量研究表明，并购公司中大股东的存在，对其并购活动具有积极的监督作用。事实上，在股权分散的公司中，管理者为了最大化自身效用（Jensen，1986；Morck et al.，1990），或者由于他们的过度自信（Roll，1986；Malmendier and Tate，2008），而经常发起并购活动。同时，管理者为了维护自己的地位以及免遭控制权市场的惩罚，也可能会发起扩大公司规模的并购活动（Gorton et al.，2009）。然而，管理者发起的这些并购活动，特别是当目标公司为上市公司时，经常会导致并购公司价值毁损，只有管理者本人会受益（Andrade et al.，2001；Moeller，Schlingeman and Stulz，2005）。Jensen（1986）提出的自由现金流假设认为，那些拥有大量现金流而无有价值投资机会公司的管理者为了实现私人收益，很有可能发起毁损公司价值的并购交易，却不愿将公司多余的现金流返还给股东（Lang，Stulz and Walkling，1991）。Morck，Shleifer and Vishny（1990）通过研究发现，多元化并购以及对高增长目标公司的并购等不同类型的并购交易给管理者带来了很多利益，却损害了股东的利益。这些经验证据都说明了公司并购交易中管理者代理动机的存在。因此，如果并购公司存在着大股东，那么大股东将有能力与动力去阻止管理者发起那些不能增加公司价值的并购活动（Zhang，2005）。Pop（2006）以及 Jing Chi，Qian Sun and Martin Young（2011）通过研究发现，在一个转型经济体中，公司治理在并购交易过程中为股东创造财富发挥了重要作用。我们认为，相比于股权分散的公司，在存在大股东的公司中，管理者发起的并购活动相对较少。同时，随着大股东控制权水平的提高，管理者发起并购活动的可能性会降低。因此，基于大股东对管理者的监督作用，我们提出如下待检验的假设：

假设 1：大股东控制权比例与管理者发起并购交易的可能性负相关。

2）大股东控制权私利与并购决策

由于可能存在大股东控制权私利，特别是在对小股东权益保护较弱的国家或地区，大股东也可能会与管理者合谋，以分享来自并购活动的私利，通过并购活动转移公司财富，侵害小股东的利益。Claessens et al.（2002）通过研究发现，大股东对公司绩效的负面影响与其利用的控制权强化机制（如双重股权与金字塔股权结构）所导致的控制权与现金流权的分离度正相关。控制权与现金流权的分离度越高，大股东越有可能与管理者合谋以分享并购私利。Bigelli and Mengoli（2001）通过研究发现，除了并购公司所有权与控制权的分离度与并购回报显著负相关外，属于同一集团的并购交易双方，集团控股一方的并购回报优于非集团控股一方。Bae，Kang and Kim（2002）通过研究发现，一些韩国大商业集团的控股股东利用并购交易来转移公司财富。同时，在并购交易公告期，隶属于商业集团的并购公司出现了负的回报，而同一集团的非并购公司则出现了正的回报。Morck and Yeung（2003）以及 Bertrand and Schoar（2006）认为，家族企业存在的一个问题就是，公司通常根据家族控股股东的利益来做决策，从而可能损害小股东的利益，这种情况在并购交易中也可能存在。Bertrand et al.（2002）通过研究发现，印度家族企业集团中存在大量的利益输送行为，其中也包括通过并购活动来实现利益输送。Bigelli and Mengoli（2004）发现，在意大利，大股东通过并购活动可以获得大量收益。由于大股东将大量财富投资于其所控制的公司，因此他们的投资组合并不是最优的（Bauguess and Stegemoller，2008），大股东很有可能发起并购活动，以促进其投资组合的多样化。Bauguess and Stegemoller（2008）

通过研究发现了家族企业通过并购活动毁损公司价值的证据，从而支持了代理理论与利益输送假设。Basu et al.（2009）通过研究也发现，当利益侵害效应占主导地位时（控制权水平较低），家族控制权水平与并购异常收益存在负相关关系；相反，当利益协同效应占主导地位时，家族控制权水平与并购异常收益存在正相关关系。从大股东控制权私利的角度，我们提出如下待检验的假设：

假设2：大股东控制权与现金流权的分离度与发起并购交易的可能性正相关。

3）家族控制与并购决策

研究表明，不仅控制权水平，控制权性质及控制权所有者的偏好也会影响公司行为（Fiss and Zajac，2004）。La Porta et al.（1999）等学者通过研究发现，家族控制在世界范围内的上市公司中普遍存在，家族控制是最主要的所有权结构。世界范围内的许多大公司被家族创始人及其家族所控制与管理，他们通常通过控制权强化机制（如双重股权、金字塔股权结构及交叉持股）来实现对公司的长期控制。相对于非家族企业，家族企业更偏好风险规避。因为家族创始人把大量的财富投资于家族企业（Anderson and Reeb，2003），所以专注于公司长远发展的家族控股股东会追求公司战略的连续性，避免并购活动存在的潜在的不稳定性，并且与公司内外部股东建立持久的关系，以维持公司业务和降低风险（Miller et al.，2007）。Anderson and Reeb（2003）认为，相对于提升公司价值，家族大股东更注重于公司的生存，为了避免公司面临风险，家族大股东可能会放弃净现值为正的并购活动。Bauguess and Stegemoller（2008）等学者通过研究发现，家族企业倾向于采取较为保守的管理政策，较少发起并购活动，即使在经济危机期间，家族企业仍采取保守的行为对其商业集团进行重组。

Fiss and Zajac（2004）等学者通过研究发现，家族控股股东长期保持对公司的控制权，并且具有将公司控制权与财富传承给下一代的长远目标。由于家族控股股东比其他公司股东更关注控制权的价值，因此他们对并购活动持特别谨慎的态度。家族控股股东保持控制权的偏好会阻碍其发起并购交易活动。一方面，并购可能会破坏家族企业原来紧密的社会关系

（Friedland，Palmer and Stenbeck，1990）；另一方面，并购交易经常需要融资，并且可能直接或间接地稀释家族股东的控制权与增加公司风险（Martynova and Renneboog，2009）。

总之，家族控制会影响发起并购活动的可能性。基于代理理论与家族企业控股股东的私人动机，我们提出如下待检验的假设：

假设 3：相对于非家族企业，家族企业发起并购交易的可能性更小。

4.2.3 研究设计

1）样本选取与数据来源

本节以 2009 年 1 月 1 日至 2011 年 12 月 31 日，我国沪深 A 股上市公司发起的并购事件为研究样本，上市公司数据来自 CSMAR 中国上市公司财务报表数据库，上市公司样本期间各年末其他财务数据来自 CSMAR 其他数据库，并根据上市公司样本期间的年度报告信息对样本数据进行了补充与核对。最后，按照以下标准对样本进行了筛选：

①以 CSMAR 中国上市公司并购重组研究数据库的重组类型为标准，将并购交易活动限定为资产收购、股权转让与吸收合并，不包括资产剥离、债务重组、资产置换与股份回购等形式的并购重组活动；

②考虑到 ST 上市公司与金融、保险业上市公司的特殊性，我们将其予以剔除；

③剔除了并购方不是上市公司本身的并购事件；

④剔除了一些公司财务指标存在缺失值或异常值的并购事件。

按照上述样本筛选标准对样本进行处理后，我们最终得到 2 183 家上市公司于 2009 年至 2011 年三年间共发起 1 727 起并购事件，构成了上市公司并购交易样本。样本年度分布情况见表 4-9。2009 年至 2011 年，家族企业的平均并购数均比非家族企业少，说明风险规避的家族企业较少发起并购交易活动。

表4-9 样本年度分布情况

企业类型	2009年			2010年			2011年		
	公司数	并购数	并购数/公司数	公司数	并购数	并购数/公司数	公司数	并购数	并购数/公司数
家族企业	660	226	0.34	53	13	0.25	1 200	416	0.35
非家族企业	939	373	0.40	888	346	0.39	980	353	0.36
合计	1 599	599	0.37	941	359	0.38	2 180	769	0.35

2）模型设定与变量定义

由于观测到的并购公司并购决策为二值虚拟变量，并且并购决策的多个影响因素为正态分布与二值虚拟变量的混合，因此对我国沪深A股上市公司于2009年至2011年的并购交易构成的研究样本应用面板Logit潜变量模型，来估计所有权结构与家族控制等因素对并购公司并购决策的影响。具体模型构建如下：

$$M\&A_{it}^* = \alpha_0 + \alpha_1 Family_{it-1} + \alpha_2 VR_{it-1} + \alpha_3 Wedge_{it-1} + \alpha_4 Cash\text{-}Holding_{it-1} + \\ \alpha_5 Leverage_{it-1} + \alpha_6 ROA_{it-1} + \alpha_7 Sales\text{-}Growth_{it-1} + \varepsilon_{it} \tag{1}$$

在回归方程中，被解释变量$M\&A_{it}^*$是一个潜变量，用来测度并购公司发起并购交易的可能性。如果并购公司在特定年份发起了并购交易，则观测到的被解释变量$M\&A_{it}$赋值为1；如果并购公司在特定年份没有发起并购交易，则观测到的被解释变量$M\&A_{it}$赋值为0。解释变量$Family_{it-1}$、VR_{it-1}、$Wedge_{it-1}$分别表示上市公司实际控制人性质、实际控制人拥有上市公司控制权比例、实际控制人拥有上市公司控制权比例与现金流权比例的差值。$Cash\text{-}Holding_{it-1}$反映了并购公司的现金持有水平；$Leverage_{it-1}$反映了并购公司的债务融资能力；$ROA_{it-1}$反映了并购公司的盈利能力；$Sales\text{-}Growth_{it-1}$反映了并购公司的发展速度。具体变量定义见表4-10。

103

表4-10 **变量定义**

变量名称	变量描述	衡量方法
M&A	发起并购交易的可能性	二值虚拟变量,并购公司在特定年份发起并购交易,则赋值为1,否则为0
Family	上市公司实际控制人性质	借鉴苏启林和朱文(2003),以及谷祺、邓德强和路倩(2006)提出的家族上市公司判定标准,如果上市公司符合上述标准,则为家族企业,赋值为1,否则为0
CFR	实际控制人拥有上市公司现金流权比例	$CFR = \sum_{i=1}^{n}\prod_{t=1}^{t} a_{it}$,其中,$a_{i1}$,…,$a_{it}$为实际控制人与上市公司第i条股权关系链的所有链间持股比例
VR	实际控制人拥有上市公司控制权比例	$VR = \sum_{i=1}^{n} \min_{t}(a_{i1}, a_{i2}, a_{i3}, …, a_{it})$,其中,$a_{i1}$,…,$a_{it}$为实际控制人与上市公司第i条股权关系链的所有链间持股比例
Wedge	实际控制人拥有上市公司控制权比例与现金流权比例的差值	$Wedge = VR - CFR$
Cash-Holding	现金持有水平	并购公司年报中货币资金与交易性金融资产之和与资产总额之比
Leverage	债务融资能力	并购公司年末资产负债率
ROA	盈利能力	并购公司息税前利润与资产总额之比
Sales-Growth	发展速度	并购公司营业收入增长率

4.2.4 假设检验与结果分析

1)描述性统计分析

本节对我国家族企业、非家族企业以及全样本公司的所有权结构进行了描述性统计分析,并且对家族企业与非家族企业的控制权、现金流权及两权分离度进行了分组均值t检验与中位数检验。表4-11表明,我国家族企业与非家族企业的控制权与现金流权的均值与中位数均达到了30%以上,说明我国上市公司普遍存在"一股独大"的现象,股权集中程度较高。同时,家族企业的控制权与现金流权的均值与中位数均显著低于非家族企业，而家族企业的两权分离度的均值与中位数均显著高于非家族企业，说明通过金字塔股权结构或交叉持股等控制权强化机制来实现控制权与现金流权的分离，在我国家族企业中非常明显。两权分离一方面使得家族企业在决策时不必完全承担风险，另一方面保证了家族对企业的长期控制权。

表4-11　　　　　　　**样本公司的所有权结构特征**

项目	VR			CFR			Wedge		
	家族企业	非家族企业	全样本	家族企业	非家族企业	全样本	家族企业	非家族企业	全样本
均值（%）	39.33***	41.23	40.46	32.31***	36.99	35.09	7.02***	4.24	5.37
中位数（%）	37.87***	40.83	39.72	30.00***	35.71	33.50	3.32***	0	0
标准差（%）	16.59	15.84	16.18	17.80	17.36	17.69	8.46	7.77	8.17
样本数	1 913	2 807	4 720	1 913	2 807	4 720	1 913	2 807	4 720

注：***表示在1%的置信水平上显著不为零。

表4-12列示了样本公司其他变量的描述性统计与单变量检验结果（分组均值t检验与中位数检验）。该结果表明，与非家族企业相比家族企业较少发起并购交易。同时，家族企业持有更多的现金，具有较低的财务杠杆、较强的盈利能力以及较快的发展速度。这说明家族企业为了规避风险，会选择较为保守的财务政策及增加公司价值的投资活动。

表4-12　　　**样本公司其他变量的描述性统计与单变量检验结果**

变量	家族企业			非家族企业			全样本		
	均值	中位数	样本数	均值	中位数	样本数	均值	中位数	样本数
M&A	0.34***	0	1 913	0.38	0	2 807	0.37	0	4 720
Cash-Holding	0.27***	0.21***	1 910	0.18	0.14	2 806	0.21	0.16	4 716
Leverage	0.43***	0.41***	1 913	0.52	0.53	2 807	0.48	0.48	4 720
ROA	0.10***	0.08***	1 912	0.06	0.05	2 805	0.08	0.06	4 717
Sales-Growth	0.43***	0.24***	1 909	0.26	0.14	2 803	0.33	0.18	4 712

注：***表示在1%的置信水平上显著不为零。

2）假设检验

（1）控制权水平与并购决策关系的假设检验（假设1）

表4-13列示了所有权结构与家族控制对并购决策影响的Logit回归分析结果。为了检验假设1，我们从家族企业样本、非家族企业样本以及全样本的角度分别检验了公司终极控股股东控制权比例与并购决策之间的线性关系，并且通过设置虚拟变量（公司终极控股股东控制权比例处于区间［20%，60%］时，虚拟变量Control（20%≤VR≤60%）=1，否则，Control（VR <20%或VR >60%）=0；与此类似，Control（VR<20%）=1，其他为0；Control（VR >60%）=1，其他为0），检验了公司终极控股股东控制权比例与并购决策之间是否存在非线性关系。

表4-13 **所有权结构与家族控制对并购决策的影响——Logit回归分析结果**

变量	预期符号	家族企业			非家族企业			全样本		
		模型（1）	模型（2）	模型（3）	模型（4）	模型（5）	模型（6）	模型（7）	模型（8）	模型（9）
截距项		-1.149^{***}	-1.291^{***}	-1.430^{***}	-1.175^{***}	-1.037^{***}	-1.052^{***}	-0.954^{***}	-0.925^{***}	-1.013^{***}
		(-5.58)	(-7.35)	(-5.29)	(-5.52)	(-5.84)	(-4.01)	(-6.64)	(-8.08)	(-5.52)
Family	$-$							-0.303^{***}	-0.308^{***}	-0.302^{***}
								(-3.77)	(-3.83)	(-3.74)
VR	$-$	-0.002		-0.004	0.003		0.0003	0.001		0.002
		(-0.67)		(-0.68)	(0.97)		(0.07)	(0.41)		(0.62)
Control（VR <20%）	$-$		0.335^{*}	-0.422^{*}		-0.189	-0.180		-0.030	-0.082
			(1.72)	(-1.81)		(-1.12)	(0.89)		(-0.23)	(-0.54)
Control（20%≤VR≤60%）										
Control（VR >60%）			-0.066	-0.181		-0.080	0.070		0.023	-0.042
			(-0.38)	(-0.74)		(0.55)	(0.36)		(0.20)	(-0.27)
Wedge	$+$	0.029^{***}	0.030^{***}	0.030^{***}	0.014^{**}	0.013^{*}	0.013^{*}	0.020^{***}	0.020^{***}	0.020^{***}
		(4.07)	(4.23)	(4.16)	(2.27)	(2.23)	(2.22)	(4.41)	(4.46)	(4.40)
Cash-Holding	$+$	0.877^{***}	0.915^{***}	0.888^{***}	0.442	0.429	0.430	0.693^{***}	0.703^{***}	0.697^{***}
		(2.76)	(2.89)	(2.80)	(1.19)	(1.15)	(1.15)	(2.94)	(2.98)	(2.95)
Leverage	?	0.075	0.077	0.080	0.633^{**}	0.620^{*}	0.621^{*}	0.259^{*}	0.258^{*}	0.262^{*}
		(0.42)	(0.43)	(0.45)	(2.57)	(2.52)	(2.52)	(1.83)	(1.83)	(1.85)
ROA	$+$	-0.087	-0.081	-0.082	0.608	0.607	0.607	0.181	0.186	0.181
		(-0.53)	(-0.52)	(-0.51)	(1.27)	(1.28)	(1.28)	(0.96)	(0.99)	(0.96)
Sales-Growth	$+$	0.001	0.001	0.0005	0.028	0.028	0.028	0.031	0.031	0.031
		(0.56)	(0.55)	(0.50)	(1.05)	(1.05)	(1.05)	(1.45)	(1.46)	(1.45)
Wald chi2(6/7/8/9)		21.94	24.46	24.94	16.00	16.76	16.77	38.33	38.21	38.64
Prob > chi2		0.001	0.001	0.002	0.014	0.019	0.033	0.000	0.000	0.000
样本量		1 913	1 913	1 913	2 807	2 807	2 807	4 720	4 720	4 720

注：①***、**和*分别表示在1%、5%和10%的置信水平上显著不为零；括号内为z统计量。②当关于终极控股股东控制权水平的三个虚拟变量在模型中同时出现时，会存在列满秩，导致完全多重共线性问题，因此运行Stata程序后只报告了其中两个虚拟变量的参数估计值。

106

在关于公司终极控股股东控制权水平与并购决策之间线性关系的假设检验中，我们发现公司终极控股股东控制权水平与并购决策之间并不存在显著的相关关系，假设 1 没有得到支持。其原因可能有：第一，我国上市公司普遍存在"一股独大"的现象，股权集中程度高，因此在并购决策过程中较少关注控制权稀释威胁问题；第二，我国上市公司大部分由国有企业改制而来，存在所有权主体缺位问题，大股东的积极监督作用难以得到发挥；第三，我国家族上市公司的管理职位大多数由家族成员担任，因而其代理问题可能主要体现为大股东侵害小股东利益问题。因此，大股东在并购决策过程中的积极监督作用并不明显。

那么，公司终极控股股东控制权水平与并购决策之间是否存在非线性关系呢？借鉴 Martin（1996）等学者的研究方法与结论，我们分别以公司终极控股股东控制权水平的 20% 与 60% 为端点，设置了三个虚拟变量，对控制权水平与并购决策之间进行了非线性关系检验，检验结果也不支持控制权水平与并购决策之间存在显著的非线性关系。

（2）控制权与现金流权分离度同并购决策关系的假设检验（假设 2）

既然大股东的积极监督作用并不明显，那么大股东或管理者是否会利用并购交易来实现控制权私利或获得更大的薪酬呢？我们检验了终极控股股东控制权与现金流权的分离度同并购决策之间的关系。在表 4-13 中，模型（1）至模型（9）的检验结果均表明，两权分离度与并购决策显著正相关，基于控股股东和管理层私利动机的假设 2 得到支持。其原因可能有：一方面，大股东通过诸如金字塔股权结构或交叉持股等控制权强化机制实现控制权与现金流权的分离，使得大股东在获得控制权的同时，只有较小部分的现金流权，因此在决策时，大股东不必承担全部风险；同时，两权分离度越高，并购交易越不容易威胁控股股东的控制权。另一方面，管理层通过并购交易扩大公司规模，最终会提高自己的薪酬水平。

（3）家族控制与并购决策关系的假设检验（假设 3）

在检验了公司终极控股股东控制权水平及两权分离度对并购决策的影响之后，我们检验了公司所有权性质对并购决策的影响，即检验家族控股企业与非家族控股企业在并购决策时是否存在显著差异。模型（7）至模型（9）的检验结果表明，家族控制权与并购决策在 1% 的置信水平上显著负相关，即相对于非家族企业，家族企业更少发起并购交易活动，假设3得到支持。其原因可能在于家族创始人将其大量财富投资于家族企业，其更专注于企业的长远发展，以及长期维持公司的控制权。因此，在并购决策时，相对于非家族企业，家族企业显得更为保守谨慎，以降低公司风险。

此外，我们还考察了可能影响公司并购决策的其他控制变量，包括公司现金持有水平变量、债务融资能力变量、盈利能力变量以及公司发展速度变量。检验结果表明，相对于非家族企业，公司现金持有水平对家族企业并购决策的影响更为显著，说明家族企业的并购决策对现金持有水平更为敏感；相对于家族企业，公司债务融资能力对非家族企业并购决策的影响更为显著，说明家族企业的并购决策更为保守与风险规避；同时，公司的盈利能力及发展速度对公司并购决策并无显著影响。

（4）所有权结构与家族控制对并购绩效的影响

上述检验结果表明，终极控股股东控制权水平对并购决策并无显著影响，两权分离度与并购决策显著正相关，家族控股企业更少发起并购交易活动。那么，所有权结构与家族控制对并购绩效的影响如何呢？本节以并购公司并购事件首次宣告日前60天至前30天，即［-60，-30］为估计窗，以市场模型计算并购公司在估计窗内的正常收益，最后以并购事件首次宣告日前1天至后1天构成的区间，即［-1，1］为事件窗，计算出1 224家并购公司在事件窗［-1，1］内的累计异常收益，衡量并购公司的并购绩效，检验所有权结构与家族控制对公司并购绩效的影响。

在表4-14中，模型（10）至模型（12）的回归结果表明，家族控制与并购绩效在1%的置信水平上显著正相关。这一结果说明，如果家族控股股东为了避免并购所导致的失去控制权的潜在风险，那么家族企业在并购决策时，就会选择那些能够获利的并购交易，以补偿家族控股股东所承担的失去控制权的风险。终极控股股东控制权水平以及控制权与现金流权的分离度对并购绩效并无显著影响，说明大股东的利益侵害效应在并购交易活动中并不明显。在控制变量中，公司债务融资能力对并购绩效产生了显著的正向影响，说明在并购交易活动中，公司债务水平具有一定的治理作用，而其他控制变量对并购绩效均无显著影响。

表4-14　所有权结构与家族控制对并购绩效影响的线性回归分析结果

变量	预期符号	模型（10）	模型（11）	模型（12）
截距项		−0.007	−0.001	−0.009
		（−0.79）	（−0.14）	（−0.77）
Family	+	0.012***	0.012***	0.012***
		（2.72）	（2.64） .	（2.75）
VR	+	0.0001		0.0002
		（1.16）		（0.97）
Control（VR<20%）	?		−0.005	−0.0002
			（−0.70）	（−0.03）
Control（20%≤VR≤60%）				
Control（VR>60%）	?		0.002	−0.004
			（0.30）	（−0.44）
Wedge	−	−0.00002	0.00001	−0.00003
		（−0.08）	（0.03）	（−0.12）
Cash-Holding	−	−0.021	−0.020	−0.021
		（−1.45）	（−1.41）	（−1.45）
Leverage	+	0.023**	0.022**	0.023**
		（2.10）	（2.07）	（2.08）
ROA	?	−0.001	−0.001	−0.001
		（−0.04）	（−0.02）	（−0.05）
Sales-Growth	?	−0.001	−0.0005	−0.0005
		（−0.38）	（−0.37）	（−0.37）
Wald chi2(7/8/9)		15.91	15.18	16.11
Prob > chi2		0.026	0.056	0.065
样本量		1 224	1 224	1 224

≋ 109 ≋

注：①***、**和*分别表示在1%、5%和10%的置信水平上显著不为零；括号内为z统计量。②当关于终极控股股东控制权水平的三个虚拟变量在模型中同时出现时，会存在列满秩，导致完全多重共线性问题，因此运行Stata程序后只报告了其中两个虚拟变量的参数估计值。

4.2.5　研究结论与政策建议

本节主要检验了所有权结构与家族控制对公司并购决策及并购绩效的影响。检验结果与政策建议主要为：

第一，公司终极控股股东控制权水平对并购决策及并购绩效并无显著影响，大股东的积极监督作用并不明显。虽然我国上市公司普遍存在大股东，股权集中度较高，但我国国有上市公司普遍存在所有权主体缺位、内部人控制现象。因此，需不断完善我国上市公司的治理结构，发挥大股东在公司决策过程中的积极作用。

第二，公司终极控股股东控制权与现金流权的分离度与并购决策正相关，但对并购绩效并无显著影响。这说明公司控股股东在并购决策时，会利用控制权的强化机制确保其对公司的控制权。该结果也说明，在并购交易过程中，大股东的利益侵害效应并不明显。因此，公司在利用控制权强化机制实现快速扩张的过程中，需要加强对大股东行为的监管，以减轻或避免大股东利用并购交易侵害小股东利益问题的发生。

第三，相对于非家族企业，家族企业更少发起并购交易活动，并且对并购绩效具有正向影响。这说明风险规避的家族企业在并购决策时较为保守谨慎，并且会选择那些能够增加公司价值的并购交易，以补偿其所承担的失去控制权的风险。因此，一方面，需要发挥家族企业在经济建设中的作用；另一方面，非家族企业在发展过程中也需要向家族企业学习与借鉴。

第 5 章

公司并购对价决策实证研究

5.1 ——————— 市场错误定价、投资机会与并购对价 ———————

5.1.1 引 言

本节主要研究并购支付方式选择的影响因素,特别检验了市场错误定价与投资机会对并购支付方式选择的影响。在不完美的资本市场,股票价格包含了非理性市场的错误定价以及投资者对投资机会的理性预期。在美国,20世纪60年代与90年代的股票市场价值非常高,并购交易普遍采用股票支付方式;相反,20世纪80年代的股票市场价值较低,并购交易通常采用现金支付方式。一些学者认为,股票市场或市场错误定价驱动了并购,并购公司在选择并购支付方式时利用了市场对股票的错误定价(Shleifer and Vishny, 2003; Rhodes-Kropf, Robinson and Viswanathan, 2005; Dong et al., 2006)。截至2006年12月31日,我国沪深两市大部分A股上市公司已完成股改或进入股改程序,这为我国上市公司实施股票对价并购创造了条件。根据CSMAR中国上市公司并购重组研究数据库对并购支付方式的分类标准进行统计后发现,1998年至2006年的股票对价并购为64起,占现金与股票对价并购总和的0.6%,而2007年至2011年的股票对价并购为 1 033 起，占现金与股票对价并购总和的 4%。虽然股改前后现金对价并购仍占主导地位，但股票对价并购也有较大幅度提高。那么，我国上市公司在选择并购支付方式时会利用市场错误定价吗？经验研究文献在检验市场错误定价与并购支付方式的关系时，主要采用托宾 Q 或类似的替代变量，然而，使用这些变量很难区分市场错误定价理论与投资机会理论，因为由这两种理论可能得到相似的结果（国外学者研究发现，市场错误定价与投资机会均与股票支付方式的使用正相关）。由于托宾 Q 或任何市场−账面价值比的衡量方法均存在可以同时解释市场错误定价与投资机会的问题，因此很难区分托宾 Q 究竟是代表市场错误定价还是投资机会（Dong et al.，2006）。

因此，为了避免托宾 Q 或类似替代变量作为市场错误定价或投资机会的衡量方法所存在的双重解释问题，以及为了有效区分市场错误定价与投资机会，我们在检验并购支付方式选择的市场错误定价理论的同时，也检验了投资机会理论，以及影响并购支付方式选择的市场错误定价理论与投资机会理论是否共同存在。本节主要借鉴 Faccio and Masulis（2005）以及 Giuli（2013）对市场错误定价与投资机会的衡量方法，选择并购公司并购前一年的股票年累计收益作为市场错误定价的替代变量，选择并购公司并购后两年的资本支出平均数作为公司投资机会的替代变量，采用 Probit 回归分析方法进行检验，得到市场错误定价与投资机会对并购支付方式选择的影响同时存在并对其进行了有效区分，以期解释市场错误定价与投资机会对并购支付方式选择的影响，以及我国上市公司并购支付方式选择的影响因素，从而为上市公司的并购支付方式决策提供较为合理的分析框架。

5.1.2 理论分析与研究假设

市场错误定价与投资机会对并购支付方式的影响的争议涉及市场是否理性的问题。市场错误定价理论认为，市场是非理性的，并且为理性且具有机会主义动机的管理者所利用；投资机会理论认为，市场是理性的，能够反映公司真实的投资机会，并且为理性且具有非机会主义动机的管理者所追逐。下面我们具体分析市场错误定价理论与投资机会理论对并购支付方式选择的影响，并提出本节的研究假设。

1）市场错误定价假设

市场错误定价理论认为，管理者的融资（如发行股票）与投资（如并购）决策会受到市场的非有效性的影响，管理者在财务决策中会利用市场对公司价值的高估或低估。同样，市场的非有效性也会影响到并购公司并购支付方式的选择。因此，我们似乎很容易推断出，股价被市场高估的并购公司一般会选择股票作为并购支付方式。但是，如果股票支付方式能够传递出并购公司股价被市场高估的信号，那么目标公司为何会接受并购公司的股票作为并购支付方式呢？可能的解释包括投资者的非理性（Shleifer and Vishny，2003），估价错误（Rhodes-Kropf，Robinson and Viswanathan，2005），以及股东的投资惯性（Baker，Coval and Stein，2007），或者是目标公司存在治理问题（Hartzell，Ofek and Yermack，2004）。

Shleifer and Vishny（2003）以及 Rhodes-Kropf and Viswanathan（2004）提出的市场错误定价如何影响并购活动，特别是并购支付方式的理论，给出了解释。他们建立的模型的基本假设为资本市场是非有效的，因此一些公司被市场错误估价；相反，公司管理者是理性的，知道股票市场是非有效的，并且理性的管理者通过并购活动利用股票市场的非有效性套利。Shleifer and Vishny（2003）认为，当目标公司的股价相对于并购公司的股价被市场较少高估或低估时，并购公司管理者会用价格被高估的股票购买目标公司；只有当目标公司的股价被低估时，并购公司才会用现金购买目标公司。那么，目标公司为什么同意股票对价并购呢？其原因在于：一方面，不同管理者的视野不同（Stein，1988，1989；Shleifer and Vishny，1990）。Shleifer and Vishny（2003）通过建立模型发现，在股票对价并购中，并购公司管理者相对于目标公司管理者有较远的视野，并购公司管理者追求股东的长期利益而失去了短期利益，目标公司管理者追求股东的短期利益而失去长期利益。因此，目标公司愿意通过被并购将价格被低估的股票尽快套现。另一方面，并购公司能够给予目标公司管理者报酬，包括股票期权、金色降落伞，甚至保持目标公司管理者的高职位。这样，目标公司管理者实现了套现退出或者维持了一个好的工作，而并购公司管理者增加了公司股票的长期价值。

与 Shleifer and Vishny（2003）相反，Rhodes-Kropf and Viswanathan（2004）认为，目标公司管理者也追求股东的长期利益最大化，他们可能知道双方的股价都被市场高估，但是他们过高估计了并购的协同效应，他们对股票总价格的错误估计导致了他们对并购协同效应的错误估价。这就是为什么目标公司管理者愿意接受股票对价并购，即使目标公司的股票价格相对并购公司的股票价格较少被市场高估。基于以上分析，我们提出如下待检验的假设：

假设1：并购公司的股价被市场高估时，股票作为并购支付方式的可能性较大。

2）投资机会假设

从资本机会成本的角度来说，由于现实世界中的资本市场并不完美，企业有时不可避免地会面对融资约束，从而不得不放弃一些有价值的投资机会。那些拥有有价值的投资机会并且面临融资约束的并购公司面对的资本机会成本更高，因此其会选择股票作为并购支付方式，以持有更多的现金，为未来的投资项目融资，从而充分利用未来的投资机会。Alshwer et al.（2010）认为，相对于非融资约束的并购公司，融资约束的并购公司的投资机会对并购支付方式的选择更敏感。作为并购公司，具有高投资机会的融资约束公司为了降低未来融资的不确定性，避免未来外部融资的高成本以及充分利用未来有利的投资机会，会选择股票作为并购支付方式，从而持有更多的现金流，维持公司资金的灵活性，避免并购后将会出现的流动性约束。

从委托代理问题的角度来说，虽然融资约束公司为了充分利用未来有价值的投资机会，将持有更多的预防性现金资产，但当公司内部持有较多的现金资产时，过度投资在所难免（Jensen，1986；Stulz，1990）。过多的现金资产好比自由现金流，会导致公司基于自利的目的从事净现值为负的投资项目，进而损害股东的利益。对于非融资约束公司来说，由于未来投资较易获得外部资金的支持，因此当公司内部存在大量现金资产或自由现金流时，过度投资现象就会增多。总之，当公司内部持有大量的现金资产时，管理者对公司资源的控制力就会增强，从而容易产生严重的委托代理问题（Jensen，1986）。并购是公司的一种投资活动，因此公司在选择并购支付方式时，也会考虑将现金作为支付方式。

此外，从风险与收益的角度来说，Miller and Modigliani（1961）认为，公司的价值（P）可以分解成现存资产的价值（V_{AIP}）与未来投资成长机会的现值（V_{GO}）之和，即 $P=V_{AIP}+V_{GO}$。所以，拥有投资机会的并购公司具有一定的增长期权，增长期权是公司价值的重要组成部分，为了避免目标公司分享并购后的投资机会给并购公司带来的价值，并购公司会选择将现金作为支付方式。然而，虽然投资机会能够给并购公司带来价值，但也具有一定的投资风险，因此并购公司为了与目标公司共同分担投资风险，也会选择股票作为并购支付方式。基于以上分析，我们提出下面两个对立的投资机会假设：

假设 2a：并购公司投资机会越高，选择股票支付方式的可能性越大。

假设 2b：并购公司投资机会越高，选择现金支付方式的可能性越大。

5.1.3　研究设计

1）样本选取与数据来源

截至 2006 年 12 月 31 日，沪深两市大部分 A 股上市公司已完成股改或进入股改程序。2006 年以后，我国上市公司在并购活动中采用股票支付方式出现了"井喷"现象（根据 CSMAR 中国上市公司并购重组研究数据库关于并购支付方式的分类标准进行统计后发现，1998 年至 2006 年的股票对价并购为 64 起，而 2007 年至 2011 年的股票对价并购飙升至 1 033 起），这表明股权分置改革的完成与推进为上市公司实施股票对价并购创造了条件。考虑到并购公司并购后实际投资水平数据的可获得性以及确保实际投资水平平稳性的需要，我们用并购公司并购后两年的资本支出平均数作为投资机会的替代变量。因此，本节以于 2007 年 1 月 1 日至 2009 年 12 月 31 日，沪深上市公司发生的并购事件为研究样本，并购相关数据来自 CSMAR 中国上市公司并购重组研究数据库，并购公司样本期间各年末财务数据来自 CSMAR 其他数据库，同时根据并购公司样本期间的年度报告信息对样本数据进行了补充与核对。最后，按照以下标准对样本进行了筛选：

①以 CSMAR 中国上市公司并购重组研究数据库的重组类型为标准，

将并购交易活动限定为资产收购、股权转让与吸收合并，不包括资产剥离、债务重组、资产置换与股份回购等形式的并购重组活动；

②根据CSMAR中国上市公司并购重组研究数据库关于并购支付方式的分类标准，本节仅研究完全以现金或完全以股票作为并购支付方式的样本，现金和股票混合对价的样本因非常少而未予考虑；

③考虑到金融和保险类公司财务指标的特殊性，以中国证券监督管理委员会于2001年发布的证券市场行业分类指引为标准，剔除了金融和保险类公司；

④剔除了并购方不是上市公司本身的并购事件；

⑤对于同一上市公司在一年内宣告两笔或两笔以上的并购交易，本节只保留该上市公司在该年内宣告的交易总价最大的并购交易；

⑥剔除了上市公司并购交易失败的事件；

⑦剔除了一些公司财务指标存在缺失值或异常值的并购事件。

按照上述样本筛选标准对样本进行处理后，最终得到1 305个样本，其中现金对价样本1 143个，股票对价样本162个。样本年度分布情况见表5-1。按照CSMAR中国上市公司并购重组研究数据库关于并购支付方式的分类标准，在1998年至2006年之间发生的现金对价并购与股票对价并购中（未考虑未披露与数据缺失的并购事件），现金支付方式占99.43%，股票支付方式仅占0.57%。而表5-1显示，2007年至2009年，现金支付方式均占80%以上，说明现金对价并购仍占主导地位；股票对价均占10%以上，说明我国上市公司股权分置改革的完成与推进为上市公司选择股票支付方式创造了条件。

表5-1　　　　　　　　　　样本年度分布情况

年度	并购事件数	现金对价事件数	股票对价事件数
2007	329	274 （83.28%）	55 （16.72%）
2008	534	474 （88.76%）	60 （11.24%）
2009	442	395 （89.37%）	47 （10.63%）

2）变量定义与模型设定

（1）变量定义

被解释变量采用并购支付方式。由于我们只考虑了我国上市公司完全以现金或完全以股票作为并购支付方式的并购事件，因此我们引入一个虚拟变量 Method 来表示上市公司并购支付方式。当上市公司在特定年份宣告的并购事件为股票对价时，Method 赋值为 1；当上市公司在特定年份宣告的并购事件为现金对价时，Method 赋值为 0。

解释变量采用市场错误定价和投资机会。Korajczyk，Lucas and McDonald（1991）认为，当并购公司股票价格大幅度上涨时，并购公司认为其股价被市场高估的可能性会更大。Baker and Wurgler（2002）认为，当公司的市场价值比过去的市场价值高的时候，公司更有可能会发行股票。Faccio and Masulis（2005）认为，如果并购公司股价在近期大幅度上涨，则原有股东投票权遭到稀释的程度较小，因为并购公司可以较少选择股票对价并购交易。鉴于托宾 Q 等类似变量在衡量市场错误定价时存在的缺陷，估计股票的长期收益替代市场错误定价是一个可以选择的方法。对于被市场错误定价的股票，当其错误定价被纠正时，并购公司最终会获得超额收益，股票长期超额收益间接衡量了市场错误定价水平。因此，我们认为如果并购公司近期获得了大幅度的股票价格收益，那么其更有可能选择股票作为并购支付方式。

①市场错误定价

借鉴 Faccio and Masulis（2005）对市场错误定价的衡量方法以及考虑到并购事件对股票价格的影响，我们用并购公司并购交易宣告日前一年的股票年累计收益（也即股票价格年度涨幅）作为并购公司股票被市场错误定价的替代变量，用 Stock Run-Up 表示。数据来自 CSMAR 中国股票市场交易数据库中的"考虑现金红利再投资的年个股回报率"这一项目。

②投资机会

Lamont（2000）基于 1947 年至 1993 年美国公司资本支出计划的调查发现，投资计划与实际投资之间存在很强的相关关系，特别是投资计划在预测实际投资方面起着重要作用；在年初，运用管理者的投资计划可以预测出总投资一年内超过 3/4 的变化，预期投资的变化能够体现在实际投资

117

的大部分变化中，即当年投资的大部分内容都已经被管理者在前一年所决定。因此，实际投资应该可以作为投资机会的一个好的替代变量。在并购研究中，公司并购后的实际投资水平也应该与管理者计划的投资水平相关，以反映公司并购后的投资机会。Giuli（2013）用公司并购后资本支出水平作为投资机会的替代变量，研究发现，相比现金对价并购，采用股票对价并购方式的并购公司在并购后的投资水平更高。借鉴 Giuli（2013）对并购公司投资机会的衡量方法，我们用并购公司并购后两年的资本支出与总资产比率的平均值作为公司投资机会的替代变量，用 Capex 表示。其中并购公司的资本支出，我们用并购公司在特定年份现金流量表中的"购建固定资产、无形资产和其他长期资产支付的现金"这一项目的数据来衡量。

除了管理者利用市场错误定价的动机与公司的投资机会可能会影响并购公司并购支付方式的选择外，我们还考察了下列控制变量是如何影响并购公司并购支付方式选择的：

①相对交易规模

以往关于目标公司与并购公司之间的相对规模对并购支付方式的影响的研究并未获得一致的结论。一些研究者认为，目标公司规模（并购交易金额）越大，并购公司越有可能选择股票作为并购支付方式。Grullon，Michaely and Swary（1997）以及 Faccio and Masulis（2005）认为，目标公司（并购交易金额）及并购公司之间的相对交易规模与股票作为并购支付方式的可能性正相关。其可能的原因有：第一，如果并购交易金额相对较大，那么并购公司可能没有足够的现金支付并购交易，从而选择股票支付方式。第二，与并购交易金额较小的目标公司相比，并购交易金额较大的目标公司对选择何种并购支付方式更有议价能力。持有目标公司股票的管理者为了在并购后保留工作以及获得对公司的影响力，会要求并购公司选择股票支付方式（Zhang，2003）。第三，风险分担假设（Hansen，1987）认为，目标公司与并购公司之间存在不对称信息，目标公司比并购公司更清楚自身的价值，而目标公司的价值相对于并购公司的价值越大，不对称信息问题越严重。因此，相对交易规模越大，并购公司选择股票作为并购支付方式的可能性就越大。

　　然而，其他一些学者的研究却拒绝了这一假设。Martin（1996）以及 Ghosh and Ruland（1998）认为，相对交易规模对并购支付方式的选择并无显著影响。其可能的原因是：当目标公司与并购公司之间的相对交易规模较大时，目标公司管理者偏好选择股票支付方式，以维持自身的利益及对公司的影响力；同时，并购公司的管理者偏好选择现金支付方式，以避免稀释其在公司的所有权。最后，目标公司管理者与并购公司管理者之间不同动机的博弈决定了并购支付方式的选择。因此，目标公司与并购公司之间的相对交易规模与并购支付方式的选择之间没有明显的关系。

　　最后，借鉴 Faccio and Masulis（2005）等对相对交易规模的衡量方法，考虑到目标公司与并购公司之间的市场价值比率部分反映了两个公司相对的市场错误定价（市场价值包含了市场错误定价成分），而并非仅仅衡量相对交易规模。因此，我们用并购交易金额与并购公司并购前一年末资产的账面价值之比，来衡量相对交易规模（Resize），以考察其对并购支付方式选择的影响。

　　②公司控制权

　　如果控股股东存在失去控制权的风险，那么控股股东就不愿意使用股票支付方式（Amihud et al., 1990; Stulz, 1988; Jung, Kim and Stulz, 1996）。在控制权是有价值的，并且控股股东普遍存在的情况下，特别是当控股股东的地位受到威胁时，控股股东会更偏好选择现金支付方式。但是当并购公司股权很分散或高度集中时，控股股东则较少会关注控制权威胁问题。Faccio and Masulis（2005）以 1997 年至 2000 年欧洲的并购事件为研究对象，发现并购公司第一大股东的控制权与并购对价金额中现金支付占比之间存在非线性关系。因此我们预测，并购公司控制权与现金支付方式的选择之间存在非线性关系。为了检验并购公司控制权与并购支付方式选择之间的关系，我们用并购前一年末并购公司第一大股东持股比例（Control）来衡量公司控制权。另外，并购前一年末并购公司第一大股东持股比例的平方值（Control^2）与立方值（Control^3）也用于衡量公司控制权。

　　③融资约束水平

　　Almeida, Campello and Weisbach（2004）, Faulkender and Wang

(2006)，以及 Denis and Sibilkov（2010）通过研究发现，相比于非融资约束公司，融资约束公司基本上都会持有更多的现金。融资约束公司面临的高外部融资成本以及持有大量现金资产的偏好可能会影响公司并购支付方式的选择。Martin（1996）以及 Gregory（2000）通过研究发现，现金可得性与股票支付方式选择的可能性之间存在负相关关系。 Alshwer et al.（2010）认为，相比于非融资约束的并购公司，融资约束的并购公司更有可能选择股票作为并购支付方式。虽然融资约束公司会持有更多现金，但是当公司超额持有现金时，最容易导致过度投资问题产生，因此并购公司也有可能会选择现金支付方式。已有文献为公司的融资约束水平提出了很多标准，包括股利支付率、债券评级、公司规模、KZ 指数等，但哪一个标准是融资约束水平最好的替代变量，人们并没有达成一致意见。因此，为了检验公司融资约束水平对并购支付方式选择的影响，我们用现金流缺口来衡量融资约束水平，用虚拟变量 Constraint 表示。根据 Shyam-Sunder and Myers（1999）建立的优序融资模型 $DEF_t = DIV_t + X_t + \Delta W_t + R_t - C_t$（$DEF_t$ 为现金流缺口；DIV_t 为公司支付的现金股利；X_t 为资本性支出；ΔW_t 为营运资本净增加额；R_t 为一年内到期的长期负债；C_t 为息税后经营现金流净额），如果 $DEF > 0$，意味着并购公司需要向外部融资，即为融资约束公司，Constraint=1，否则为非融资约束公司，Constraint=0。

④债务融资能力

并购公司的债务融资能力越强，越有可能选择现金支付方式。Faccio and Masulis（2005）认为，并购公司的债务融资能力与其财务杠杆相关。高财务杠杆的并购公司可能很难为并购交易筹集到新的债务资金。因此，高财务杠杆的并购公司更有可能选择股票作为并购支付方式。同时，他们发现并购公司的财务杠杆比率与并购支付金额中现金支付的占比之间存在负相关关系。借鉴 Faccio and Masulis（2005）对并购公司债务融资能力的衡量方法，我们用并购公司并购交易宣告日前一年末的负债与资产账面价值之比，即财务杠杆（Leverage）作为并购公司债务融资能力的第一个替代变量。

并购公司规模是另一个衡量并购公司债务融资能力的方法。规模较大的并购公司具有较高的债务融资能力以及更加多元化的经营方式，因此其破产的可能性较低，债务融资成本也较低。除此之外，规模较大的并购公司更有可能拥有较低的交易成本，以及更容易进入债务融资市场（Faccio and Masulis，2005）为现金对价并购进行债务融资。因此，并购公司的规模越大，选择现金支付方式的可能性也越大。借鉴 Faccio and Masulis（2005）对并购公司债务融资能力的衡量方法，我们用并购公司并购交易宣告日前一年末的资产账面价值的自然对数作为并购公司债务融资能力的第二个替代变量，用 Size 表示。

变量定义见表5-2。

表5-2　　　　　　　　　　　　　　**变量定义**

变量名称	变量描述	衡量方法	预期符号
Method	并购支付方式	当并购交易为股票对价时，Method 赋值为1；当并购交易为现金对价时，Method 赋值为0	
Stock Run-Up	并购公司并购交易宣告日前一年的股票年累计收益（也即股票价格年度涨幅），替代并购公司股票被市场错误定价水平	考虑现金红利再投资的年个股回报率，计算公式为：$r_{it}=P_{it}/P_{it-1}-1$ 式中：P_{it} 表示股票 i 在 t 年的最后一个交易日考虑现金红利再投资的日收盘价的可比价格；P_{it-1} 表示股票 i 在 t-1 年的最后一个交易日考虑现金红利再投资的日收盘价的可比价格	+
Capex	公司并购后资本支出水平，替代并购公司投资机会	并购公司并购后两年的资本支出与总资产比率的平均值，其中资本支出为现金流量表中的"购建固定资产、无形资产和其他长期资产支付的现金"这一项目的数据	?
Resize	相对交易规模	并购交易金额与并购公司并购前一年末资产的账面价值之比	?
Control	第一大股东持股比例，替代公司控制权	并购前一年末并购公司第一大股东持股比例	+
Constraint	融资约束水平	并购前一年末并购公司现金流缺口 $DEF_t=DIV_t+X_t+\Delta W_t+R_t-C_t$。如果 DEF>0，则并购公司为融资约束公司，Constraint=1；否则为非融资约束公司，Constraint=0。式中：DEF_t 为现金流缺口；DIV_t 为公司支付的现金股利；X_t 为资本性支出；ΔW_t 为营运资本净增加额；R_t 为一年内到期的长期负债；C_t 为息税后经营现金流净额	?
Leverage	财务杠杆，替代并购公司债务融资能力	并购公司并购交易宣告日前一年末的负债与资产账面价值之比	+
Size	并购公司规模，替代并购公司债务融资能力	并购公司并购交易宣告日前一年末的资产账面价值的自然对数	−

（2）模型设定

由于本节研究的多个解释变量与控制变量为正态分布与二值虚拟变量的混合，而观测到的被解释变量为二值虚拟变量，因此，对我国上市公司在2007年至2009年的并购交易构成的研究样本，应用二值Probit潜变量模型来估计并购公司市场错误定价与投资机会等因素对并购支付方式选择的影响。具体的二值Probit潜变量模型构建如下：

$$Method_i^* = \alpha_0 + \alpha_1 Stock\ Run\text{-}Up_i + \alpha_2 Capex_i + \alpha_3 Resize_i + \alpha_4 Control_i +$$

$$\alpha_5 Constraint_i + \alpha_6 Leverage_i + \alpha_7 Size_i + \varepsilon_i \qquad (1)$$

在回归方程中，被解释变量$Method_i^*$是一个潜变量，用来测度并购公司选择不同并购支付方式的可能性。如果并购公司在并购交易中选择了股票支付方式，则观测到的被解释变量$Method_i$赋值为1；如果并购公司在并购交易中选择了现金支付方式，则观测到的被解释变量$Method_i$赋值为0。因此，我们应用一个二值Probit潜变量模型来估计回归方程。

5.1.4　假设检验与结果分析

1）描述性统计分析

表5-3按照并购支付方式的分类分别给出了解释变量与控制变量的描述性统计结果（均值与中位数），并对两种并购支付方式下变量的组间均值差异进行了t检验，以考察不同并购支付方式下变量的组间差异是否显著。

表5-3　　　　　　　　　　　描述性统计结果

变量	股票对价		现金对价		组间均值差异
	均值	中位数	均值	中位数	t检验
Stock Run-Up	1.02	0.89	0.80	0.64	1.77*
Capex	0.05	0.03	0.06	0.05	−2.93***
Resize	1.59	0.33	0.74	0.03	3.37***
Control	0.39	0.40	0.37	0.36	1.68*
Constraint	0.56	1.00	0.61	1.00	−1.28
Leverage	0.80	0.59	0.54	0.50	3.82***
Size	21.12	21.12	21.63	21.48	−4.40***

注：***、**和*分别代表在1%、5%和10%的置信水平上显著不为零。

采用股票对价的并购公司并购前的股票年累计收益（Stock Run-Up）比采用现金对价的并购公司并购前的股票年累计收益更高，并且在 10% 的水平上显著。股票年累计收益为并购公司股票被市场错误定价水平的替代变量，该结果表明，采用股票对价的并购公司认为其公司股票被市场过高估价。

采用现金对价的并购公司的资本支出水平（Capex）比采用股票对价的并购公司的资本支出水平更高，并且在 1% 的置信水平上显著。该结果表明，采用现金对价的并购公司有更多的投资机会。

股票对价的并购交易金额与并购公司资产规模之间的比率（Resize），即相对交易规模，比现金对价的相对交易规模更大，并且在 1% 的置信水平上显著。该结果表明，采用股票对价的并购公司会并购规模相对较大的交易标的。

采用股票对价的并购公司第一大股东持股比例（Control）比采用现金对价的并购公司第一大股东持股比例更高，并且在 10% 的置信水平上显著。该结果表明，第一大股东持股比例较低的并购公司会选择现金对价。虽然如此，采用股票对价与采用现金对价的并购公司，其第一大股东持股比例的平均值与中位数都超过了 0.36，表明我国上市公司的股权集中度高，并且存在"一股独大"的现象。

采用股票对价与采用现金对价的并购公司之间的融资约束水平（Constraint）并无显著差异。该结果表明，公司融资约束水平对并购公司并购支付方式的选择可能并无显著影响。

采用股票对价的并购公司比采用现金对价的并购公司有更高的财务杠杆（Leverage），更低的规模（Size），并且都在 1% 的水平上显著。该结果表明，采用现金对价的并购公司有更大的债务融资能力，因而在并购交易中具有更大的现金支付能力。

然而，各变量对并购支付方式选择的影响的分析结果还有待采用多变量 Probit 回归分析方法做进一步检验。

2）相关性分析

在进行市场错误定价与投资机会对并购公司并购支付方式选择的影响的 Probit 回归分析之前，我们检验了并购公司市场错误定价变量与投资机会变量之间的相关关系以及各个解释变量与控制变量之间的相关关系，初步考察了并购公司在选择并购支付方式时市场错误定价变量与投资机会变量能否分别体现自身的效应，以及在建立模型的过程中是否存在严重的多重共线性问题。由于本节建立的模型包括的变量既有定距变量又有定序变量，因此采用Spearman相关系数进行变量间的相关分析。变量间的相关关系见表5-4。

表5-4　　　　　　　　　　　　相关性分析结果

变量	Stock Run-Up	Capex	Resize	Control	Constraint	Leverage	Size
Stock Run-Up	1	−0.028	0.070**	−0.035	−0.041	0.079***	−0.005
Capex		1	−0.144***	0.142***	0.056**	−0.202***	0.108***
Resize			1	−0.022	−0.090***	−0.011	−0.282***
Control				1	0.038	−0.088***	0.197***
Constraint					1	0.023	0.078***
Leverage						1	0.234***
Size							1

注：***和**分别表示在1%和5%的置信水平上显著不为零。

表5-4的相关性分析结果表明，并购公司股票年累计收益变量（Stock Run-Up）与资本支出变量（Capex）之间的相关系数为−0.028，并且在统计上不显著，说明在后文的多变量Probit回归分析中，我们能有效区分并购公司并购支付方式选择的市场错误定价效应与投资机会效应。此外，在所有变量间的相关系数中，相对交易规模变量（Resize）与债务融资能力变量（Size）之间的相关系数最高，为−0.282。因此，在后文的多变量Probit回归分析中，我们可以不必担心模型的多重共线性问题。

3）Probit回归分析

由于本节研究的被解释变量（并购支付方式）为二值虚拟变量，因此选择Probit回归分析方法来进行模型的参数估计。同时，本节的主要目的就是检验市场错误定价与投资机会效应是否共同影响了并购公司并购支付方式的选择，因此我们首先分别在模型（1）与模型（2）中单独检验市场错误定价理论与投资机会理论，然后在模型（3）中同时检验市场错误定价理论与投资机会理论。具体Probit回归分析结果列示在表5-5中。

表 5-5 Probit 回归分析结果

变量	模型（1）：检验市场错误定价假设	模型（2）：检验投资机会假设	模型（3）：同时检验市场错误定价假设与投资机会假设
Stock Run-Up	0.090*		0.089*
	(1.84)		(1.84)
Stock Run-Up*Constraint	−0.067		−0.072
	(−1.06)		(−1.15)
Capex		−3.444**	−3.458**
		(−2.20)	(−2.19)
Capex*Constraint		1.274	1.332
		(0.63)	(0.66)
Resize	0.001	0.001	0.001
	(0.55)	(0.46)	(0.47)
Control	0.040	0.037	0.038
	(0.93)	(0.86)	(0.89)
Control^2	−0.001	−0.001	−0.001
	(−0.84)	(−0.73)	(−0.77)
Control^3	0.000	0.000	0.000
	(0.93)	(0.81)	(0.86)
Constraint	−0.044	−0.165	−0.099
	(−0.40)	(−1.17)	(−0.64)
Leverage	0.106*	0.093*	0.095*
	(2.02)	(1.80)	(1.83)
Size	−0.1391722***	−0.1309225***	−0.1307683***
	(−3.58)	(−3.34)	(−3.34)
LR chi2（9）	33.27	37.66	41.16
Prob > chi2	0.000	0.000	0.000
Pseudo R²	0.0358	0.0405	0.0442

注：***、**和*分别表示在 1%、5%和 10%的置信水平上显著不为零；括号内为 z 统计量。Stock Run-Up*Constraint 表示市场错误定价变量与融资约束水平变量的交互项，Capex*Constraint 表示投资机会变量与融资约束水平变量的交互项。

（1）市场错误定价假设检验

模型（1）列示了并购公司的市场错误定价对并购支付方式选择的影响。在模型（1）中，我们用并购公司并购宣告日前一年的股票年累计收益作为市场错误定价的替代变量，以避免公司托宾 Q 或类似比率存在的相关问题，对并购支付方式单独进行了回归估计。回归结果显示，并购公司市场错误定价的替代变量（并购前一年股票年累计收益）与股票支付方式的使用在 10% 的置信水平上显著正相关。该结果表明，当并购公司股票价格被市场高估时，股票作为并购支付方式的可能性较大，假设 1 得到证实，支持了 Faccio and Masulis（2005）关于并购公司并购支付方式选择的市场错误定价理论。模型（1）的回归结果说明，并购公司在选择并购支付方式时存在市场错误定价效应，并购公司管理者在公司股票价格被市场高估时会择时并购以追求公司股东长期利益的最大化。此外，我们还考虑了公司融资约束水平对并购公司并购支付方式选择的市场错误定价效应的影响，结果表明并购公司融资约束水平对并购支付方式选择的市场错误定价效应没有显著影响。

（2）投资机会假设检验

为了避免公司托宾 Q 既能替代公司投资机会效应，又能替代公司市场错误定价效应，我们用并购公司并购后两年实际的资本支出与总资产比率的平均值作为并购公司投资机会的替代变量，对并购公司并购支付方式单独进行 Probit 回归分析，回归分析结果列示在模型（2）中。该结果表明，投资机会的替代变量（并购后资本支出水平）与股票支付方式的使用在 5% 的置信水平上显著负相关。该结果表明，具有高投资机会的并购公司并不倾向于使用股票作为并购支付方式，假设 2b 得到证实。这与国外文献的研究结果不同，Alberta Di Giuli（2013）用并购公司并购后四年实际的资本支出与总资产比率的平均值作为并购公司投资机会的替代变量，研究发现并购公司投资机会的替代变量（并购后资本支出水平）与股票支付方式的使用显著正相关。

在模型（2）中，并购公司并购支付方式的选择存在投资机会效应，其可能的解释如下：

①以往文献无论从信息不对称的角度还是从市场错误定价的角度研究

并购支付方式，都有一个潜在的假定，即公司融资不受约束，能够根据需求选择使自身利益最大化的融资方式与支付方式。因此，根据优序融资理论，具有高投资机会的非融资约束的并购公司会选择现金作为并购支付方式。同时，由于存在较高的现金机会成本，具有高投资机会的融资约束公司可能会选择股票作为并购支付方式。为此，我们在模型（2）中引入了投资机会变量与融资约束变量的交互项，结果表明该交互项与股票支付方式的使用存在正相关关系。据此，我们认为具有高投资机会的非融资约束公司偏好选择现金支付方式，而具有高投资机会的融资约束公司偏好选择股票支付方式。

②根据前文关于投资机会的理论分析，我们知道当公司内部持有大量的现金资产或自由现金流时，会导致公司基于自利的目的从事净现值为负的投资项目，过度投资在所难免。对于非融资约束公司来说，由于未来投资较易获得外部资金支持，因此当公司内部存在大量现金资产或自由现金流时，公司过度投资的现象就会增多，而并购作为公司的一种投资活动，公司在选择并购支付方式时也会考虑将现金作为支付方式。

③我们知道那些拥有高价值投资机会的并购公司具有一定的增长期权，增长期权是公司价值的重要组成部分，并购公司为了避免目标公司分享并购后投资机会所带来的价值，因而会选择现金支付方式。

（3）市场错误定价、投资机会与并购支付方式关系的检验

在模型（1）与模型（2）中，我们分别对并购公司并购支付方式选择的市场错误定价假设与投资机会假设进行了 Probit 回归分析，结果表明并购公司在选择并购支付方式时，分别存在市场错误定价效应与投资机会效应。那么，并购公司在选择并购支付方式时，市场错误定价效应与投资机会效应是否同时存在呢？如果两种效应同时存在，那么用公司托宾 Q 或类似比率（既可以替代市场错误定价又可以替代投资机会）对并购支付方式进行回归分析时，就可能存在双重解释（市场错误定价效应与投资机会效应），而且无法有效区分并购公司在选择并购支付方式时存在的是市场错误定价效应还是投资机会效应，又或是市场错误定价效应与投资机会效应共同存在。为此，我们在模型（3）中，用 Probit 回归分析方法同时检验并区分了并购支付方式选择的市场错误定价效应与投资机会效应。在模

型（3）的 Probit 回归分析中，我们用并购公司并购前一年的股票年累计收益替代股票的市场错误定价（市场的非理性估价），用并购公司并购后的投资水平替代投资机会（市场的理性预期）。结果表明，市场错误定价效应与投资机会效应同时存在，共同影响了并购公司并购支付方式的选择。在模型（3）中，市场错误定价水平的替代变量（并购公司并购前一年的股票年累计收益）与股票支付方式的使用在10%的置信水平上显著正相关，而投资机会的替代变量（并购公司并购后的投资水平）与股票支付方式的使用在5%的置信水平上显著负相关。该结果进一步证实了模型（1）与模型（2）关于并购支付方式选择的市场错误定价效应与投资机会效应的存在。同时，模型（1）、模型（2）及模型（3）中关于市场错误定价变量与投资机会变量的符号与显著性都保持一致，说明三个模型中市场错误定价变量与投资机会变量关于并购支付方式选择的回归分析结果具有较强的稳健性。

此外，我们还考察了可能影响并购公司并购支付方式选择的其他控制变量，包括相对交易规模变量、公司控制权变量、融资约束水平变量以及债务融资能力变量。同时，在三个模型中，这些控制变量关于并购支付方式选择的回归系数的符号与显著性基本保持一致，这进一步说明三个模型的回归结果具有较强的稳健性。

在模型（1）、模型（2）与模型（3）中，并购交易金额与并购公司资产规模之间的相对交易规模与股票支付方式的使用并无显著的相关关系，说明相对交易规模对并购公司并购支付方式的选择并无显著影响，这支持了 Martin（1996）以及 Ghosh and Ruland（1998）的研究结论。

在模型（1）、模型（2）与模型（3）中，并购公司第一大股东持股比例（Control）及其平方值（Control^2）与立方值（Control^3）的回归系数都不显著，说明控股股东的持股比例对并购公司并购支付方式选择的影响并不重要。可能的原因为样本中大部分并购交易是由国有企业发起的，并且中国上市公司"一股独大"的股权结构特点使其不十分重视公司控制权稀释问题。

在模型（1）、模型（2）与模型（3）中，公司融资约束水平（Constraint）的回归系数都不显著，说明公司融资约束水平对并购公司并购支付方式的选择没有显著影响。然而财务杠杆（Leverage）与股票支付方式的使用在10%的置信水平上显著正相关，公司规模（Size）与股票支付方式的使用在1%的置信水平上显著负相关。这说明并购公司的财务杠杆越高，越有可能选择股票支付方式；公司规模越大，越有可能选择现金支付方式。并购公司财务杠杆与并购公司规模关于并购支付方式选择的回归结果表明，并购公司的债务融资能力对并购支付方式的选择具有重要影响，并购公司的债务融资能力越强，越有可能选择现金支付方式。

4）稳健性检验

为了确保上述研究结果的有效性，我们采用更换研究样本的方法进行稳健性检验。由于前文的研究没有考虑到并购公司管理者可能存在过度自信及私利而连续进行并购交易活动，进而会影响并购支付方式选择的情况，因此这里我们选择在2007年至2009年仅发起过一次并购交易活动的上市公司作为新的研究样本。基于该研究样本的Probit回归的稳健性检验结果见表5-6。回归分析结果表明，使用减少后的研究样本得出的研究结果与前文基本一致。因此，本节的研究结果受研究样本的影响较小，具有较强的稳健性。

表5-6　　　　　　　　　　样本减少后的Probit回归分析结果

变量	模型（1）：检验市场错误定价假设	模型（2）：检验投资机会假设	模型（3）：同时检验市场错误定价假设与投资机会假设
Stock Run-Up	0.081**		0.072*
	(2.02)		(1.77)
Capex		−4.287***	−4.071***
		(−2.93)	(−2.79)
Resize	0.001	0.001	0.001
	(0.57)	(0.41)	(0.47)
Control	0.105*	0.095	0.103*
	(1.81)	(1.63)	(1.76)
Control^2	−0.002*	−0.002	−0.002
	(−1.69)	(−1.50)	(−1.63)

变量	模型（1）：检验市场错误定价假设	模型（2）：检验投资机会假设	模型（3）：同时检验市场错误定价假设与投资机会假设
Control^3	0.000	0.000	0.000
	(1.64)	(1.46)	(1.58)
Constraint	−0.091	−0.091	−0.085
	(−0.72)	(−0.71)	(−0.67)
Leverage	0.121*	0.102*	0.106*
	(2.09)	(1.82)	(1.85)
Size	−0.102*	−0.088*	−0.087*
	(−1.95)	(−1.68)	(−1.67)
LR chi2(9)	19.91	25.49	28.59
Prob > chi2	0.011	0.001	0.001
Pseudo R^2	0.038	0.049	0.055

注：***、**和*分别表示在1%、5%和10%的置信水平上显著不为零；括号内为z统计量。

5.1.5 研究结论与局限

本节主要检验了影响并购支付方式选择的市场错误定价效应与投资机会效应。以往文献用公司托宾Q或类似比率来衡量市场错误定价与投资机会，然而使用这些替代变量很难区分市场错误定价效应与投资机会效应。因此，我们用并购公司并购前一年的股票年累计收益作为市场错误定价的替代变量，用并购公司并购后实际的投资水平作为投资机会的替代变量，检验了并购支付方式选择的市场错误定价效应与投资机会效应。检验结果为：采用股票对价并购的并购公司比采用现金对价并购的并购公司在并购前一年具有更高的股票年累计收益；采用现金对价并购的并购公司比采用股票对价并购的并购公司在并购后具有更高的投资水平。这些结果支持了关于并购支付方式选择的市场错误定价理论与投资机会理论。通过

Probit回归分析，我们得知影响并购支付方式选择的市场错误定价效应与投资机会效应同时存在，并对二者进行了有效区分。

本节的研究局限主要有：首先，受目标公司或交易标的数据可获得性的限制，在对并购支付方式选择的影响因素进行研究时，没有过多关注目标公司或交易标的的特征。其次，由于混合对价并购的研究样本较少，因此在研究中没有考虑混合支付方式选择的影响因素。再次，现金与股票对价样本量差别较大（现金对价样本占80%以上，而股票对价样本不到20%），这可能会导致研究结果出现一定的偏差（投资机会及融资约束可能均与股票支付方式的使用正相关）。最后，本节主要采用统计分析方法研究并购公司并购支付方式选择的影响因素，而要真正洞悉我国上市公司并购支付方式选择决策的影响因素，除了要依赖大样本的统计方法外，高质量的案例分析与调查研究也是必不可少的。当然，这些局限都需要通过进一步的研究加以弥补。

5.2　　　　　家族控制、并购支付方式与并购绩效

5.2.1　引　言

近年来的研究表明，家族控制在上市公司中普遍存在（La Porta et al.，1999；Claessens et al.，2000；Faccio and Lang，2002；Cronqvist and Nilsson，2003；Anderson and Reeb，2003；Maury，2006；Villalonga and Amit，2006）。在世界范围内，许多大公司被家族创始人及其家族所控制与管理，他们通常通过控制权的强化机制（如双重股权、金字塔股权结构及交叉持股）来实现对公司的长期控制。La Porta et al.（1999）对全世界27个发达经济体的上市公司进行了股权结构研究，发现其中有17个国家以家族为主要控制形态。另外，他们还发现控股股东常常利用控制权的强化机制来构建一个复杂的控制链，以实现其现金流权与控制权的分离。Claessens et al.（2000）研究了东亚九国的2 980家上市公司的所有权结构，结果发现家族控制广泛存在于东亚上市公司中，并且多数公司为终极

控股股东控制或管理。另外，他们还发现，东亚九国上市公司的现金流权与控制权存在显著的分离。Faccio and Lang（2002）通过研究发现，欧洲除了英国、爱尔兰等少数国家以外，约有50%的上市公司由家族创始人及其家族控制。Claessens et al.（2000）的研究虽然没有包括中国，然而在历史上，作为亚洲面积最大的并且高度发达的国家，中国对大陆文化及社会规范具有长久且重要的影响，对家族的重视已经深深植根于中国文化中。改革开放以来，我国民营上市公司迅猛发展，民营上市公司已经成为中国经济的重要组成部分。因此，我们推断我国民营上市公司也广泛存在家族控制的情况。然而，以往的研究（Anderson and Reeb，2003；Villalonga and Amit，2006；Barontini and Caprio，2006；Maury，2006；孙永祥，2001；苏启林和朱文，2003；谷祺、邓德强和路倩，2006；许永斌和郑金芳，2007；冯旭南、李心榆和陈工孟，2011）主要关注家族所有权、控制权与管理对公司绩效与价值的影响，较少关注家族企业的融资行为。

本节主要从控制权稀释威胁与委托代理的视角分别研究家族控制对并购支付方式选择以及并购绩效的影响。借鉴 La Porta et al.（1999），Faccio and Lang（2002）以及 Claessens et al.（2002）等学者对公司所有权与控制权的衡量方法，我们追踪了公司的控制链，衡量了公司实际控制人的终极控股权、所有权（现金流权）及两权分离程度，并检验了家族控制对并购支付方式选择的影响。最后，我们通过事件研究法衡量了并购公司的并购绩效，并检验了家族控制与并购支付方式对并购绩效的影响。该检验结果表明，家族终极控股股东的持股比例与现金支付方式的使用正相关；控制权强化机制对股票支付方式的使用具有积极的影响；家族控制对并购绩效的影响主要表现为利益协同效应，并购支付方式对家族上市公司的并购绩效没有显著影响。

本节的研究意义在于为正确认识我国上市公司并购支付方式选择的影响因素提供较为合理的分析框架，并对深刻认识股权结构集中的中国上市公司的融资行为做出一定的贡献，同时也为不断完善我国上市公司股权治理结构与并购相关法律制度、加强监管及促进并购市场的良性发展提供一些政策建议。

5.2.2　理论分析与研究假设

1）家族控制与并购支付方式选择

在并购支付方式的选择中，并购公司控股股东的持股比例是重要的影响因素之一。股票支付对并购公司来说意味着新股东的出现，这可能会稀释控股股东的投票权，增加控股股东失去控制权的风险，因此由大股东控制的并购公司不愿意使用股票支付方式（Stulz，1988）。Amihud et al.（1990）以及 Jung，Kim and Stulz（1996）认为，由于股票支付可能使控股股东失去公司控制权，因此当并购公司由某一控股股东所控制时，使用股票支付的可能性比较小。在控制权是有价值的，并且控股股东普遍存在的情况下，特别是当控股股东的地位受到威胁时，控股股东会更偏好选择现金支付方式。但是当并购公司股权很分散或高度集中时，控股股东则较少会关注控制权威胁问题（Shleifer and Vishny，2003）。文献回顾表明，以往的研究结论主要认为并购公司控股股东的持股比例与并购支付方式的选择之间存在着显著的非线性关系。当控股股东的持股比例处于中间水平时，控股股东失去控制权的风险较高，因此使用现金支付的概率较高；当控股股东的持股比例超出中间水平时，并购公司控股股东较少考虑控制权威胁问题，因此使用股票支付的概率较高。这说明当并购公司控股股东的持股比例处于中间水平时，控股股东的控制权地位不稳固，容易受到外部的威胁，失去控制权的风险比较大，因而其更倾向于选择现金支付方式。相反，当并购公司股权结构较为分散时，因为没有控股股东，所以控制权稀释威胁不突出；当并购公司控股股东持股比例处于极高的水平时，控股股东的地位稳固，不易受到外部的威胁，因而其较少关注控制权稀释问题。我们认为，家族控股公司在选择并购支付方式时也可能存在类似的情况，因此基于以上分析，本节提出如下待检验的假设：

假设 1：当并购公司家族终极控股股东持股比例处于中间水平时，控股股东更有可能选择现金支付方式。

此外，我们认为控制权的强化机制也会影响并购公司并购支付方式的选择。Ellul（2009）认为，控股股东会利用诸如双重股权与金字塔股权结构等控制权强化机制替代资本结构（通过债务融资进行并购支付不会稀释控股股东的控制权），以保持他们对家族企业的控制权。控制权强化机制可以使控股股东获得控制权，却只有较小部分的现金流权。因此，当家族控股股东的控制权与现金流权的分离程度很高时，股票支付将不会威胁家族的控股地位，控股股东可能不会将使用内部资金或通过债务融资进行并购交易支付作为确保控制权的手段。基于以上分析，我们提出如下待检验的假设：

假设2：并购公司家族终极控股股东的控制权与现金流权的分离程度越高，使用股票支付的可能性越大。

2）家族控制、代理问题与并购绩效

Jensen and Meckling（1976）认为，代理成本产生于股东与职业管理者之间的利益冲突（第一类代理问题）。在并购交易中，管理者以牺牲分散的股东的利益来增加自身的薪酬与私有利益（Shleifer and Vishny，1997）。利益协同效应认为，集中的家族所有权能够降低代理成本，提高公司价值。考虑到投资于家族企业的财富的相对重要性，家族控股股东有较强的激励去搜集信息以监督职业管理者、减少代理冲突，以及管理好公司。积极的家族监督能够提高所选择的目标公司的质量，并且能够比非家族企业做出更好的并购决策。同时，家族控股股东长期保持对公司的控制权，并且具有长远的目标（将财富传给下一代），这有利于其做出能够创造更多价值的并购决策。此外，家族成员经常担任公司的管理者，参与公司的管理（Anderson and Reeb，2003），这能够改善他们对公司的认识，提高他们的投资（并购）决策水平（Chang and Mais，2000）。

利益侵害效应认为，控股股东的利益和其他股东的利益并不一致，家族控股股东也可能会追求私人目标，从而牺牲其他股东的利益（第二类代理问题）。股权结构分散的公司在英美国家普遍存在，但是在中国，上市公司股权基本上集中在个人、家族、政府或者行业集团手中。La Porta，Lopez-De-Silanes and Shleifer（1999），Claessens et al.（2000），Faccio and Lang（2002）以及 Dyck and Zingales（2004）认为，这类上市公司的主要代理问题不是管理者与股东之间的冲突，而是大股东或控股股东侵害中小股东利益的问题。控股股东常常利用诸如金字塔股权结构与双重股权等控制权强化机制来保持终极所有者对公司的控制权（投票权），却拥有较少部分的所有权（现金流权），从而实现了其现金流权与控制权的分离。因此，家族控股股东有权力制定决策却不需要为此承担全部成本，最终导致了严重的委托代理问题。Bebchuk et al.（2013）认为，这种所有权结构会扭曲公司关于投资项目的选择、公司规模以及控制权转移等方面决策的制定。以往的研究文献（Cronqvist and Nilsson，2003；Anderson and Reeb，2003；Villalonga and Amit，2006）认为，家族企业的控制权强化机制会对公司绩效产生负面影响。

综上所述，家族控制对并购绩效的影响体现在两个方面：第一，家族控制可以更好地将家族利益与小股东利益协同起来，产生利益协同效应，从而提高并购绩效；第二，家族控制也可能导致利益侵害效应。基于以上分析，我们提出如下两个待检验的假设：

假设 3：并购公司家族终极控股股东持股比例与并购绩效正相关。

假设 4：并购公司家族终极控股股东控制权与现金流权的分离程度与并购绩效负相关。

5.2.3　研究设计

1）样本选取与数据来源

考虑到并购公司并购后实际投资水平数据的可获得性以及确保实际投资水平平稳性的需要，我们用并购公司并购后两年的资本支出平均数作为投资机会的替代变量。因此，本节以 2007 年 1 月 1 日至 2009 年 12 月 31 日，沪深上市公司发生的并购事件为研究样本，并对样本按照以下标准进行筛选：

①以 CSMAR 中国上市公司并购重组研究数据库的重组类型为标准，将并购交易活动限定为资产收购、股权转让与吸收合并，不包括资产剥离、债务重组、资产置换与股份回购等形式的并购重组活动；

②根据 CSMAR 中国上市公司并购重组研究数据库关于并购支付方式的分类标准，本节仅研究完全以现金或完全以股票作为并购支付方式的样

本，现金与股票混合对价的样本因非常少而未予考虑；

③考虑到金融和保险类公司财务指标的特殊性，以中国证券监督管理委员会于2001年发布的证券市场行业分类指引为标准，剔除了金融和保险类公司；

④剔除了并购方不是上市公司本身的并购事件；

⑤对于同一上市公司在一年内宣告两笔或两笔以上的并购交易，本节只保留该上市公司在该年内宣告的交易总价最大的并购交易；

⑥剔除了上市公司并购交易失败的事件；

⑦剔除了一些公司财务指标存在缺失值或异常值的并购事件。

按照上述样本筛选标准对样本进行处理后，最终得到1 305起并购事件，构成并购样本数据库。

借鉴苏启林和朱文（2003），谷祺、邓德强和路倩（2006）提出的家族上市公司判定标准，我们从沪深A股上市公司中得到了2006年至2008年三年间共596家家族上市公司，剔除了其中91家ST以及没有完成股改的上市公司，最终得到505家家族上市公司，组成了家族上市公司样本数据库。

最后，我们将家族上市公司样本数据库与并购样本数据库进行匹配，最终得到505家家族上市公司在2007年至2009年三年间共发起347起并购事件，并以此作为本节最终的研究样本。

并购相关数据来自CSMAR中国上市公司并购重组研究数据库，家族上市公司相关数据来自CSMAR中国民营上市公司数据库，并购公司样本期间各年末财务数据来自CSMAR其他数据库，同时根据并购公司样本期间的年度报告信息对样本数据进行了补充与核对。

2）模型设定与变量定义

由于观测到的并购支付方式为二值虚拟变量，并且影响并购支付方式选择的多个因素为正态分布与二值虚拟变量的混合，因此应用二值Logit潜变量模型来估计家族控制等因素对并购支付方式选择的影响，检验假设1与假设2。并购绩效为定距型变量，因此应用OLS来估计家族控制等因素对并购绩效的影响，检验假设3与假设4。

具体模型构建如下：

$$Method_i^* = \alpha_0 + \alpha_1 Famcont_i + \alpha_2 Famexcess_i + \alpha_3 Constraint_i + \alpha_4 Capex_i + \alpha_5 Resize_i +$$
$$\alpha_6 Size_i + \varepsilon_i \tag{1}$$

$$CAR_i = \beta_0 + \beta_1 Famcont_i + \beta_2 Famexcess_i + \beta_3 Method_i + \beta_4 Constraint_i + \beta_5 Capex_i +$$
$$\beta_6 Resize_i + \beta_7 Size_i + \mu_i \tag{2}$$

在模型中，（1）式被解释变量 $Method_i^*$ 是一个潜变量，用来测度并购公司选择不同并购支付方式的可能性。如果并购公司在并购交易中选择了现金支付方式，则观测到的被解释变量 $Method_i$ 赋值为1；如果并购公司在并购交易中选择了股票支付方式，则观测到的被解释变量 $Method_i$ 赋值为0。（2）式被解释变量 CAR_i，表示并购公司的并购绩效。（1）式的解释变量 $Famcont_i$ 与 $Famexcess_i$，分别表示家族终极控制权比例、家族终极控制权与家族终极现金流权的分离度。（2）式的解释变量 $Famcont_i$，$Famexcess_i$ 与 $Method_i$，分别表示家族终极控制权比例、家族终极控制权与家族终极现金流权的分离度以及并购支付方式。（1）式和（2）式的 $Constraint_i$ 反映了并购公司的融资约束水平。此外，（1）式和（2）式的 $Capex_i$ 反映了并购公司的投资机会，$Resize_i$ 反映了相对交易规模，$Size_i$ 反映了并购公司规模。

具体的变量定义见表5-7。

表5-7 **变量定义**

变量名称	变量描述	衡量方法
CAR	并购绩效	[-2，2]内的累计超额收益
Method	并购支付方式	二值虚拟变量，现金支付时为1，股票支付时为0
Famown	现金流权比例	$Famown = \sum_{i=1}^{n} \prod_{i=1}^{t} a_{it}$，其中，$a_{i1},\cdots,a_{it}$ 为实际控制人与上市公司第 i 条股权关系链的所有链间持股比例
Famcont	控制权比例	$Famcont = \sum_{i=1}^{n} min_i(a_{i1}, a_{i2}, a_{i3}, \cdots, a_{it})$，其中，$a_{i1}$，$\cdots$，$a_{it}$ 为实际控制人与上市公司第 i 条股权关系链的所有链间持股比例

变量名称	变量描述	衡量方法
Famexcess	控制权与现金流权的分离度	Famexcess = Famcont−Famown
Constraint	融资约束水平	并购前一年末并购公司现金流缺口 $DEF_t=DIV_t+X_t+\Delta W_t+R_t-C_t$。如果 $DEF_t>0$，则并购公司为融资约束公司，Constraint=1；否则为非融资约束公司，Constraint=0。 式中：DEF_t表示现金流缺口； DIV_t表示公司支付的现金股利； X_t表示资本性支出； ΔW_t表示营运资本净增加额； R_t表示一年内到期的长期负债； C_t表示息税后经营现金流净额
Capex	投资机会	并购公司并购后两年的资本支出与总资产比率的平均值，其中资本支出为现金流量表中的"购建固定资产、无形资产和其他长期资产支付的现金"这一项目的数据
Resize	相对交易规模	并购交易金额与并购公司并购前一年末资产的账面价值之比
Size	并购公司规模	并购公司并购交易宣告日前一年末的资产账面价值的自然对数

5.2.4　假设检验与结果分析

1）描述性统计分析

本节对2006年至2008年我国家族上市公司的现金流权、控制权以及两权分离度进行了描述性统计分析。从表5-8中我们可以发现，2006年至2008年我国家族上市公司实际控制人的现金流权的均值（中位数）超过了20%（17%），控制权的均值（中位数）超过了31%（27%），两权分离度的均值（中位数）超过了8%（6%）。这说明我国家族上市公司普遍存在"一股独大"的现象，股权集中程度比较高，家族实际控制人长期维持对公司的控制权。

表 5-8　我国家族上市公司现金流权、控制权以及两权分离度（%）

变量	2006 年（N=344）			2007 年（N=423）			2008 年（N=485）		
	均值	中位数	标准差	均值	中位数	标准差	均值	中位数	标准差
Famown	20.1524	17.8000	13.5854	22.7854	20.2113	14.7180	26.5142	23.2700	16.1752
Famcont	31.2962	27.5350	13.6128	32.9472	29.8900	14.3843	35.4701	32.9600	15.3807
Famexcess	11.1438	10.4610	8.7921	10.1618	8.3134	8.9685	8.9558	6.5893	9.0009

2）相关性分析

在对并购支付方式的选择与并购绩效进行回归分析之前，我们检验了各个解释变量与控制变量之间的相关关系，初步考察在建立模型的过程中是否存在严重的多重共线性问题。由于本节建立的模型包括的变量既有定距变量又有定序变量，因此采用 Spearman 相关系数进行变量间的相关分析。变量间的相关关系见表 5-9。

表 5-9　相关性分析结果

变量	Famcont	Famexcess	Constraint	Capex	Resize	Size
Famcont	1	0.287***	−0.079	0.024	0.028	0.021
Famexcess		1	−0.046	−0.134**	0.060	0.137**
Constraint			1	0.033	0.007	0.094
Capex				1	−0.134**	−0.033
Resize					1	−0.268***
Size						1

注：***和**分别表示在 1%和 5%的置信水平上显著不为零。

表 5-9 的相关性分析结果表明：在所有的变量间相关系数中，控制权比例（Famcont）同控制权与现金流权的分离度（Famexcess）之间的相关系数最高，为 0.287。因此，在下面的回归分析中，我们可以不必担心模型的多重共线性问题。

3）假设检验

（1）家族控制与并购支付方式选择关系的假设检验

表 5-10 列了关于家族上市公司并购支付方式选择的影响因素的 Logit 回归结果。为了检验假设 1，在模型（1）中，我们检验了家族终极控制权比例与现金支付之间的线性关系，在模型（2）和模型（3）中，我

们分别用家族终极控制权比例的平方值与立方值检验了家族终极控制权比例与现金支付之间的非线性关系。

表5-10　家族控制与并购支付方式的选择——Logit回归分析结果

变量	预期符号	并购公司实际控制人			并购公司直接控股股东		
		模型（1）	模型（2）	模型（3）	模型（4）	模型（5）	模型（6）
截距项		−8.405*	−7.690	−7.444	−8.382*	−7.350	−7.018
		（−1.69）	（−1.55）	（−1.49）	（−1.67）	（−1.47）	（−1.40）
Famcont（Top1）	?	3.961**			4.535**		
		（2.20）			（2.51）		
Famcont^2（Top1^2）	+		5.971**			6.710**	
			（2.18）			（2.29）	
Famcont^3（Top1^3）	?			10.048**			11.397**
				（2.06）			（2.08）
Famexcess	−	−5.341**	−5.322**	−5.113**	−5.193**	−5.024**	−4.806**
		（−2.29）	（−2.30）	（−2.26）	（−2.34）	（−2.29）	（−2.22）
Constraint	−	−0.672	−0.656	−0.643	−0.705*	−0.714*	−0.716*
		（−1.57）	（−1.53）	（−1.50）	（−1.65）	（−1.67）	（−1.67）
Capex	?	4.824	4.740	4.754	3.751	3.880	4.006
		（1.06）	（1.05）	（1.06）	（0.83）	（0.87）	（0.90）
Resize	−	−0.468***	−0.468***	−0.466***	−0.431***	−0.436***	−0.440***
		（−2.93）	（−2.93）	（−2.90）	（−2.67）	（−2.68）	（−2.69）
Size	+	0.489**	0.481**	0.479**	0.484**	0.466*	0.460*
		（2.06）	（2.01）	（1.99）	（2.02）	（1.94）	（1.91）
LR chi2（6）		36.19	36.83	36.92	37.74	37.37	36.90
Prob > chi2		0.000	0.000	0.000	0.000	0.000	0.000
Pseudo R²		0.154	0.156	0.157	0.160	0.159	0.157
样本量		347	347	347	347	347	347

注：***、**和*分别表示在1%、5%和10%的置信水平上显著不为零；括号内为z统计量。

在模型（1）、模型（2）与模型（3）中，我们发现家族终极控制权比例及其平方值和立方值均与现金支付的可能性之间存在显著的正相关关系。该结果表明，随着终极控制权比例的增加，家族控股股东越来越关注控制权稀释威胁问题，从而倾向于采用现金支付方式。这说明家族终极控制权比例与现金支付的可能性之间存在一种单调的线性关系，假设1没有得到支持。因此，我们认为在股权集中度较高的中国家族上市公司，家族控股股东在考虑公司控制权价值的时候，会独立于其公司控制权比例水平之上。这一结果表明家族控股股东会长期保持对公司的控制权，具有长期的投资视野及长远的目标定位（将财富传给下一代）。

为了检验控制权强化机制对并购支付方式选择的影响，我们用家族终极控制权与现金流权的分离程度作为控制权强化机制的替代变量。在表5-11中，模型（7）至模型（9）的回归结果均显示两权分离度与现金支付的可能性显著负相关，支持假设2。这些结果表明，通过诸如金字塔股权结构或交叉持股等控制权强化机制来保持控制权的家族控股股东更有可能选择股票支付方式，而不是选择现金支付或通过债务融资进行支付。同时，这些结果也支持了Ellul（2009）关于家族上市公司可能会通过控制权强化机制替代资本结构决策以保持公司控制权的发现。

此外，我们还考察了可能影响并购公司并购支付方式选择的其他控制变量，包括融资约束水平变量、投资机会变量、相对交易规模变量以及公司规模变量。研究结果表明，相对交易规模与并购公司规模对并购公司支付方式的选择具有显著影响，而并购公司融资约束水平与投资机会对并购支付方式的选择没有显著影响。同时，在模型（1）至模型（3）中，这些控制变量关于并购支付方式的回归系数的符号与显著性基本上保持一致，说明三个模型的回归结果具有较强的稳健性。

最后，为了确保上述研究结果的有效性，我们用家族上市公司直接控股股东（第一大股东，Top1）的持股比例替换实际控制人的持股比例来进行稳健性检验。回归结果表明，使用家族上市公司直接控股股东持股比例得出的研究结果与前文基本一致。因此，上述研究结果具有较强的稳健性。

（2）家族控制、并购支付方式与并购绩效关系的假设检验

本节以并购公司并购事件首次宣告日前60天至前30天，即［−60，−30］为估计窗，然后根据市场模型计算并购公司在估计窗内的正常收益，最后

以并购事件首次宣告日前2天至后2天构成的区间，即［−2，2］为事件窗，计算出263家并购公司在事件窗内的累计超额收益，以衡量并购公司的并购绩效。

在检验了家族控制等变量与并购支付方式选择的关系之后，我们检验了家族上市公司实际控制人的终极控制权、控制权与现金流权的分离度以及并购支付方式对并购绩效的影响。在表5−11中，模型（7）的回归结果表明，家族终极控制权比例与并购公司的并购绩效显著正相关，而家族终极控制权与现金流权的分离度与并购绩效之间并无显著的相关关系，假设3（利益协同效应）得到证实，而假设4（利益侵害效应）没有得到支持。这说明在家族控制影响并购绩效的两种效应中，利益协同效应占主导地位。家族控制可以更好地将家族利益与小股东利益协同起来，提高并购绩效。

表5−11　　**家族控制、并购支付方式与并购绩效的线性回归结果**

变量	预期符号	模型（7）	模型（8）	模型（9）
截距项		0.165	0.195	0.209
		（1.01）	（1.20）	（1.29）
Famcont	+	0.108**		
		（2.02）		
Famcont^2	+		0.133**	
			（2.02）	
Famcont^3	+			0.171*
				（1.86）
Famexcess	−	0.041	0.050	0.064
		（0.50）	（0.62）	（0.81）
Method	−	−0.023	−0.022	−0.021
		（−0.90）	（−0.87）	（−0.83）
Constraint	+	0.008	0.009	0.009
		（0.58）	（0.64）	（0.65）
Capex	+	0.018	0.025	0.034
		（0.12）	（0.17）	（0.23）
Resize	?	−0.002	−0.002	−0.002
		（−0.38）	（−0.37）	（−0.37）
Size	?	−0.008	−0.008	−0.009
		（−0.99）	（−1.07）	（−1.13）
R-squared		0.029	0.029	0.026
样本量		263	263	263

注：**、*分别表示在5%和10%的置信水平上显著不为零；括号内为t统计量。

在模型（7）中，并购支付方式的回归系数并不显著，说明现金支付方式对家族上市公司的并购绩效并没有产生显著的影响。此外，其他控制变量对家族上市公司的并购绩效也没有显著影响。

在模型（8）与模型（9）中，我们还检验了家族终极控制权比例的平方值和立方值与并购公司并购绩效的关系。回归结果表明，家族终极控制权比例的平方值和立方值均与并购公司的并购绩效显著正相关，这进一步证实了利益协同效应在家族控制影响并购绩效的两种效应中的主导地位。同时，模型（8）与模型（9）中其他变量回归系数的符号与显著性均与模型（7）保持一致，说明模型（7）的回归结果具有较强的稳健性。

5.2.5　研究结论与政策建议

本节主要检验家族控制对并购支付方式选择与并购绩效的影响。检验结果与政策建议主要为：

第一，家族终极控股股东持股比例与现金支付正相关。股票支付导致家族控股股东丧失控制权的风险增大，因此家族控股股东倾向于选择现金支付方式，以避免其控制权被稀释。我国家族上市公司的股权集中度较高，并且存在"一股独大"的现象，我国国有上市公司的股权结构也是如此。这种现状导致我国并购支付方式单一，现金支付方式占主导地位，创新支付手段不足。为此，需要不断完善我国上市公司的股权结构，促进多种创新支付手段在并购市场中的运用。

第二，家族终极控股股东的控制权与现金流权的分离度与股票支付正相关。当两权分离度很高时，股票支付将不会威胁家族控股股东的控股地位。在保持控股股东对公司控制权方面，控制权强化机制可以作为资本结构决策的一种替代，从而使得控股股东不会将使用内部资金或通过债务融资进行并购交易支付作为确保控制权的手段。因此，上市公司可以充分考虑利用各种资本运作方式来实现并购支付手段的灵活性。

第三，家族终极控股股东持股比例与并购绩效正相关，利益协同效应占主导地位。在股权集中度较高的中国家族上市公司，控股股东有较强的激励去搜集信息以监督职业管理者。同时，控股股东的利益也可以与小股东的利益协同起来，产生利益协同效应。当然，也可能发生控股股东利用并购等手段侵害小股东利益的第二类代理问题，产生利益侵害效应。因此，需要优化上市公司股权治理结构，增强上市公司的独立性，完善相关法律制度，加强政府监管力度。

第 6 章

公司并购融资决策实证研究

6.1 —— 目标资本结构、市场错误定价与并购融资方式选择 ——

6.1.1 引 言

资产定价和资源配置是资本市场的两大基本功能，通过股票价格引导资源配置是资本市场运行的内在机制，但是其前提条件是股票价格要能够有效反映上市公司的内在价值。我国上市公司的股票价格或市场价值长期偏离内在价值，这不仅严重扭曲了上市公司的投融资决策，而且严重阻碍了资本市场资源配置功能的发挥。资本市场进入股票全流通时代之后，逐渐形成了市值管理理念，而且国家也发布了《关于进一步促进资本市场健康发展的若干意见》的文件，以鼓励上市公司建立市值管理制度。行为学模型认为，并购是避免股票价格恢复至正常价值时公司价值下跌的一个重要手段，当市场价值由高估逐渐调整至公允价值时，并购公司的业绩表现好于同水平下没有并购的公司。资本结构市场择时理论认为，股价被高估的并购公司应发起股票对价并购，以充分利用股票错误定价的机会，股票对价并购迎合了股票市场价值高估时期（Rhodes-Kropf et al.，2005；Dong et al.，2006）。然而，股票对价并购的动机可能并非市场择时，

Harford et al.（2009）以及 Uysal（2011）认为，过度杠杆的并购公司倾向于发起股票对价并购，这符合资本结构动态权衡理论的预期。[①]已有文献主要研究了目标资本结构以及市场择时与并购支付方式之间的直接关系，较少直接研究目标资本结构以及市场择时与并购融资方式之间的关系，原因在于学者们通常将支付方式视同融资方式（Martynova and Renneboog，2009；李井林等，2015）。事实上，资本结构、并购支付方式、并购融资方式之间存在相互影响。基于此，本节主要考察如下三个问题：

①目标资本结构是否会对并购融资方式产生影响？

②并购融资方式的选择存在市场择时动机与行为吗？

③目标资本结构对并购融资方式选择的影响是否存在市场择时效应？

本节的研究贡献在于：基于动态权衡理论与市场择时理论，考察了目标资本结构与市场错误定价对并购融资方式选择的直接影响与交互影响，从而回答了上述三个问题。具体而言：

①在我国公司并购中，杠杆偏离度（实际资本结构与目标资本结构的偏差）对并购融资方式的选择具有显著影响，相对于杠杆不足的并购公司，过度杠杆的并购公司倾向于选择股权融资方式，以降低其杠杆水平。

②并购公司股票的市场错误定价程度对并购融资方式的选择具有显著影响，相对于股价被低估的并购公司，股价被高估的并购公司倾向于选择股权融资方式，融资方式的选择具有市场择时效应。[②]

③相对于杠杆不足的并购公司，过度杠杆且股价被高估的并购公司更倾向于选择股权融资方式，目标资本结构对并购融资方式选择的影响存在市场择时效应。

6.1.2　理论分析与研究假设

根据资本结构动态权衡理论，公司存在目标资本结构，然而由于存在信息不对称问题以及交易成本，公司无法及时调整实际资本结构与目标资

---

① 考虑到行文的需要，本节对"资本结构""财务杠杆""杠杆比率""杠杆""债务比率"等不做区分。

② 此外，李井林等（2013a）也验证了并购公司并购对价方式的选择具有市场择时效应。

本结构之间的偏差。公司会权衡调整成本和调整收益之间的关系来调整资本结构，以扭转实际资本结构与目标资本结构的偏差。如果调整成本为零，则公司将无动机偏离目标资本结构，同时，目标资本结构偏离也会瞬间得到调整。一些学者研究了公司在发起并购交易活动时，是否会根据实际资本结构与目标资本结构的偏离程度实施相应的融资政策。也就是说，当并购公司的实际资本结构高于目标资本结构时，是否债务融资（现金支付）的可能性较小而股权融资（股票支付）的可能性较大；当并购公司的实际资本结构低于目标资本结构时，是否债务融资（现金支付）的可能性较大而股权融资（股票支付）的可能性较小（李井林等，2015）。[①]经验证据表明，实际资本结构与目标资本结构的偏离可能会影响公司的并购融资方式，继而会影响并购支付方式（Uysal，2011）。与权衡理论相一致，资本结构目标缺口是公司并购资金来源的决定因素，当并购公司的实际资本结构偏离其目标资本结构的程度较高时，并购公司的融资方式选择将会受到约束，因而会间接影响到并购支付方式的选择。当并购交易金额较大时，特别是容易出现债务悬挂问题时，过度杠杆的并购公司选择债务融资与现金支付的可能性较小；当并购公司为杠杆不足公司时，并购公司将不能基于权衡理论给出进行股权融资的合理性，目标公司也不太可能会接受股票支付方式，因为目标公司会将并购公司的股票支付方式理解为其股价被市场高估的信号（李井林等，2015）。Vermaelen and Xu（2014）利用2 978起并购交易作为研究样本，他们的研究也支持了这一结论。他们通过研究发现，并购公司的融资行为基本上符合目标杠杆模型的预测，而偏离权衡理论预测的融资行为几乎为杠杆不足的并购公司所驱动。当权衡理论所预测的支付方式为现金支付方式时，并购公司想利用价格被市场过高估计的股票来完成并购交易几乎是不可能的。资本结构市场择时理论认为，管理者发行证券融资时，会对发行债券与股票的成本进行比较，市场择时动机使得公司利用有利的定价机会改变其资本结构。我们认为，市场择时可以改变公司调整其资本结构至目标水平的成本，公司市场择时行为的存

①　经验证据发现，并购活动中支付的现金通常由负债融资获得（Harford et al.，2009；Uysal，2011），通过发行股票获得现金则较少被观测到（Martynova and Renneboog，2009）。其原因在于：相对于负债融资，发行股票面临着更高的成本，除非公司想利用有利的市场估价而择时发行股票或者公司已经处于很高的债务水平；否则，当公司内部资金不充足时，公司经常会通过债务融资的方式来完成并购中的现金支付。

在并不妨碍权衡理论；相反，股票市场错误定价程度会促进公司进行资本结构动态调整。Warr et al.（2012）通过研究发现，公司股票价格与其内在价值的暂时偏离会影响股票发行成本，进而对资本结构动态调整成本产生显著影响，即股票错误定价程度会显著影响资本结构动态调整的速度。具体而言，相对于股价被低估的公司，股价被高估同时又是过度杠杆的公司调整其资本结构至目标水平的速度更快；相反，相对于股价被低估的公司，股价被高估同时又是杠杆不足的公司调整其资本结构至目标水平的速度更慢。他们将这一现象解释为管理者利用股票错误定价进行市场择时。当股票发行成本较低时（因为股价被市场高估），管理者会利用该股票的错误定价从现有股东处获利，从而更为迅速地调整资本结构至目标水平；否则，当公司股票价格被市场低估时，如果需要通过发行股票来调整资本结构至目标水平，那么该调整速度会更慢，因为发行价格被低估的股票将会减少现有股东的财富。基于上述资本结构动态权衡理论与市场择时理论对并购融资政策选择的分析，我们可以得到表6-1。从表6-1中我们可以看出，基于动态权衡理论，过度杠杆公司倾向于选择股权融资方式，以降低其资本结构水平；杠杆不足公司倾向于选择债务融资方式，以提高其资本结构水平。基于市场择时理论，股价被高估的公司倾向于选择股权融资，以进行市场择时；股价被低估的公司倾向于选择债务融资，以降低融资成本。最后，当动态权衡理论与市场择时理论对并购融资方式选择的预期一致时，相比于其他融资方式，选择该融资方式的可能性更大。基于此，本节提出如下待检验的三个假设：

表6-1　**目标资本结构与市场错误定价对并购融资方式选择的影响分析**

错误定价 杠杆水平	股价被高估	股价被低估
过度杠杆	动态权衡理论：股权融资 市场择时理论：股权融资	动态权衡理论：股权融资 市场择时理论：债务融资
杠杆不足	动态权衡理论：债务融资 市场择时理论：股权融资	动态权衡理论：债务融资 市场择时理论：债务融资

假设1：相对于杠杆不足的并购公司，过度杠杆的并购公司倾向于选择股权融资方式。

假设2：相对于杠杆不足的并购公司，过度杠杆且股价被高估的并购公司倾向于选择股权融资方式。

假设3：相对于股价被低估的并购公司，股价被高估的并购公司倾向于选择股权融资方式。

6.1.3　研究设计

1）样本选择与数据来源

分析数据来源于CSMAR中国上市公司并购重组研究数据库，样本区间为2007年至2014年[①]，并购交易事件为5 923起，并购交易事件的筛选原则如下：[②]

①剔除金融和保险类，以及经过特殊处理（ST）类的并购公司；

②剔除总负债率大于100%、事实上已经资不抵债的并购公司；

③以CSMAR中国上市公司并购重组研究数据库的重组类型为标准，将并购限定为资产收购、股权转让与吸收合并，不包括资产剥离、债务重组、资产置换与股份回购等形式的并购重组活动；

④剔除不是由上市公司本身发起的并购事件；

⑤对于同一上市公司在一年内宣告两笔或两笔以上的并购交易，只保留该上市公司在该年内宣告的交易总价最大的并购交易；[③]

⑥仅保留交易成功的并购样本。

为了避免离群值的影响，我们对主要变量分布于1%和99%分位上的观测值进行了缩尾（Winsorize）处理（Flannery and Rangan，2006）。所有数据处理和模型估计工作均采用Stata11.2软件完成。

2）模型设定与变量定义

（1）模型设定

①杠杆偏离度估计模型。本节选择经验研究文献普遍采用的局部调整

---

① 2005年9月，中国证监会颁布了《上市公司股权分置改革管理办法》，标志着股权分置改革正式全面展开。2006年5月，《上市公司证券发行管理办法》出台，标志着股权分置改革基本完成，中国股市逐步进入全流通时代。在股改完成后，中国上市公司并购数量呈爆发性增长态势，无论是并购数量还是并购金额均迅速上升。此外，并购交易中也越来越多地采用股票支付方式。因此，为考察中国上市公司的并购融资政策选择行为，我们以2007—2014年作为样本观测区间。

② 此标准参考了李井林等（2013a，2013b，2013c，2014，2015）的样本筛选标准。

③ 如果同一家上市公司在同一天宣告2笔或者2笔以上相同并购标的的并购交易，则将这些交易合并为1起事件。

模型来检验公司目标资本结构的动态调整过程（Flannery and Rangan，2006；Hovakimian et al.，2011），该模型的标准形式如下：

$$LEV_{it} - LEV_{it-1} = \lambda(LEV_{it}^* - LEV_{it-1}) + \varepsilon_{it} \tag{1}$$

模型（1）中的 LEV_{it} 表示公司 i 在 t 时期的资本结构，考虑到并购融资政策选择主要影响到的是有息负债率，我们使用账面有息负债率作为资本结构的替代变量；LEV_{it}^* 表示公司 i 在 t 时期的目标资本结构；λ 表示资本结构动态调整速度。大量经验证据表明，公司规模、公司独特性、资产有形性、资产的市账比率、盈利能力以及行业平均杠杆等公司特征和行业特征都会影响到目标资本结构（Hovakimian，Opler and Titman，2001；Flannery and Rangan，2006；Frank and Goyal，2009；李井林等，2015）。因此，我们将目标资本结构的这些影响因素对公司实际资本结构进行回归估计后的资本结构拟合值作为目标资本结构的替代变量，即 $LEV_{it}^* = \beta X_{it-1}$，考虑到不可观测因素对目标资本结构的影响，模型中还包括了个体与时间效应（Flannery and Rangan，2006；Lemmon et al.，2008）。由于目标资本结构不可观测，因此将目标资本结构估计模型 $LEV_{it}^* = \beta X_{it-1}$ 代入模型（1）中，得到模型（2）：

$$LEV_{it} = \lambda(\beta X_{it-1}) + (1-\lambda)LEV_{it-1} + \varepsilon_{it} \tag{2}$$

由于模型（2）的解释变量包含被解释变量的滞后项，为了控制由此带来的内生性问题与扰动项自相关问题，我们采用系统 GMM 估计模型（2），以得到模型（1）中的目标资本结构 LEV_{it}^*，从而得到杠杆偏离度 $\left(LEV_{it}^* - LEV_{it-1}\right)$，即：

$$Leverage\_Deviation_{it} = LEV_{it}^* - LEV_{it-1} \tag{3}$$

②市场错误定价估计模型。目前，学术界普遍采用相对估值法（Baker and Wurgler，2002；Dong et al.，2006）与回归估值法（Rhodes-Kropf et al.，2005）两种方法来衡量股票错误定价程度，但是由于以 M/B 或者 Tobin's Q 为基准的相对估值法除了含有股票错误定价程度外，还反映了公司投资机会与债务悬挂问题等（Dong et al.，2006；Warr et al.，2012；Giuli，2013），因此其所估计出来的市场错误定价程度的有效性受到了质疑。然而，利用剩余收益估值模型（Ohlson，1995）估计股票内在

价值的方法在实际应用中可能会遇到以下难题：基期以后的净利润与净资产（剩余收益）预期增长率的确定、通货膨胀因素对折现率的影响、分析师对未来净利润与净资产的预测精度。鉴于此，我们借鉴 SV（2003）、R-KV（2004）以及 Rhodes-Kropf et al.（2005）关于市场错误定价程度的度量方法，将 M/B 分解为以下两个部分：

$$M/B = (M/V) \cdot (V/B)$$

两边取自然对数，并令 $m = \ln M$，$v = \ln V$，$b = \ln B$，得到 $m - b = (m - v) + (v - b)$。其中，$(m - v)$ 表示市场错误定价；$(v - b)$ 表示公司的增长机会。由于估值偏差既可能缘于公司估值偏差，也可能缘于行业估值偏差，因此我们进一步将公司 i 在第 t 期的 $(m - b)$ 分解成以下三个部分：

$$m_{it} - b_{it} = \underbrace{m_{it} - v\left(\theta_{it};\ \alpha_{jt}\right)}_{Firm-Misvaluation} + \underbrace{v\left(\theta_{it};\ \alpha_{jt}\right) - v\left(\theta_{it};\ \alpha_{j}\right)}_{Industry\ Misvaluation} + \underbrace{v\left(\theta_{it};\ \alpha_{j}\right) - b_{it}}_{Investment\ Opportunities} \tag{4}$$

式中：j 表示行业；

$v\left(\theta_{it};\ \alpha_{jt}\right)$ 表示在不考虑行业估值偏差的情况下，公司 i 在第 t 期由公司特定因素集 θ_{it} 决定的公司价值；

α_{jt} 表示 θ_{it} 的参数向量；

$v\left(\theta_{it};\ \alpha_{j}\right)$ 表示公司内在价值，其中公司特定因素集 θ_{it} 的参数向量 α_{j} 与时期 t 无关，剔除了行业估值的时序特征；

$m_{it} - v\left(\theta_{it};\ \alpha_{jt}\right)$ 表示公司层面的错误定价程度；

$v\left(\theta_{it};\ \alpha_{jt}\right) - v\left(\theta_{it};\ \alpha_{j}\right)$ 表示行业层面的错误定价程度；

$v\left(\theta_{it};\ \alpha_{j}\right) - b_{it}$ 表示公司的投资机会。

为了获得 $v\left(\theta_{it};\ \alpha_{jt}\right)$，我们对公司分年度（t）、分行业（j）使用如下方程进行估计：

$$\ln(M)_{it} = \alpha_{0,jt} + \alpha_{1,jt} \ln(B)_{it} + \alpha_{2,jt} \ln(NI)_{it}^{+} + \alpha_{3,jt} I_{(<0)} \ln(NI)_{it}^{+} + \alpha_{4,jt} LEV_{it} + \varepsilon_{it} \tag{5}$$

式中：$(NI)_{it}^{+}$ 表示净利润的绝对值；

$I_{(<0)} \ln(NI)_{it}^{+}$ 表示净利润为负值时的示性函数（当 $NI \geq 0$ 时，$I = 0$；当 $NI < 0$ 时，$I = 1$）；

LEV_{it} 表示杠杆比率。

根据回归系数 $\hat{\alpha}_{i,jt}$ 计算出 $\ln(M)_{it}$ 的拟合值，为公司 i 在 t 时期的真实价值 $v\left(\theta_{it};\ \alpha_{jt}\right)$，即：

$$v\left(B_{it}, NI_{it}; \hat{\alpha}_{0,jt}, \hat{\alpha}_{1,jt}, \hat{\alpha}_{2,jt}, \hat{\alpha}_{3,jt}, \hat{\alpha}_{4,jt}\right) = \hat{\alpha}_{0,jt} + \hat{\alpha}_{1,jt}\ln(B)_{it} + \hat{\alpha}_{2,jt}\ln(NI)_{it}^{+} +$$

$$\hat{\alpha}_{3,jt}I_{(<0)}\ln(NI)_{it}^{+} + \hat{\alpha}_{4,jt}LEV_{it}$$

为了获得长期价值，我们首先将各公司每年的回归系数 $\hat{\alpha}_{i,jt}$ 进行平均，得到回归系数平均值 $1/T\sum\alpha_{jt} = \bar{\alpha}_j$，然后将其代入（5）式中，得到 $v\left(\theta_{it};\ \alpha_j\right)$，即：

$$v\left(B_{it}, NI_{it};\ \bar{\alpha}_{0j}, \bar{\alpha}_{1j}, \bar{\alpha}_{2j}, \bar{\alpha}_{3j}, \bar{\alpha}_{4j}\right) = \bar{\alpha}_{0j} + \bar{\alpha}_{1j}\ln(B)_{it} + \bar{\alpha}_{2j}\ln(NI)_{it}^{+} + \bar{\alpha}_{3j}I_{(<0)}\ln(NI)_{it}^{+} + \bar{\alpha}_{4j}LEV_{it}$$

最后，可获得公司股票的市场错误定价程度，即 $\ln(M)_{it} - v\left(\theta_{it};\ \alpha_j\right)$。

③并购融资方式选择模型。Hovakimian and Li（2011）认为，对公司目标资本结构的动态调整行为进行检验的方法可分为两类：一类是利用局部调整模型来估计公司资本结构向其目标水平进行调整的平均速度；另一类是建立离散因变量模型检验公司特征对公司债务与股票选择的影响。借鉴 Hovakimian and Li（2011）的负债–权益选择回归模型[①]，构建并购融资方式选择的回归模型，考察目标资本结构对并购融资方式选择的影响，具体模型构建如下：

$$\mathrm{Ln}\left(\frac{P(\mathrm{Finance}=1|X,\beta)}{1-P(\mathrm{Finance}=1|X,\beta)}\right) = \beta_0 + \beta_1\mathrm{Leverage\_Deviation}_{it-1} + \beta_2\mathrm{Firm\_Misvaluation}_{it-1} + \beta_i\mathrm{Control}_{it-1} + \varepsilon_{it} \tag{6}$$

式中：Finance 表示并购融资方式，为二值虚拟变量，股权融资方式为 1，其他融资方式为 0；

---

① Hovakimian and Li（2011）为了检验目标资本结构的存在性所构建的负债与权益选择的回归模型为：$DI^{*}_{i,T+1} = \alpha + \beta\left(BDR^{*}_{i,T+1} - BDR_{i,T}\right) + \varepsilon_{i,T+1}$ (1)；$ER^{*}_{i,T+1} = \alpha + \beta\left(BDR^{*}_{i,T+1} - BDR_{i,T}\right) + \varepsilon_{i,T+1}$ (2) 他们所构建的负债–权益选择模型为二值潜变量模型，其中模型（1）与模型（2）中的 $BDR^{*}_{i,T+1}$ 为通过对资本结构影响因素进行回归估计得到的公司目标资本结构。模型（1）中的 $DI^{*}_{i,T+1}$ 为衡量公司发行债务而非股票倾向的连续潜变量，与其所对应的可观测到的二值虚拟变量为：如果公司发行债务，则赋值为 1；如果公司发行股票，则赋值为 0。模型（2）中的 $ER^{*}_{i,T+1}$ 为衡量公司回购股票而非回购债务倾向的连续潜变量，而与其所对应的可观测到的二值虚拟变量为：如果公司回购股票，则赋值为 1；如果公司回购债务，则赋值为 0。他们认为，如果目标资本结构具有重要性，即如果目标资本结构存在，则实际资本结构与目标资本结构的偏差 $\left(BDR^{*}_{i,T+1} - BDR_{i,T}\right)$ 的系数 β 应该为正，且具有统计与经济上的显著性。

Leverage_Deviation$_{it-1}$ 表示公司实际资本结构与其目标资本结构的偏差（$LEV^*_{it}-LEV_{it-1}$），用于检验目标资本结构对并购融资方式选择的影响；

Firm_Misvaluation$_{it-1}$ 表示并购公司股票被市场错误定价的程度（市场价值−内在价值），用于检验并购公司在融资方式选择时是否具有择时动机；

Control$_{it-1}$ 为主要控制变量，包括第一大股东持股比例（Ownership）、盈利能力（Profitability）、投资机会（M/B）、有形资产比率（Tangibility）、公司规模（Size）、融资约束水平（Constraint）、现金持有水平（Cash_Reserve）以及财务杠杆行业中位数（Ind_Median）。

国内外学者在研究并购公司的融资政策时，主要关注并购公司并购支付方式的选择，从而忽略了对一定支付方式下的并购融资方式选择的研究，可能的原因在于大多数学者将并购支付方式视同并购融资方式（Martynova and Renneboog，2009）。[①]虽然并购支付方式的选择会通过并购融资方式的选择间接影响并购公司的资本结构，但是并购融资方式可以更直接地影响并购公司资本结构的变化。因此，这里我们主要关注目标资本结构对并购融资方式选择的影响。

（2）变量定义

相关变量的定义见表6−2。

表6−2　　　　　　　　　　　　　　**变量定义**

变量名称	变量描述	衡量方法
Finance	并购融资方式	股权融资方式为1，其他融资方式为0
LEV	实际资本结构	（期末短期借款+期末长期借款+期末一年到期的长期负债+期末应付债券）/期末总资产
LEV*	目标资本结构	采用目标资本结构的影响因素对公司实际资本结构进行回归估计所得

① 并购融资方式主要分为内部融资、债务融资、股权融资以及混合融资方式，如果混合融资=内部融资+债务融资，或混合融资=内部融资+股权融资，那么本节将此类混合融资方式归到债务融资或股权融资方式中，而对于混合融资=内部融资+债务融资+股权融资，或混合融资=债务融资+股权融资，由于此类混合融资方式较少，以及无法有效进行分析，因此本节不予以考虑。由于本节主要考察目标资本结构和市场错误定价对并购融资方式选择的影响，因此将并购融资方式主要分为股权融资和其他融资两种。

变量名称	变量描述	衡量方法
Leverage_Deviation	杠杆偏离度	$LEV_{it}^* - LEV_{it-1}$
Firm_Misvaluation	市场错误定价程度	市场价值－内在价值
Ownership	第一大股东持股比例	直接控股股东持股比例
Profitability	盈利能力	净利润/总资产
Tobin's Q	投资机会	（股权市值+净债务市值）／总资产
Tangibility	有形资产比率	有形资产总额／总资产
Unique	独特性	销售费用/营业收入
Size	公司规模	公司总资产的自然对数
Constraint	融资约束水平	资金缺口/总资产=（股利支出+资本支出+营运资本增量+一年内到期的长期负债－息税后经营现金流量）/总资产
Cash_Reserve	现金持有	现金及现金等价物/总资产
Ind_Median	财务杠杆行业中位数	杠杆比率的行业中位数

6.1.4 假设检验与结果分析

1）描述性统计与单变量分析

表6-3按照资本结构水平与市场错误定价程度两个维度列示了并购公司融资方式选择的分布情况。从表6-3中可以看出：①相比于杠杆不足的并购公司，过度杠杆的并购公司倾向于选择股权融资方式，并且相比于股价被低估且过度杠杆的并购公司，股价被高估且过度杠杆的并购公司更倾向于选择股权融资方式。具体而言，不管股价处于被高估还是被低估状态，过度杠杆的并购公司相比于杠杆不足的并购公司更倾向于选择股权融资方式（56.50%＞37.91%，43.49%＞39.07%）；相反，相比于过度杠杆的并购公司，杠杆不足的并购公司更倾向于选择其他融资方式（62.09%＞43.50%，60.93%＞56.51%）。这表明并购公司存在通过选择相应的融资方式

进行资本结构动态调整的行为。②过度杠杆且股价被高估的并购公司选择股权融资方式的比例（56.50%）高于选择其他融资方式的比例（43.50%），过度杠杆且股价被低估的并购公司选择其他融资方式的比例（56.51%）高于选择股权融资方式的比例（43.49%），过度杠杆且股价被高估的并购公司选择股权融资方式的比例（56.50%）高于过度杠杆且股价被低估的并购公司选择股权融资方式的比例（43.49%）。③不管是股价被高估还是被低估，资本结构水平处于杠杆不足状态的并购公司选择其他融资方式的比例均高于选择股权融资方式的比例。具体而言，在股价被高估的状态下，杠杆不足的并购公司选择其他融资方式的比例（62.09%）高于选择股权融资方式的比例（37.91%）；同样，在股价被低估的状态下，杠杆不足的并购公司选择其他融资方式的比例（60.93%）也高于选择股权融资方式的比例（39.07%）。上述单变量分析结果表明，并购公司资本结构存在向其目标水平进行动态调整的行为。在股价被高估的状态下，过度杠杆的并购公司的资本结构调整速度更快，杠杆调整具有择时效应；杠杆不足的并购公司倾向于选择其他融资方式来调整资本结构，杠杆调整的择时效应并不明显。

表6-3　**按照资本结构水平与市场错误定价程度划分的并购融资方式分布（起）**

资本结构水平	市场错误定价程度	
	股价被高估 Firm_Misvaluation > 0	股价被低估 Firm_Misvaluation < 0
过度杠杆	其他融资方式：214（43.50%） 股权融资方式：278（56.50%）	其他融资方式：859（56.51%） 股权融资方式：661（43.49%）
杠杆不足	其他融资方式：375（62.09%） 股权融资方式：229（37.91%）	其他融资方式：2 015（60.93%） 股权融资方式：1 292（39.07%）

表6-4按照并购融资方式的分类分别给出了解释变量与控制变量的描述性统计结果（均值与中位数），并对变量间的均值和中位数差异分别进行了t检验和Mann-Whitney u检验，以考察变量的组间差异是否显著。

表6-4　　　　**按照并购融资方式分类的变量组间差异检验结果**

变量	均值			中位数		
	其他 融资方式	股权 融资方式	t检验	其他 融资方式	股权 融资方式	Mann-Whitney u检验
Leverage_Deviation	0.020	−0.003	13.72***	0.015	0.001	13.46***
Firm_Misvaluation	−0.575	−0.437	−7.69***	−0.574	−0.440	−7.34***
Ownership	0.375	0.388	−2.88***	0.369	0.375	−2.11**
Profitability	0.034	0.061	−17.68***	0.029	0.053	−17.95***
Tobin's Q	1.602	1.835	−7.70***	1.336	1.476	−7.15***
Tangibility	0.957	0.955	1.09	0.971	0.970	0.52
Size	21.789	21.748	1.20	21.640	21.599	0.39
Constraint	0.085	0.078	1.08	0.052	0.055	0.23
Cash_Reserve	0.324	0.359	−4.23***	0.203	0.215	−3.62***
IND_Median	0.477	0.474	1.23	0.456	0.456	0.75

注：***、**和*分别表示在1%、5%和10%的置信水平上显著不为零，下同。

从表6-4中可以看出，杠杆偏离度（Leverage_Deviation）和市场错误定价程度（Firm_Misvaluation）在其他融资方式与股权融资方式间的分布均存在显著差异，选择其他融资方式的并购公司的杠杆偏离度的均值和中位数的绝对值均高于选择股权融资方式的并购公司，这表明并购公司可能存在利用并购融资方式的选择来调整资本结构至目标水平的倾向，并购公司的杠杆偏离度越高，越倾向于选择其他融资方式；同时，选择其他融资方式的并购公司的市场错误定价程度的均值和中位数的绝对值均高于选择股权融资方式的并购公司，这表明股价被市场低估的并购公司倾向于选择其他融资方式。此外，第一大股东持股比例（Ownership）、盈利能力（Profitability）、投资机会（Tobin's Q）以及现金持有（Cash_Reserve）变量的均值和中位数在其他融资方式与股权融资方式两组间均存在显著差异。

2）多变量分析

单变量分析结果表明，目标资本结构和市场错误定价显著影响了并购融资方式的选择，并且存在交互作用。为了进一步验证本节的假设，我们进行了多变量分析。表6-5列示了模型（3）的Logit回归分析结果，其中被解释变量为并购融资方式虚拟变量，预测结果为并购公司选择股权融资方式的可能性。观察表6-5中模型的整体拟合效果，列（1）至列（3）关于模型有效性的卡方检验统计量LR chi2均在1%的置信水平上具有统计显著性，说明模型具有整体显著性。

表6-5 **目标资本结构、市场错误定价与并购融资方式选择的Logit回归分析结果**

变量	(1)目标资本结构对并购融资方式选择的影响	(2)市场错误定价对并购融资方式选择的影响	(3)杠杆偏离度的市场择时效应				
Leverage_Deviation	−9.923*** (−15.37)		−10.342*** (−9.60)				
Firm_Misvaluation		2.353*** (12.93)	1.200*** (5.11)				
Leverage_Deviation & Firm_Misvaluation			−6.460*** (−5.56)				
Overlevered & Overvalued				0.818*** (8.87)			
Underlevered & Overvalued					−0.226** (−2.18)		
Overlevered & Undervalued						0.374*** (6.28)	
Underlevered & Undervalued							−0.701*** (−11.78)
Ownership	0.024*** (4.89)	0.032*** (5.90)	0.029*** (5.36)	0.021*** (4.55)	0.021*** (4.45)	0.020*** (4.34)	0.021*** (4.39)
Profitability	6.015*** (9.85)	6.322*** (7.56)	8.093*** (9.06)	3.965*** (6.90)	4.228*** (7.36)	3.902*** (6.77)	5.299*** (9.06)
Tobin's Q	0.219*** (5.83)	−0.489*** (−6.80)	−0.084 (−0.93)	0.155*** (4.21)	0.240*** (6.37)	0.252*** (6.78)	0.145*** (3.94)
Tangibility	0.604 (0.61)	0.915 (0.86)	0.661 (0.60)	0.883 (0.92)	1.006 (1.05)	0.909 (0.95)	1.019 (1.06)
Size	−1.160*** (−12.63)	−1.888*** (−14.88)	−1.621*** (−12.10)	−0.981*** (−11.36)	−0.843*** (−9.89)	−0.861*** (−10.10)	−1.022*** (−11.64)
Constraint	−0.588*** (−3.68)	−0.739*** (−4.34)	−0.636*** (−3.67)	−0.790*** (−5.10)	−0.854*** (−5.55)	−0.799*** (−5.17)	−0.719*** (−4.61)
Cash_Reserve	0.096 (0.52)	−0.027 (−0.14)	0.044 (0.22)	−0.378** (−2.12)	−0.417** (−2.35)	−0.283 (−1.58)	−0.173 (−0.96)
IND_Median	−0.367 (−0.69)	0.441 (0.78)	0.141 (0.25)	−0.035 (−0.07)	−0.070 (−0.14)	−0.102 (−0.20)	−0.015 (−0.03)
Fixed effects?	Yes	Yes	Yes	Yes	Yes	Yes	Yes
Year effects?	Yes	Yes	Yes	Yes	Yes	Yes	Yes
LR chi2	710.26***	644.13***	743.78***	525.52***	450.18***	484.92***	588.98***

注：括号中的t统计量为采用robust稳健性标准误下的计算结果，下同。

在表6-5中，列（1）检验了目标资本结构对并购融资方式选择的影响，估计结果表明，杠杆偏离度Leverage_Deviation（$LEV_{it}^* - LEV_{it-1}$）的估计系数在1%的置信水平上显著为负，说明并购公司的实际资本结构水平越低，其选择股权融资方式的可能性越小。结合前文的单变量分析结果，由于股权融资的并购公司的杠杆偏离度（$LEV_{it}^* - LEV_{it-1}$）显著低于其他融资方式的并购公司，因此在控制了其他可能的影响后，杠杆偏离度（$LEV_{it}^* - LEV_{it-1}$）较高的并购公司更有可能选择其他融资方式，而杠杆偏离度（$LEV_{it}^* - LEV_{it-1}$）较低的并购公司更有可能选择股权融资方式。由此可见，目标资本结构在并购公司融资方式决策时存在重要影响，并购公司在并购这一投资机会中存在调整和优化资本结构的动机和行为。这一实证结果说明，在我国公司的并购活动中，杠杆偏离度（$LEV_{it}^* - LEV_{it-1}$）或目标资本结构对融资方式的选择具有显著影响，杠杆偏离度（$LEV_{it}^* - LEV_{it-1}$）越高，即杠杆不足程度越高，并购中使用股权融资的可能性越小，支持了本节的假设1。

列（2）检验了市场错误定价对并购融资方式选择的影响，估计结果表明，市场错误定价程度Firm_Misvaluation（市场价值－内在价值）的估计系数在1%的置信水平上显著为正，表明并购公司股票价格越被市场高估，越倾向于选择股权融资方式，这符合资本结构市场择时理论的预期，也表明并购公司在并购融资方式选择时具有市场择时的动机和行为，以进行公司市值管理。由此可见，并购融资方式选择会受到股票市场定价机制的影响，股票价格是并购公司选择融资方式时的重要考虑因素。同时，如果利用价格被市场高估的股票作为并购融资方式，那么现有股东的控制权被稀释的可能性和程度都将大大降低，而且股价越被市场高估，这种逆向选择效应越明显。总之，列（2）中并购公司股价被市场错误定价程度（Firm_Misvaluation）的估计系数显著为正，表明市场错误定价程度对并购融资方式的选择存在显著影响，符合理论预期，支持了本节的假设3。

列（3）检验了杠杆偏离度的市场择时效应，估计结果表明，杠杆偏离度（$LEV_{it}^* - LEV_{it-1}$）与股票市场错误定价程度（市场价值－内在价值）的交互项（Leverage_Deviation & Firm_Misvaluation）的估计系数在

1%的置信水平上显著为负，同时并未改变杠杆偏离度与股票市场错误定价程度对并购融资方式选择的显著影响，说明杠杆偏离度（$LEV_{it}^* - LEV_{it-1}$）越高且股价越被市场高估，并购公司越不倾向于选择股权融资方式，而是越倾向于选择其他融资方式，以提高其杠杆水平；相反，并购公司杠杆偏离度（$LEV_{it}^* - LEV_{it-1}$）越低且股价越被市场高估，并购公司越倾向于选择股权融资方式，以择时股票市场。为了进一步检验杠杆偏离度的市场择时效应，我们根据杠杆偏离度（$LEV_{it}^* - LEV_{it-1}$）与市场错误定价程度（市场价值-内在价值）是否大于零，将样本划分为过度杠杆（Overlevered）、杠杆不足（Underlevered）、股价被高估（Overvalued）与股价被低估（Undervalued）四组样本，并将杠杆偏离度分组与市场错误定价分组构成四组交互组[①]。检验结果表明，Overlevered & Overvalued这一交互项的估计系数在1%的置信水平上显著为正，说明相对于杠杆不足的并购公司，过度杠杆且股价被高估的并购公司更倾向于选择股权融资方式，也就是说，杠杆偏离度或目标资本结构对并购公司融资方式选择的影响在其股价被市场高估时更为明显。该结果说明，在并购公司股价被市场高估时，由于调整成本相对较低，过度杠杆并购公司利用价格被高估的股票作为融资方式，能够迅速降低公司的杠杆水平，从而调整其资本结构至目标水平，也就是说，杠杆偏离度对融资方式选择具有市场择时效应，该检验结果支持了本节的假设2。

159

然而，Underlevered & Overvalued交互项的估计系数却在5%的置信水平上显著为负，Overlevered & Undervalued交互项的估计系数在1%的置信水平上显著为正，Underlevered & Undervalued交互项的估计系数在1%的置信水平上显著为负，这些检验结果均表明，不管并购公司股价是被市场高估，还是被市场低估，杠杆偏离度均会对并购融资方式选择产生显著影响。具体而言，过度杠杆并购公司会倾向于选择股权融资方式，以降低其杠杆水平；杠杆不足并购公司会倾向于选择其他融资方式，以提高其杠杆水平。这些均表明，并购公司存在目标资本结构，其在公司并购融资决策

---

① 如果$LEV_{it}^* - LEV_{it-1} > 0$，则样本公司为杠杆不足公司（Underlevered赋值为1，否则为0）；如果$LEV_{it}^* - LEV_{it-1} < 0$，则样本公司为过度杠杆公司（Overlevered赋值为1，否则为0）；如果市场价值-内在价值>0，则样本公司为股价被高估公司（Overvalued赋值为1，否则为0）；如果市场价值-内在价值<0，则样本公司为股价被低估公司（Undervalued赋值为1，否则为0）。

中具有重要影响，公司会根据实际资本结构与目标资本结构的偏离程度选择相应的融资方式，进行资本结构的动态调整。

综合上述对实证结果的分析，我们认为资本结构动态权衡理论与市场择时理论均解释了并购融资政策，不过市场择时动机和行为加速了资本结构动态调整的速度，在这两种理论中，资本结构动态权衡理论占主导地位。

3）稳健性检验

（1）目标资本结构和市场错误定价不同替代变量对并购融资方式选择的影响

为了增强上述研究结论的可靠性，我们以行业杠杆中位数作为目标资本结构的替代变量，构造并购公司实际资本结构与目标资本结构的偏离度，借鉴 Baker and Wurgler（2002）在检验资本结构市场择时理论时所采用的市场择时变量，以外部融资加权平均 M/B 比率来衡量并购公司股价被市场错误定价的程度[①]，以此进一步考察并购公司的杠杆偏离度与市场错误定价程度对并购融资方式选择的影响。表6-6中的检验结果发现，杠杆偏离度（Leverage_Deviation）、股价的市场错误定价程度（Firm_Misvaluation），以及两者的交互项（Overlevered & Firm_Misvaluation）的估计系数的符号和统计显著性仍然与表6-5基本上保持一致。此外，我们还构造了过度杠杆虚拟变量（如果 Leverage_Deviation<0，则 Overlevered 赋值为1，否则为0）与股价市场错误定价程度的交互项（Overlevered & Firm_Misvaluation），其系数也在1%的置信水平上显著为正，支持过度杠杆并购公司在调整其资本结构时的市场择时效应。总之，表6-6的稳健性检验结果支持了本节的研究假设。

---

① Baker and Wurgler（2002）在检验资本结构市场择时理论时，使用的计算公式具体如

下：$M/B\_EFWA_{t-1} = \sum_{j=0}^{t-1} \left[\frac{\Delta Equity_j + \Delta Debt_j}{\sum_{j=0}^{t-1}(\Delta Equity_j + \Delta Debt_j)} \times (M/B)_j \right]$。式中：$\Delta Equity$ 表示公司在特定年份的股

权融资增加额；$\Delta Debt$ 表示公司在特定年份的债务融资增加额。如果公司在其价值被高估时（M/B值大），能够抓住市场时机，更多地进行外部融资，则 M/B_EFWA 的取值就会大。由于构造的是加权平均值，因此会令最小权重为零，即当公司在特定年份股权与债务融资增加额为负时，设其等于零，零权重意味着该年不包含市场评价信息。Baker and Wurgler（2002）使用公司外部融资加权平均 M/B 比率来度量市场择时变量，通过研究发现，外部融资加权平均 M/B 比率越大，则公司发行股票的时机越好。

表6-6　**目标资本结构和市场错误定价不同替代变量对并购融资方式选择的影响**

变量	（1）目标资本结构对并购融资方式选择的影响	（2）市场错误定价对并购融资方式选择的影响	（3）杠杆偏离度的市场择时效应	
Leverage_Deviation	−1.608***		−0.574***	
	(−6.38)		(−1.29)	
Firm_Misvaluation		0.066**	0.118***	
		(2.15)	(3.59)	
Leverage_Deviation& Firm_Misvaluation			−0.322***	
			(−3.44)	
Overlevered & Firm_Misvaluation				0.090***
				(5.19)
Ownership	0.022***	0.023***	0.025***	0.024***
	(4.56)	(4.74)	(4.91)	(4.89)
Profitability	3.795***	4.284***	3.737***	4.372***
	(6.30)	(6.76)	(5.54)	(6.83)
Tobin's Q	0.235***	0.254***	0.286***	0.268***
	(6.21)	(5.53)	(5.94)	(5.91)
Tangibility	1.500	0.887	1.413	1.029
	(1.54)	(0.84)	(1.30)	(0.97)
Size	−0.993***	−1.098***	−1.331***	−1.146***
	(−11.04)	(−11.28)	(−12.62)	(−11.78)
Constraint	−1.133***	−0.858***	−1.143***	−0.886***
	(−7.06)	(−5.18)	(−6.55)	(−5.34)
Cash_Reserve	−0.324*	−0.435**	−0.417**	−0.458**
	(−1.79)	(−2.25)	(−2.09)	(−2.37)
IND_Median	—	0.265	—	—
		(0.48)		
Fixed effects?	Yes	Yes	Yes	Yes
Year effects?	Yes	Yes	Yes	Yes
LR chi2	483.19***	452.45***	519.02***	474.93***

注：由于以行业杠杆中位数来度量目标资本结构，因此在检验目标资本结构对并购融资方式选择的影响以及杠杆偏离度的择时效应时，我们在回归估计中剔除了行业杠杆中位数变量（IND_Median）。

（2）样本自选择问题的Heckman两步法回归分析

由于并购公司在进行融资政策决策时会受到目标资本结构的影响，为了能够提高并购融资能力，成功实现并购，在并购交易发起之前，过度杠杆公司往往会降低其资本结构水平，降低实际资本结构与目标资本结构的偏离度；当并购交易进行交割时，过度杠杆公司会借此机会选择股权融资，进一步降低资本结构水平；当并购交易完成之后，由于公司资本结构水平已失去了其竞购的战略作用，为了获得债务税盾收益，并购公司将会提高其资本结构水平。因此，公司在进行并购融资方式选择时可能存在样本自选择问题，即选择股权融资方式的并购公司很可能本身就是过度杠杆公司，而非杠杆不足公司，因为杠杆不足公司为了提高其资本结构水平，会进行资本结构动态调整，不太可能选择股权融资方式。为了控制此类问题导致的样本自选择偏误，我们采用Heckman两步法回归分析进行稳健性检验。第一步，对选择方程 $LEV_{it} = \alpha + \beta X_{it-1} + \varepsilon_{it}$ 进行估计，计算出逆米尔斯比率（Lambda）；第二步，将得到的逆米尔斯比率加入并购融资方式选择模型中，控制可能的样本自选择所导致的内生性问题。目标资本结构与并购融资方式选择的Heckman两步法回归分析结果见表6-7。表6-7显示，逆米尔斯比率在回归分析中均具有统计意义上的显著性，说明并购融资方式选择模型存在一定的自选择偏误，Heckman两步法回归分析对这一问题进行了控制。需要注意的是，解释变量杠杆偏离度（Leverage_Deviation）在并购融资方式选择模型中仍然在1%的置信水平上显著为负，这进一步验证了假设1，即相对于杠杆不足的并购公司，过度杠杆的并购公司倾向于选择股权融资方式，以调整其资本结构至目标水平。

表6-7 **目标资本结构与并购融资方式选择的Heckman两步法回归分析结果**

并购融资方式选择模型	系数
Leverage_Deviation	-1.375***
	(-17.21)
Ownership	0.000
	(0.04)
Profitability	2.193***
	(26.52)

并购融资方式选择模型	系数
Tobin's Q	0.046***
	(9.69)
Tangibility	−0.117
	(−1.15)
Size	0.011**
	(2.08)
Constraint	−0.125***
	(−5.29)
Cash_Reserve	−0.035**
	(−2.01)
IND_Median	−0.009
	(−0.11)
Year effects?	Yes
Cons	0.067
	(0.45)
选择方程	系数
Profitability	3.808***
	(16.19)
Tobin's Q	−0.219***
	(−19.20)
Depreciation	6.264***
	(7.11)
Tangibility	−7.798***
	(−19.53)
Size	−0.321***
	(−24.98)
Unique	0.836***
	(4.33)
IND_Median	6.800***
	(42.66)
Cons	12.750***
	(27.13)
Lambda	0.065*
	(1.74)
Wald chi2(15)	1 708.41
Prob > chi2	0.000

163

6.1.5　研究结论与政策启示

本节基于资本结构的动态权衡理论与市场择时理论，以我国2007年至2014年上市公司发起的并购交易为研究样本，系统研究了目标资本结构、市场错误定价以及两者的交互项对并购融资方式选择的影响。研究结论表明：杠杆偏离度或目标资本结构对并购融资方式的选择具有显著影响，相对于杠杆不足的并购公司，过度杠杆的并购公司倾向于选择股权融资方式；进一步，并购融资方式的选择具有市场择时效应，相对于股价被低估的并购公司，股价被高估的并购公司倾向于选择股权融资方式；最后，目标资本结构对并购融资方式选择的影响也具有市场择时效应，相对于股价被低估的并购公司，过度杠杆且股价被高估的并购公司更倾向于选择股权融资方式。总之，检验结论表明，资本结构的动态权衡理论与市场择时理论对并购融资方式的选择行为均具有解释力，但是动态权衡理论占主导作用。

基于上述研究结论，我们提出以下两点政策启示：第一，增强目标资本结构意识，建立资本结构动态优化机制。由于公司的资本结构会受到宏观经济环境、金融市场、法律制度以及公司行业特征的影响，因此，公司的目标资本结构应随着外部环境的变化而调整，公司必须对资本结构进行动态调整，根据实际资本结构与目标水平的偏离情况，合理选择融资方式，从而实现资本结构的优化。第二，树立市值管理观念，建立市值管理制度，将公司发展与资本市场价格变化相结合，合理利用市场错误定价进行投融资决策，从而实现公司的发展战略。

当然，本节的研究也存在一定的局限性：由于目标公司为上市公司的并购事件较少，非上市目标公司的数据搜集起来较为困难，因此，我们对目标公司的影响因素考虑过少，并且主要关注并购公司的影响因素。未来，随着目标公司为上市公司的并购事件的增多，在研究并购融资决策时，我们可以将目标公司股价的市场错误定价程度、目标公司管理层控制权的大小以及目标公司管理层是否在并购后的公司中留任等影响因素也考虑进来。

6.2 ——————— 公司并购的 IPO 融资决策 ———————

6.2.1　引　言

公司为什么选择上市？公司首次公开发行股票（Initial Public Offerings，IPO）是公司发展过程中极为重要的事件之一，但是我们仍然没有完全理解公司 IPO 的决策。公司上市受到了理论界的广泛关注，已有的理论研究给出了公司为什么选择 IPO 的一些洞见。在理论上，公司进行 IPO 可以为公司股票创造流动性，为公司成长注入资本，为公司内部人员、风险投资者和早期投资者提供退出渠道，为公司提供持续的低成本的融资渠道，从而使出售公司更加方便，也便于公司创始人分散风险。通常认为，上市是公司成长的一个阶段，但即使在美国那样发达的资本市场，仍有许多大公司没有上市，而在德国和意大利等国，上市公司更是少数。这说明上市并不是所有公司必经的一个阶段，而是一种选择。由此就提出一个问题：公司 IPO 背后的动因是什么？本节基于公司 IPO 融资动因的视角，以我国沪深两市 1998—2007 年进行 IPO 的上市公司为研究样本，对比分析公司 IPO 后的并购扩张与内部投资活动。研究发现，并购扩张与内部投资活动共同驱动了我国公司的 IPO 决策；反过来，IPO 融资又在不同程度上促进了公司的并购活动与资本支出活动。内部投资成长是 IPO 公司成长模式的常态，而并购扩张是 IPO 公司在发展过程中的一种选择。

6.2.2　理论分析与研究假设

公司通过 IPO 可以募集大量的资金，因而公司 IPO 决策具有融资动因，具体表现在以下几个方面：第一，IPO 可以为公司注入资本，从而放松公司并购扩张的融资约束，IPO 为公司未来的并购活动做好了融资准备，特别是为未来的现金对价并购提供了资金来源。第二，IPO 拓宽了公司并购的融资渠道。对于融资约束公司来说，当内部资金不足时，进行 IPO 为公司创造了外部融资渠道，公司不仅通过 IPO 本身从外部投资者手

中获得了资金注入，而且为公司进行股权再融资提供了平台。此外，IPO
也能改善公司的债务融资能力。第三，上市公开交易的股票可以直接作为
股票对价并购的支付工具，因此相比于非上市公司来说，IPO扩宽了上市
公司所并购的目标公司的类型。此外，根据市场择时理论，IPO公司可以
利用价格被市场高估的股票进行股票对价并购。第四，根据生命周期理
论，处于成长阶段的小公司更具有成长的需要，同时也更有可能存在融资
约束，而通过IPO注入资本后，小公司会进行更多的投资活动。因此，基
于公司IPO决策的融资动因，我们提出如下待检验的假设：

假设1：IPO募集资金量越大，公司并购的可能性越大。

当然，没有理由认为IPO的资本注入仅与并购扩张的资金需要相关，
因此，我们也考察了IPO募集资金投向的另一个方面，即内部投资支出是
否也与IPO募集资金量相关。Kim and Weisbach（2008）通过研究38个国
家1990—2003年的股权融资情况（包括首次公开发行与增发）发现，通
过IPO和SEO募集来的股权资本是公司内部投资支出水平的一个重要影
响因素。研究结果表明，为投资活动募集资金是公司发行股票背后的一个
动因。通常认为，上市是公司成长的一个阶段，上市之前，公司可能存在
融资约束，因而丧失了不少具有价值的投资机会，公司的投资处于次优水
平，而上市给公司注入了资本，放松了公司的融资约束，公司可能会进行
一系列的内部投资活动，从而促进了公司的快速成长。因此我们提出如下
待检验的假设：

假设2：IPO募集资金量越大，公司内部投资支出越多。

6.2.3 研究设计

1）样本选取与数据来源

本节选取1998—2007年所有在沪深两市IPO的公司作为研究样本，
并且对每个IPO公司追踪3年，搜集到了包括IPO当年及IPO后连续三年
的上市公司并购数据。同时，我们对研究样本进行了如下处理：

①剔除了IPO募集资金小于1亿元人民币的上市公司；

②剔除了金融和保险类公司；

③剔除了一些存在缺失值或极端值的公司；

④根据2006年9月1日正式颁布施行的《上市公司收购管理办法》，对于交易标的为股权标的的并购，要求交易规模不小于30%，或交易完成后，并购公司达到目标公司30%以上（含30%）的控制权，而对于交易标的为资产标的的并购，要求控制权发生转移；同时，要求并购交易必须成功。

最终，我们得到817家IPO公司作为本节的有效研究样本。

IPO公司的基本信息数据主要来自Wind资讯，并购交易数据主要来自CSMAR中国上市公司并购重组研究数据库，同时结合上市公司披露的年报对以上数据进行了必要的比对和补充。数据处理软件主要为Stata10.0、SPSS13.0和Excel。

2）变量定义与数据处理

（1）被解释变量

并购：为了追踪在1998—2007年进行IPO的上市公司在IPO后连续三年的并购活动，我们收集了1998—2010年上市公司全部的并购数据。如果上市公司于IPO当年至IPO后第三年的特定年份中，发生了并购事项，则上市公司赋值为1，用A=1表示；否则，赋值为0，用A=0表示。

内部投资支出：我们用上市公司在特定年份现金流量表中的"购建固定资产、无形资产和其他长期资产支付的现金"这一项目的数据来衡量，用Capex表示。

（2）解释变量

时间变量：我们用Time来表示。如果上市公司在IPO当年发生了并购事项，则Time=0；如果上市公司在IPO后第一年发生了并购事项，则Time=1。依此类推，如果上市公司在IPO后第三年发生了并购事项，则Time=3。

如果IPO是公司投资活动的资金来源，我们预期公司现金对价并购或混合并购的可能性及资本支出会随着IPO募集资金量的增多而增加，并且距离IPO的时间越远，这种可能性越小。也就是说，如果公司选择在市场价值高的时候进行IPO，那么，为了利用市场对公司的过高估价，公司会紧随其后进行并购，并且距离IPO的时间越远，公司股票对价并购的可能性越低。

IPO募集资金量：我们用公司向资本市场通过首次公开发行股票募集的实际资本量扣除股票发行费用所得到的募资净额来度量，以IPO Proceeds表示，即：

IPO Proceeds=IPO 实际募集资本-股票发行费用

公司 IPO 主要为其投资活动融资，而 IPO 募集资金的投向主要为并购支出与内部投资支出，因此，我们预期 IPO 募集资金量与并购的可能性正相关，并且与内部投资支出正相关。

投资机会变量：我们用托宾 Q 作为替代变量，用公司市场价值除以期末总资产来计算公司的托宾 Q 值。其中，市场价值等于股权市值与净债务市值之和，即：

托宾 Q=（股权市值+净债务市值）/期末总资产

其中：非流通股权市值用净资产代替计算。

通常，公司主要是因为具有较多的投资机会，而自身又面临融资约束，才去资本市场进行 IPO 的。公司通过 IPO 募集资金的资本注入，为其有价值的投资机会提供了资金准备。因此，我们预期公司托宾 Q 与并购的可能性正相关，也与内部投资支出量正相关。

（3）控制变量

公司规模：我们用上市公司在特定年份销售收入的自然对数作为替代变量，用 Size 表示。

一方面，股票对价并购时，大并购公司的股票对目标公司股东更有吸引力，而现金对价并购时，大并购公司更容易获得债务融资；另一方面，根据生命周期理论，处于成长阶段的小公司可能具有更强烈的成长需要或扩张动机，公司通过 IPO 及股权再融资渠道（包括增发与配股）所提供的募集资金都有助于小公司获得有价值的投资机会。因此，小公司在上市后可能会有更多的投资活动。

此外，我们也控制了公司的财务杠杆变量，用 IPO 公司在特定年份的资产负债率表示。一方面，公司财务杠杆的高低会影响 IPO 公司为投资活动融资时的债务融资能力；另一方面，小公司为了避免财务风险，在进行现金对价并购时，更偏好选择股权融资。

3）研究方法与模型设定

（1）配对样本 t 检验

在 IPO 当年至 IPO 后第三年的时间跨度内，检验公司 IPO 后在并购扩张与内部投资活动方面是否存在显著差异。

（2）多元线性回归与Logit回归分析

对样本公司在IPO当年至IPO后第三年构成的面板数据，分别应用二值Logit潜变量模型和多元线性回归模型，估计公司IPO募集资金量、投资机会、公司规模与财务杠杆等因素对IPO公司并购与否以及内部投资支出水平的影响。具体面板数据模型构建如下：

$$A^{*}_{it}=\alpha_0+\alpha_1 Time_{it}+\alpha_2 IPO\ Proceeds_{it}+\alpha_3 Q_{it}+\alpha_4 Size_{it}+\alpha_5 Leverage_{it}+\varepsilon_{it} \quad (1)$$

$$Capex_{it}=\beta_0+\beta_1 Time_{it}+\beta_2 IPO\ Proceeds_{it}+\beta_3 Q_{it}+\beta_4 Size_{it}+\beta_5 Leverage_{it}+\mu_{it} \quad (2)$$

在回归方程（1）中，被解释变量A^{*}_{it}是一个潜变量，用来测度公司IPO后选择并购的可能性，表示每个上市公司是否有选择并购的潜在特质。如果上市公司在IPO当年及以后三年的特定年份选择了并购，则观测到的被解释变量A_{it}赋值为1，否则为0。因此，我们应用一个二值Logit潜变量模型来估计回归方程（1）。

在回归方程（2）中，被解释变量为内部投资支出，为可观测变量，我们用上市公司每年现金流量表中的"购建固定资产、无形资产和其他长期资产支付的现金"这一项目作为替代变量，衡量上市公司内部投资支出水平，并构造一个多元线性回归模型来估计回归方程（2）。

6.2.4　假设检验与结果分析

1）公司IPO后并购扩张与内部投资的单变量分析

（1）描述性统计分析（见表6-8）

表6-8　　　　1998—2007年IPO公司的描述性统计分析结果

年份	IPO公司数（家）	IPO募集资金量（亿元）	IPO募集资金缺失公司数（家）	IPO当年并购数（起）	IPO后第一年并购数（起）	IPO后第二年并购数（起）	IPO后第三年并购数（起）	四年总并购数/IPO公司数
1998	117	402.69	10	55	22	23	29	1.10
1999	93	445.91	1	47	24	32	11	1.23
2000	147	823.40	0	45	41	24	38	1.01
2001	66	525.06	2	22	11	26	12	1.08
2002	71	501.42	2	23	24	22	11	1.13
2003	67	392.19	0	20	20	10	14	0.96
2004	97	329.63	0	28	21	15	32	0.99
2005	15	54.82	0	3	5	5	6	1.27
2006	73	692.84	1	10	35	24	23	1.26
2007	109	2 339.53	2	32	38	35	41	1.34
1998—2007	855	6 507.49	18	285	241	216	217	1.12

注：以上样本数据由未经过筛选的样本公司统计而得。

表6-8显示了在1998—2007年10年间855家IPO公司的描述性统计结果。许多公司在IPO后的三年内至少发生了1起并购活动，并且在IPO后一年内就选择了并购，随着时间的推移，并购活动的数量总体上呈下降趋势。在IPO后的三年时间里，855家上市公司就发生了959起并购活动，说明绝大多数上市公司在IPO后都进行了并购扩张活动，并且IPO公司主要为积极的并购者。因此，本节以下关于IPO公司并购活动的研究都是基于主并方的角度进行的。

（2）配对样本的均值检验结果

为了考察公司IPO后在并购扩张支出与内部投资活动支出方面是否存在显著差异，我们在IPO当年及IPO后三年的时间跨度内，对每年的样本公司进行了配对的均值检验，见表6-9。

表6-9 　　　　　　公司IPO后并购与内部投资支出的比较

项目	IPO 当年	IPO 后第一年	IPO 后第二年	IPO 后第三年	合计
并购交易量/募集资金（平均数）	0.06	0.07	0.04	0.07	0.06
内部投资量/募集资金（平均数）	0.34	2.20	0.47	0.49	0.43
配对t检验的P值	0.0000	0.0001	0.0000	0.0000	0.0000

表6-9表明，在公司IPO后三年内，IPO公司的并购交易量平均为IPO募集资金的6%，IPO公司的内部投资量平均为IPO募集资金的43%，并且在各年的时间内，IPO公司的内部投资量与募集资金之比均显著高于并购交易量与募集资金之比。

通过表6-9我们发现，公司IPO后，外部并购扩张与内部投资成长都是公司快速发展的重要途径，IPO公司在并购与内部投资支出方面存在显著差异，通过内部投资成长是IPO公司快速发展的常态。

2）Logit回归分析与多元线性回归分析结果

为了检验公司IPO决策的融资动因以及全面了解IPO公司的成长模式，在表6-10中，我们不仅估计了影响IPO公司并购可能性的因素，而且估计了影响IPO公司内部投资支出的因素。表6-10给出了并购与内部投资回归模型整体显著性的 Wald chi2 检验，根据其 P 值，我们知道两个模型从整体上看是显著的。

表6-10　　　　　　　**并购与内部投资的回归分析结果**

变量名称	内部投资的多元线性回归模型		并购的 Logit 回归模型		并购的多元线性回归模型	
	回归系数	P值	回归系数	P值	回归系数	P值
截距项	−8.13***	0.004	−1.59***	0.000	−0.21	0.639
	(−2.89)		(−9.38)		(−0.47)	
Time	0.65**	0.038	−0.20***	0.000	−0.27***	0.009
	(2.07)		(−5.01)		(−2.62)	
IPO Proceeds	1.74***	0.000	0.00***	0.000	0.03***	0.000
	(31.96)		(3.52)		(7.76)	
Q	0.21	0.719	0.19***	0.002	−0.00	0.995
	(0.36)		(3.11)		(−0.01)	
Size	−0.33*	0.096	−0.09***	0.000	0.14**	0.017
	(−1.66)		(−4.43)		(2.39)	
Leverage	−0.12	0.446	1.78***	0.000	1.94***	0.009
	(−0.76)		(6.13)		(2.59)	
	Wald chi2(5)=1 033.78		Wald chi2(5)= 66.63		Wald chi2(5)= 95.63	
	Prob > chi2=0.000		Prob > chi2= 0.000		Prob > chi2= 0.000	

注：***、**和*分别代表在1%、5%和10%的置信水平上显著不为零；括号内为z统计量。

（1）IPO公司并购可能性的Logit回归分析

IPO公司并购可能性的Logit回归分析结果列示在表6-10中，该回归结果支持了公司IPO的并购融资假设，并且在1%的置信水平上显著。并购的可能性随着公司IPO后时间跨度的增大而趋于下降，可能的原因是IPO募集资金对公司的重要性随着公司的成长而降低，但相比于正的资本支出的时间变量回归系数，并购的时间变量回归系数为负，说明IPO募集资金对上市公司并购选择的影响更为重要。该回归结果表明，IPO募集资金量越大，越会显著提高公司选择并购的可能性，说明公司IPO募集资金在并购融资方面扮演了一个重要角色。特别是对于融资约束公司来说，IPO募集资金的注入放松了上市公司的融资约束，使其能够及时抓住有价值的投资机会，令公司得到快速成长。IPO为并购融资的动因，不仅体现在IPO本身能够为并购募集资金，而且体现在IPO为公司未来的并购融资活动创造了进入资本市场进行股权再融资的渠道以及提高了公司的债务融资能力，即IPO为并购融资拓宽了渠道。当面对有价值的并购机会时，公司可以有效配置内外部资金，选择不同的并购对价方式，从而实现并购收益最大化。这些都表明，IPO可以显著提高公司选择并购的可能性。

公司托宾Q值与公司并购可能性在1%的置信水平上显著正相关，说明公司投资机会越多，公司选择并购的可能性越大。当然，也有可能存在这样的情况：当公司股价被市场高估时，公司会择时选择股票对价并购，利用市场错误定价，获得更大的并购收益（本节没有根据并购对价方式研究公司并购可能性的影响因素）。因此，当公司拥有很多投资机会时，IPO募集资金的注入给公司的投资机会提供了资金来源，因此会显著提高公司选择并购的可能性。

公司规模与公司并购的可能性在1%的置信水平上显著负相关，可能的原因是：尽管大公司因具有更高的透明度和更低的风险而更容易为公司并购活动进行股权再融资与债务融资，但小公司由于处在生命周期的成长阶段，因此具有更为强烈的并购扩张动机，并且小公司往往会受到融资约束，其投资水平也是次优水平，而IPO募集资金的注入使得小公司可以实现更多的投资机会。总之，小公司本身具有的并购扩张动机以及IPO的融资功能，大大提高了小公司并购扩张的可能性。

公司财务杠杆与公司并购的可能性在1%的置信水平上显著正相关，即公司资产负债率越高，公司选择并购的可能性越大。一般来说，高资产负债率的公司，会受到融资约束的压力，而通过并购扩张之后，借助于公司内部资本市场，可以放松公司的融资约束。当然，这一回归分析结果也可能有另外一种解释，即公司股东与债权人存在利益冲突，为了减轻公司破产威胁而选择并购。

（2）IPO公司内部投资的多元线性回归分析

与并购的Logit回归分析结果类似，内部投资的多元线性回归分析结果也支持了公司IPO的融资动因，IPO募集资金与内部投资支出在1%的水平上显著正相关，即IPO募集资金越多，内部投资支出越多，IPO为上市公司的内部投资提供了资金支持，证明了IPO具有为投资活动融资的作用。从表6-10回归系数的对比中我们也可以看出，相比于并购，IPO募集的资金更多用于内部投资支出，这进一步证实了IPO公司并购与内部投资支出的配对儿检验结果。这说明在IPO公司的成长方面，相比于外部并购扩张的外延式发展，内部投资是更普遍的选择，是公司发展的一种常态，上市公司可能更注重内涵式发展。

内部投资的时间变量回归系数为正，说明相比于并购，公司内部投资支出对IPO募集资金的注入并不是很敏感，因为IPO公司通过内部投资的成长方式是一种常态。同时也说明，随着IPO公司的成长、规模的扩大，内部投资支出也会增多。

公司托宾Q值与内部投资支出量正相关，但并不显著，说明虽然内部投资支出是IPO公司发展的普遍选择，但是投资机会也会对内部投资支出产生一定的影响。

公司规模与内部投资支出显著负相关，说明小公司具有强烈的成长需要。与并购类似，小公司不仅具有强烈的并购扩张动机，而且具有内部投资成长的需要，而IPO募集资金的注入，为小公司的内部投资提供了资金支持，刺激了小公司进行更多的投资活动。

与并购选择不同，公司财务杠杆与内部投资支出负相关，但并不显著。公司资产负债率越高，内部投资支出越少。其原因在于：高资产负债率的公司，可能会受到较大的融资约束，而较多的现金持有减少了内部投资支出，公司可能存在投资不足，从而使得公司的投资活动处于一种次优水平。

此外，从表6-10中我们还可以发现，由于并购与内部投资都是公司的投资活动，并购与内部投资的影响因素的回归系数符号基本上一致，两者相互印证，说明我们的研究结果比较稳健。最后，为了进一步考察本研究结果的稳健性，我们以样本公司的并购交易量为被解释变量，对IPO公司的并购采用多元回归模型做进一步的检验，回归结果也列示在表6-10中。表6-10中的数据显示，采用并购的多元回归模型所得到的各变量回归系数，与并购的Logit回归模型所得到的结果基本上一致，这进一步说明本节的回归结果具有较高的稳健性。

3) 并购与内部投资对IPO公司绩效的影响

并购与内部投资的多元回归结果表明，公司通过IPO为投资活动（包括并购与内部投资）提供了资金支持，这反向说明了并购扩张与内部投资共同驱动了公司的IPO决策，证实了公司IPO的融资动因。在此基础上，我们进一步做了延伸，以资产收益率（ROA）、销售利润率（ROS）及净资产收益率（ROE）为被解释变量，衡量IPO公司绩效，以并购与否（A）、内部投资支出（Capex）以及公司托宾Q为解释变量，以时间变量（Time）、公司规模（Size）及公司财务杠杆（Leverage）为控制变量，对样本公司在IPO后三年的时间跨度里构成的面板数据进行回归估计，考察了IPO后的并购扩张与内部投资活动对上市公司绩效的影响。回归结果列示在表6-11中。

表6-11　　　　　**IPO公司并购与内部投资对公司绩效的影响**

变量名称	ROA		ROS		ROE	
	回归系数	P值	回归系数	P值	回归系数	P值
截距项	10.52***	0.000	35.48***	0.000	13.43***	0.000
	（24.17）		（10.33）		（16.16）	
A	0.52**	0.015	4.50**	0.023	1.52***	0.000
	（2.43）		（2.28）		（3.54）	
Capex	0.00*	0.068	0.00	0.961	0.00	0.268
	（1.83）		（0.05）		（1.11）	
Q	1.41***	0.000	−2.51*	0.050	1.47***	0.000
	（9.66）		（−1.96）		（5.10）	
Size	0.14***	0.000	0.60**	0.042	0.30***	0.000
	（4.29）		（2.03）		（4.67）	
Leverage	−9.45***	0.000	−56.10***	0.000	−12.08***	0.000
	（−11.51）		（−9.58）		（−7.90）	
Time	−0.99***	0.000	−1.42*	0.079	−1.72***	0.000
	（−11.90）		（−1.76）		（−10.29）	
	Wald chi2(6)= 548.37		Wald chi2(6)= 114.44		Wald chi2(6)= 308.14	
	Prob > chi2= 0.000		Prob > chi2= 0.000		Prob > chi2= 0.000	

注：***、**和*分别代表在1%、5%和10%的置信水平上显著不为零；括号内为z统计量。

表6-11中关于回归模型整体显著性的Wald chi2检验，表明公司绩效的3个回归模型均是显著的；同时，3个回归模型的解释变量与控制变量的回归系数符号与显著性基本上一致，表明公司绩效的回归估计结果具有较高的稳健性。

IPO公司绩效回归结果表明，IPO公司并购对公司绩效产生了显著的正向影响。其经济意义上的解释为：IPO公司通过并购可能会给公司带来更多的有价值的投资机会，同时通过并购也可以在内部资本市场的作用下有效缓解公司的融资约束。因此，IPO公司通过并购产生的经营协同效应以及财务协同效应提升了公司绩效，为公司创造了价值。内部投资支出对公司绩效也产生了正向影响。这些都说明IPO公司的投资活动，不管是并购活动，还是内部投资活动，都为公司创造了价值，支持了MM定理，即投资创造价值。另外，反映公司特征的其他变量，包括公司托宾Q、公司规模与公司财务杠杆等，也对IPO公司绩效产生了显著的影响。

总之，回归结果表明，上市公司IPO后的并购扩张与内部投资活动提高了公司绩效，最终为公司创造了价值。

6.2.5　研究结论与局限

本节从公司IPO决策的融资动因出发，通过对比分析考察了公司IPO后的并购扩张与内部投资活动，结果表明IPO给公司的并购扩张与内部投资活动注入了资本，证实了公司IPO决策的融资动因。同时，公司内部投资支出占IPO募集资金的比例显著高于并购活动，说明内部投资成长是IPO公司成长模式的常态，而并购扩张可能是IPO公司在发展过程中的一种选择。通过IPO募集资金的投向，反向说明了并购扩张与内部投资活动共同驱动了公司IPO决策。最后，研究结果也表明，公司IPO后的并购扩张与内部投资活动提高了公司绩效，为公司创造了价值。

本节研究的局限在于：第一，主要采用统计分析方法研究公司IPO决策动因，而要真正洞悉我国公司IPO决策的动因，除了依赖大样本的统计方法外，高质量的案例分析与调查研究也是必不可少的。二是本节主要从融资的角度考察公司IPO决策的动因，对于公司IPO决策的其他动因，如公司所有权结构和控股股东的变化、股权流动性、品牌动因以及公司治理动因等并没有进行充分的研究。这些局限都需要通过进一步研究加以解决。

第 7 章

并购公司资本结构动态调整研究

7.1 ——————————————— 引　言 ———————————————

公司存在目标资本结构[①]吗？现有研究得出了完全不同的结论。动态权衡理论认为公司不仅存在目标资本结构，而且会通过不同的融资行为将资本结构调整至目标水平（Flannery and Rangan，2006；Huang and Ritter，2009；Harford et al.，2009）；相反，优序融资理论与市场择时理论则认为公司不存在目标资本结构（Hovakimian，Opler，and Titman，2001；Baker and Wurgler，2002）。争议为何存在？原因在于：从静态视角来看，早期的研究主要利用横截面回归分析技术静态地考察公司特征等因素对资本结构水平的影响，以检验静态权衡理论与优序融资理论，却往往得出一些相互矛盾的结果；从动态视角来看，后来的研究针对早期研究存在的缺陷，考虑到了资本结构滞后值、公司与行业异质性、资本结构内生性等因素对资本结构变化水平的影响，动态地考察各影响因素及其变化对资本结构变化的影响，以检验动态权衡理论、优序融资理论与市场择时理论，但少有学者通过构建统一模型对动态权衡理论、优

———————————

[①]　考虑到行文的需要，本章对"资本结构""财务杠杆""杠杆比率""债务比率"等不做区分。

序融资理论与市场择时理论同时进行检验，因而得出的结论缺乏说服力。

本章的主要贡献在于：

①从资本结构动态调整的视角出发，通过构建修正的局部调整模型与"负债－权益选择模型"，对动态权衡理论进行检验，从而间接验证了公司存在目标资本结构，而为了增强研究结论的稳健性以及弥补以往研究存在的缺陷，还进一步对动态权衡、优序融资与市场择时三种理论进行了比较检验，厘清了这三种竞争性理论对公司目标资本结构存在性这一问题的争议及影响路径。

②较早地采用实证研究方法深入地研究并购给公司资本结构变化带来的影响以及并购公司资本结构是如何向其目标水平进行动态调整的。

所使用的方法就是通过公司资本结构的变化和调整行为，检验公司资本结构是否存在均值回归现象以及不同理论能否解释资本结构变化，如果动态权衡理论通过检验，就说明公司存在目标资本结构；如果优序融资理论或市场择时理论通过检验，就说明公司不存在目标资本结构。另外一种方法就是观察资本支出或并购等投资事项对资本结构的影响。本章之所以采用并购"事件研究"，是出于调整成本的原因，公司不会经常对资本结构进行频繁的大幅度调整。Harford et al.（2009）、Uysal（2011）以及 Vermaelen and Xu（2014）指出，并购是能够显著改变公司资本结构的重大事件之一。并购需要公司进行外部资金的筹措，使得公司拥有了进入资本市场的机会，而拥有进入资本市场机会的公司能够以较低的调整成本和较快的调整速度调整其资本结构。并购将投资与资本结构决策联系起来，因此，提供了一个观察公司向其目标资本结构进行调整的机会。也就是说，如果没有并购等投资机会，杠杆不足的公司只能通过举债来回购股票以向其目标杠杆水平进行调整。由于证券交易规则的限制，通过在公开市场上回购股票的方式调整资本结构不仅需要花费较长时间，而且可能需要支付较高的溢价，特别是在公司股票价格被市场严重高估时。在这种情况下，公司可能会通过并购等投资机会向其目标资本结构进行调整。或者说，并购可以作为公司调整其资本结构的机会窗口，如果公司通过并购支付或融资行为引起资本结构向目标结构调整，就可以间接验证公司存在目标资本结构。当然，并购对资本结构的调整效应，可能是一种主动的目标调整，也可能是并购行为本身引起的间接效应。那么，检验并购对资本结构的影响便成为本章研究的出发点。

本章基于并购理论与资本结构理论，结合我国特殊的制度环境，利用上市公司并购的历史数据，从三种角度（思路）研究实施并购的公司资本结构演化规律及动态调整方式，检验中国上市公司是否存在目标资本结构，公司的融资决策是否具有资本结构的目标调整行为，以正确引导公司把握"并购"这一资本结构的调整机会，实现公司并购价值的最大化，具体而言：

①采用分析式与经验研究，从理论上验证动态权衡理论存在且处于理论的主导地位，从而证实公司存在目标资本结构。在此基础上，从并购公司的融资政策上验证公司存在资本结构的目标调整行为。

②借鉴Hovakimian and Li（2011）的研究思路与方法，首先构建修正的局部调整模型，证实公司存在目标资本结构，然后根据债务–权益选择模型，构建并购支付与融资方式选择模型，验证并购公司存在资本结构的目标调整行为。

③分析资本结构调整方式，首先估计并购公司目标资本结构的平均调整速度，证实公司目标资本结构的存在性，然后从并购公司资本结构的具体调整行为上，验证公司存在目标资本结构。

7.2　理论分析与研究假设

1）目标资本结构存在性假设

资本结构相关研究文献主要关注权衡理论、优序融资理论与市场择时理论，并以此来解释公司的资本结构与融资决策。权衡理论认为公司存在目标资本结构，而优序融资理论与市场择时理论则认为公司不存在目标资本结构。基于债务融资的财务危机与代理成本视角，权衡理论认为公司存在最优资本结构，该结果由债务融资的利益（税盾收益与减少自由现金流代理问题）与成本所决定（财务困境与破产成本以及代理成本），当债务融资的边际利益与边际成本相等时，公司达到最优资本结构。总之，如果一个公司的财务杠杆是对债务税盾利益与财务困境及破产成本以及债务与股权的代理成本单期权衡的结果，那么则认为其融资决策遵循静态权衡理论。然而，静态权衡理论仅关注单期决策，而没有考虑目标调整。因此，一个自然的延伸就是考虑多期决策，因而产生了动态权衡理论。动态权衡理论认为，目标资本结构在资本结构调整中发挥着重要作用，当公司实际资本结构偏离目标资本结构时，公司应该通过权衡调整成本和调整收益来决定是否进行调整以及调整的幅度，目标资本结构的偏离在一定时期内会逐渐得到消除。Welch（2004），Flannery and Rangan（2006），Hovakimian（2006）以及 Huang and Ritter（2009）等学者关于资本结构目标调整模型的经验证据支持了动态权衡理论，表明在长期内公司存在目标资本结构。

与权衡理论相反，优序融资理论认为公司不存在目标资本结构，公司资本结构是不同时期融资需求以及最小化逆向选择成本的结果。优序融资理论将融资资源根据其所受到的信息不对称影响程度进行排序，其中，内部资金的逆向选择成本最低，而股权资本的逆向选择成本最高。因此，公司按照一定的先后顺序进行融资：首先为内部资金，然后为债务融资，最后为股权融资。优序融资理论与权衡理论经常被认为是两个相互竞争的理论（Bessler，Drobetz and Grüninger，2011）。

市场择时理论主要认为资本结构是公司过去试图择时股票市场的累积结果（Baker and Wurgler，2002）。Baker and Wurgler（2002）认为权衡理论与优序融资理论均不能解释公司历史 M/B 比率的加权平均值对公司财务杠杆持续的负向影响。相反，他们认为公司会根据股票市场状况择时发行股票。发行股票所引起的资本结构变化不是目标资本结构调整的结果，而是过去试图择时股票市场的累积结果。在经验研究中，Welch（2004）对公司会有效地调整其资本结构这一观点提出了挑战，他研究发现，以市场价值所衡量的杠杆主要由股票收益所驱动。除了股票收益导致市值杠杆变化外，管理者通过择时股票市场的融资活动加剧了公司实际资本结构与目标杠杆的偏离。因此，市场择时在公司融资活动中发挥着重要作用，并且在短期内使得目标资本结构严重偏离，但同时这些研究也表明目标偏离会反转，从长期来看，公司融资活动的市场择时行为对资本结构的影响可能并不那么重要，这与考虑到目标资本结构调整成本的动态权衡理论相一致。总之，这些发现支持了一个修正版的资本结构动态权衡理论（将市场择时作为一个短期影响因素）。根据优序融资理论与市场择时理论，财务杠杆对公司价值不会产生重要影响，因此，当公司杠杆水平偏离其目标资本结构时，管理者不会调整杠杆至目标水平。然而，权衡理论认为管理者将会进行相应的融资决策调整杠杆偏离以使其达到目标资本结构，这种资本结构调整的速度将取决于调整成本的高低。基于资本结构的权衡理论、优序融资理论与市场择时理论，我们提出如下待检验的目标资本结构存在性假设：

假设 1：如果动态权衡理论得到支持，则公司存在目标资本结构；如果优序融资理论或市场择时理论得到支持，则公司不存在目标资本结构。

2）目标资本结构调整假设

Hovakimian and Li（2011）认为对公司目标资本结构的动态调整行为进行检验的方法可分为两类：一类是利用局部调整模型来估计公司资本结构向其目标水平进行调整的平均速度，另一类是建立离散因变量模型检验公司特征对公司债务与股票选择的影响。本章借鉴 Hovakimian and Li（2011）的研究思路与方法，除了建立上述局部调整模型检验公司资本结构是否具有目标调整行为之外，还构建了类似于负债-权益选择模型的并购融资方式选择模型，考察目标资本结构对并购公司融资政策的影响，检验公司是否会根据公司杠杆目标缺口（实际杠杆比率与目标杠杆比率的差值）实施相应的融资行为，以逆转杠杆目标缺口，即公司是否在杠杆比率过高时优先偿债或者进行股权融资，而在杠杆比率过低时优先回购股票，发放股利或者进行债务融资。经验证据表明，公司在发起并购交易时通常会考虑目标资本结构，当并购公司的杠杆比率高于目标杠杆比率时，并购公司负债融资的可能性较小而股权融资的可能性较大；而并购公司并购之前的杠杆目标缺口与现金支付比例负相关，因为并购中的现金支付通常由负债融资获得（Eckbo，2009；Harford et al.，2009；Uysal，2011）。相反，通过股票发行来获得现金支付资金通常较少被观测到（Martynova and Rennyboog，2009），其原因在于相对于债务发行，股票发行面临着更高的成本。当然，除非公司想利用有利的市场估价而择时发行股票或公司已经处于很高的债务水平；否则，当公司内部产生的资金不充足时，经常会通过债务融资方式来完成并购中的现金支付。因此，并购中现金支付的融资行为与优序融资理论的预测相一致。与权衡理论相一致，当并购交易金额较大时，特别是容易出现债务悬挂问题时，杠杆过大的并购公司选择债务融资与现金支付的可能性较小（Harford, Klasa, and Walcott, 2009; Uysal, 2011）。因此，当并购公司实际资本结构偏离其目标资本结构的程度较高时，并购公司的融资方式选择将会受到约束，因而会间接地影响到并购支付方式的选择。而且当并购公司为杠杆不足公司时，并购公司将不能基于权衡理论给出进行股权融资的合理性，因而目标公司将不太可能会接受股票支付方式，因为目标公司会将并购公司的股票支付方式理解为其股价被市场高估的信号。Vermaelen and Xu（2014）利用2 978起并购交易作为样本的研究也支持了这一结论，他们研究发现，并购公司的融资行为几乎符合目标杠杆模型的预测，而偏离权衡理论预测的融资行为几乎为杠杆不足的并购公司所驱动。当权衡理论所预测的支付方式为现金支付时，并购公司想利用被市场过高估价的股票来完成并购交易几乎不可能。因此，我们认为目标资本结构是影响并购支付与融资方式选择的一个重要因素。与此相反，优序融资理论与市场择时理论认为公司不存在目标资本结构，并购支付与融资方式选择的影响因素不是杠杆目标缺口而是其他。经验证据支持了优序融资理论与市场择时理论的预测，Martynova and Renneboog（2009）研究发现，现金丰富的并购公司会选择完全使用其内部产生的来为并购融资，当并购公司内部产生的资金不充足而需要求助于外部融资时，债务融资优先于股权融资；当并购公司虽然为现金约束但仍然具有充足的债务融资能力时，债务融资优先于股权融资的可能性会更大。当并购公司既没有充足的内部资金、债务融资能力又有限时，股权融资才有可能发生。然而，在并购交易宣告之前，当公司股票价格被市场高估时，公司倾向于发行股票，而非使用内部资金或发行债务（Rhodes-Kropf et al., 2005; Dong et al., 2006）。当公司股价被市场高估时，并购公司倾向于选择股票支付方式；而当公司股票价格被市场低估时，公司倾向于回购股票或选择现金支付方式（Shleifer and Vishny, 2003; Welch, 2004; Baker and Wurgler, 2002; Loughran and Vijh, 1997; Dong et al.,

2006, Ikenberry et al., 1995）。但是，如果并购公司的股价传递出一个被市场高估的信号，为何目标公司愿意接受股票支付方式呢？可能的原因在于投资者的非理性（Shleifer and Vishny, 2003），市场估价错误（Rhodes-Kropf and Viswanathan, 2004），股东的投资惯性（Baker et al., 2007）以及目标公司存在公司治理问题（Hartzell et al., 2004）。然而，相对于并购双方存在谈判的并购交易，大多数理由较为适合于与分散股东交易的情况（如股票发行）。并购融资方式可能由其他动机所驱动而非市场择时。Harford et al.（2009）和 Uysal（2011）研究发现，当并购公司的杠杆水平高于目标水平时，相对于股权融资，并购公司进行债务融资的可能性较小。其他因素也会影响并购融资方式的选择，包括现金与股票支付的税收考虑（Gilson et al., 1988），风险分担（Hansen, 1987；刘淑莲, 2011），以及证监会规则要求的考虑（Martin, 1996）。本书认为，当并购公司的支付方式选择为合理的动机所能解释时（如杠杆过度的并购公司可以证明其股票发行是为了向其目标资本结构水平进行调整），目标公司将较少关注股权融资并购中的并购公司股价是否被高估。如果并购公司的股票支付方式选择缺乏合理的解释，目标公司则有理由认为并购公司的股价被市场高估，因此，目标公司将会要求更多的股票份额予以补偿。

▄▄ 183 ▄▄

　　基于权衡理论，我们得出推断：当实际杠杆高于目标杠杆水平时，并购公司倾向于选择股票支付与股权融资方式；当实际杠杆低于目标杠杆水平时，并购公司倾向于选择现金支付与债务融资方式。基于优序融资理论，我们得出推断：并购公司内部资金越多，越有可能选择现金支付与内部融资方式；当需要外部融资时，债务融资优先于股权融资。而基于市场择时理论，我们得出推断：并购公司股价越高，越有可能选择股票支付与股权融资方式。基于上述分析，我们得出与并购融资方式选择相关的目标资本结构调整假设，待检验的假设具体如下：

　　假设 2：如果目标资本结构存在，杠杆过度的并购公司倾向于选择非债务融资方式，而杠杆不足的并购公司倾向于选择债务融资方式。否则，目标资本结构可能不存在。

7.3 ———————————— 研究设计 ————————————

7.3.1 样本选取与数据来源

考虑到 2006 年年底我国上市公司股权分置改革基本完成，从 2007 年起，我国上市公司并购交易中股票支付方式开始大量增加，以及需要考察并购公司资本结构的动态调整是否遵循动态权衡理论，因此，本章的研究样本为我国上市公司于 2007—2009 年间发起的并购交易，考虑到数据的可获得性，并以并购交易宣告年为基准，对并购公司前后各追踪三年，如某一并购公司在 2007 年发生了一起并购交易活动，则对并购公司向前追踪到 2004 年，向后追踪到 2010 年。因此，本章的并购交易样本区间为 2007—2009 年，考察的总样本区间为 2004—2012 年。并购相关数据来自 CSMAR 中国上市公司并购重组研究数据库，并购公司样本期间各年财务数据来自 CSMAR 其他数据库，并根据并购公司样本期间的年度报告信息对样本数据进行了补充与核对。为了消除异常值的影响，本章对相关变量采用其分布于 1% 和 99% 分位上的观测值进行缩尾（Winsorize）处理。此外，本章还基于以下标准对并购样本进行筛选：

（1）保留并购交易成功的并购事件；

（2）并购公司处于买方地位且为主板 A 股上市公司，并剔除股份回购、资产剥离、债务重组及难以区分交易地位的资产置换事件，仅保留有偿受让的资产收购、股权收购和吸收合并交易事件；

（3）以尽量符合市场化意义的并购事件为研究样本，剔除行政划转、无偿受让、司法裁定、继承赠与等非市场化的交易事件，并剔除重大资产购买等非并购意义上的交易事件；

（4）剔除无法确定并购融资方式的并购事件；

（5）考虑到较低的并购交易金额对并购融资方式以及资本结构不会产

生显著影响，因而剔除交易金额低于人民币 5 000 万元的并购样本[①]；

（6）考虑到金融和保险行业资本结构以及财务指标的特殊性，以中国证券监督委员会于 2001 年发布的证券市场行业分类指引为标准，剔除并购交易任一方属于金融保险行业的样本；

（7）对于同一上市公司在一年内宣告两笔或两笔以上的并购交易，本章只保留该上市公司在该年内宣告的交易总价最大的并购交易，而如果同一家上市公司在同一天宣告两笔或者两笔以上相同并购标的的并购交易，则将这些交易合并为一起并购事件；

（8）剔除实施特殊处理的样本以及财务数据缺失的样本。

按照上述样本筛选标准对初始样本进行处理后，最终得到 2007—2009 年间总共 505 个并购事件样本。

7.3.2　模型设定与变量定义

1）模型设定

（1）资本结构均值回归模型

Opler et al.（1999）采用均值回归模型检验公司是否存在目标现金水平，他们认为，如果公司的现金持有量存在均值回归，则接受公司存在目标现金水平的假设。借鉴 Opler et al.（1999）的这一思想，本章在考察公司是否存在目标资本结构水平时，首先检验公司的资本结构是否存在均值回归。同样，如果公司的资本结构不存在均值回归，则拒绝公司存在目标资本结构的假设。根据 Opler et al.（1999）的模型[②]，构建资本结构均值回归检验模型（模型（1）），以初步考察公司是否存在目标资本结构。

$$\Delta LEV_{it} = \alpha_1 + \beta \Delta LEV_{it-1} + \varepsilon_{it} \tag{1}$$

在模型（1）中，如果 β 显著为负，则表明资本结构存在均值回归。

[①]　对于本章研究来说，并购交易规模的划分标准非常重要，金额较小的并购对收购公司没有实质性影响。如果标准过低，可能无法体现并购融资方式的特征，如果标准过高，很多并购样本就被排除在外。《上市公司重大资产重组管理办法》中规定：购买、出售的资产净额占上市公司最近一个会计年度经审计的合并财务会计报告期末净资产额的比例达到50%以上，且超过 5 000 万元人民币，构成重大资产重组。尽管 5 000 万元的标准不是判定重大资产重组的唯一条件，但这一规模限制标准却能够保证并购交易事项的重要性。关键一点是，大规模并购交易中的融资方式类型会更加多样性，符合本书实证研究的需要。

[②]　Opler et al.（1999）检验公司现金持有的均值回归模型为：$\Delta(Cash/Assets)_t = \alpha + \beta \Delta(Cash/Assets)_{t-1} + \varepsilon_t$，检验结果支持公司现金持有存在均值回归的假设。

（2）目标资本结构估计模型

由于目标资本结构不可观测，因此学者在检验公司是否存在目标资本结构时，通常用三种方法预测目标资本结构：杠杆行业平均值或中位数（LEV，1969）、公司在一定历史时期内的杠杆平均值（Shyam-Sunder and Myers，1999）、通过影响目标资本结构的一系列公司特征变量来回归估计公司的目标资本结构。目标资本结构在资本结构理论中扮演着重要的角色。根据资本结构权衡理论，公司在确定其目标资本结构时会对债务融资的收益与财务危机及破产成本进行权衡。而支持权衡理论的大量经验证据表明，公司规模、资产有形性、资产的市账比率（M/B）、盈利能力以及行业平均杠杆会影响到目标资本结构（Myers，1984；Titman and Wessels，1988；Harris and Raviv，1991；Rajan and Zingales，1995；Hovakimian，Opler，and Titman，2001；Fama and French，2002；Flannery and Rangan，2006；Kayhan and Titman，2007；Frank and Goyal，2009；Korteweg，2010）。因此，本书采用目标资本结构的影响因素对公司实际资本结构进行回归估计，以确定公司的目标资本结构①。本章选择上述资本结构影响因素为解释变量，被解释变量为账面杠杆（LEV$_{it}$），使用有息负债率进行度量，构建模型（2）来回归估计目标资本结构（TarLEV$_{it}$，见模型（3）），并用公司在一定历史时期内的杠杆平均值作稳健性检验。

$$LEV_{it} = \alpha_i + \beta X_{it-1} + \varepsilon_{it} \qquad\qquad (2)$$

$$TarLEV_{it} = \hat{\alpha}_i + \hat{\beta} X_{it-1} \qquad\qquad (3)$$

---

① 采用目标资本结构的影响因素对公司实际资本结构进行回归估计以确定公司的目标资本结构的原因有三：①目标资本结构模型估计目标资本结构的普遍性。由于目标资本结构不可观测，学者们通常用三种方法预测目标资本结构：杠杆行业平均值或中位数、公司在一定历史时期内的杠杆平均值以及通过影响目标资本结构的一系列公司特征变量来回归估计公司的目标资本结构，而学者们普遍采用通过影响目标资本结构的一系列公司特征变量来回归估计公司的目标资本结构（Rajan and Zingales，1995；Fama and French，2002；Hovakimian et al.，2004；Hovakimian，2006；Flannery and Rangan，2006；Kayhan and Titman，2007；Frank and Goyal，2009；Korteweg，2010）。因此，本书基于对资本结构影响因素回归估计所得的杠杆比率为目标资本结构的替代变量。②对目标资本结构替代变量另外两个变量（杠杆行业平均值或中位数、公司在历史一定时期内的杠杆平均值）的考虑。考虑到公司资本结构存在行业效应，在目标资本结构的回归估计中，本章将公司杠杆比率的行业中位数纳入到目标资本结构模型中以控制行业效应。而且为了增强检验结果的稳健性，本章也将公司前三年杠杆均值（L3LEV）作为目标杠杆的替代变量进行稳健性检验，检验结果与回归估计的目标资本结构的检验结果保持一致（见表6-6）。③对资本结构理论与市场择时理论需要同时进行检验的考虑。为了与Baker and Wugler（2002）检验市场择时理论的模型（D/A）$_t$=a+b（M/B）$_{efwa,t-1}$+c（M/B）$_{t-1}$+d（PPE/A）$_{t-1}$+e（EBITDA/A）$_{t-1}$+flog（S）$_{t-1}$+μ$_t$保持一致，本章采用目标资本结构估计模型估计目标资本结构（7）：LEV$_{it}$=（λβ）X$_{it-1}$+（1-λ）LEV$_{it-1}$+δM/B_EFWA$_{it-1}$+ε$_{it}$。如此，在对资本结构的权衡理论与市场择时理论同时进行检验时，权衡理论的替代变量与市场择时理论的替代变量在模型（7）中处于对等的地位，而不存在某一变量主导另一变量的问题。

模型（2）中 LEV_{it} 为公司 i 在 t 时期的资本结构，模型（3）中，$TarLEV_{it}$ 为公司 i 在 t 时期的目标资本结构，为模型（2）中账面杠杆（LEV_{it}）的拟合值，模型（2）与模型（3）中的 X_{it-1} 为资本结构影响因素的滞后值，包括投资机会（M/B）、有形资产比率（Tangibility）、盈利能力（Profitability）、独特性（Unique）、公司规模（Size）和杠杆比率的行业中位数（Ind_Median）。

（3）资本结构动态调整模型

根据资本结构权衡理论，在完美的资本市场，公司将一直维持其目标资本结构。然而，由于调整成本的存在，公司不能及时地将资本结构调整到目标杠杆水平，也即公司仅将资本结构向其目标杠杆进行局部调整。经验研究文献中采用标准的局部调整模型检验公司向其杠杆目标进行调整的过程（Fama and French，2002；Flannery and Rangan，2006；Kayhan and Titman，2007；Huang and Ritter，2009），而这取决于公司杠杆的变化（$LEV_{it} - LEV_{it-1}$）同目标杠杆（$TarLEV_{it}$）与滞后杠杆（LEV_{it-1}）之差（$TarLEV_{it} - LEV_{it-1}$）的比例，即 $\dfrac{LEV_{it} - LEV_{it-1}}{TarLEV_{it} - LEV_{it-1}}$。如果资本结构改变的成本函数与偏离目标资本结构的成本函数能用二次函数近似表示，那么总损失函数可以表达为：

$$\ell = \phi\left(LEV_{it} - TarLEV_{it}\right)^2 + \varphi\left(LEV_{it} - LEV_{it-1}\right)^2$$

式中：ℓ 表示资本结构调整的总成本，$\left(LEV_{it} - TarLEV_{it}\right)^2$ 衡量公司实际资本结构偏离目标资本结构的成本，$\left(LEV_{it} - LEV_{it-1}\right)^2$ 衡量公司资本结构调整（改变）成本，ϕ 与 φ 分别表示偏离目标资本结构成本与调整成本的权重。

为使损失函数最小化，对上式求关于 LEV_{it} 的一阶偏导，得：

$$\frac{\partial \ell}{\partial LEV_{it}} = 2\phi\left(LEV_{it} - TarLEV_{it}\right) + 2\varphi\left(LEV_{it} - LEV_{it-1}\right) = 0$$

对上式整理得：

$$LEV_{it} - LEV_{it-1} = \frac{\phi}{\phi + \varphi}\left(TarLEV_{it} - LEV_{it-1}\right)$$

最后得：

$$LEV_{it} - LEV_{it-1} = \lambda(TarLEV_{it} - LEV_{it-1})$$

基于上述推导结果，本章所构建的标准的局部调整模型为模型（4），同时将模型（3）代入模型（4），可以得到局部调整模型的另一种表现形式，为模型（5）[①]。本书主要运用模型（4）和模型（5）来检验资本结构动态权衡理论。

$$LEV_{it} - LEV_{it-1} = \alpha + \lambda(TarLEV_{it} - LEV_{it-1}) + \varepsilon_{it} \tag{4}$$

$$LEV_{it} = \alpha + (\lambda\beta)X_{it-1} + (1-\lambda)LEV_{it-1} + \varepsilon_{it} \tag{5}$$

模型（4）与模型（5）的含义为公司管理者会采取相应的融资政策缩小实际杠杆（LEV_{it}）与目标杠杆（βX_{it-1}）的偏差。调整速度的系数λ取决于偏离目标杠杆的边际成本与杠杆调整的边际成本。因此，调整成本越高，调整速度越慢，当调整成本过低或者偏离目标杠杆的成本过高时，完全调整将会发生，即$\lambda=1$。而如果偏离目标资本结构的成本为零，那么公司不会将其资本结构调整至最优水平。在模型（4）与模型（5）中，如果$1-\lambda=0$或$\lambda=1$，则公司的实际杠杆LEV_{it}与$TarLEV_{it}$或者$\lambda\beta X_{it-1}$相等，即资本结构动态调整为完全调整或瞬间调整，实际杠杆比率一直处于最优水平；如果$\lambda=0$，则公司资本结构不存在调整行为，表现为随机游走状态。因此，如果$0<\lambda<1$，且关于$(1-\lambda)$的t检验具有显著性，则局部调整模型成立。

（4）优序融资理论检验模型

根据Shyam-Sunder and Myers（1999）检验优序融资理论的模型[②]，我们将资金缺口变量（FIN_DEF_{it}）代入模型（4），得到模型（6），以检验优序融资理论及考察其对动态权衡理论的影响。

$$\Delta LEV_{it} = (\lambda\beta)X_{it-1} - \lambda LEV_{it-1} + \gamma FIN\_DEF_{it} + \varepsilon_{it} \tag{6}$$

在模型（6）中，λ反映动态权衡理论的调整速度；γ为反映优序融

---

① 模型（4）与模型（5）为动态计量经济模型中标准的局部调整模型，为便于理解，本书借鉴 Cotei et al.（2011）的思想，从资本结构动态调整的角度进行了模型推导。此外，将模型（4）转换为模型（5）的表达形式也是便于构建模型（7），以检验动态权衡理论与市场择时理论。

② Shyam-Sunder and Myers（1999）检验优序融资理论的模型为：$\Delta D_{it} = a + b_{PO}DEF_{it} + \varepsilon_{it}$，其中：$\Delta D_{it}$为债务的变化量，$DEF_{it}$为资金缺口（funds flow deficit），$DEF_{it} = DIV_{it} + X_{it} + \Delta W_{it} + R_{it} - C_{it}$。其中，$C_{it}$为息税后经营现金流量，$DIV_{it}$为股利支出，$X_{it}$为资本支出，$\Delta W_{it}$为营运资本的增量，$R_{it}$为一年内到期的长期负债（Shyam-Sunder and Myers，1999，pp.224）。本章进行了将资金缺口除以总资产的处理。此外，将检验优序融资理论的模型：$\Delta D_{it} = a + b_{PO}DEF_{it} + \varepsilon_{it}$与检验资本结构动态权衡理论的模型：$LEV_{it} - LEV_{it-1} = \alpha + \lambda(TarLEV_{it} - LEV_{it-1}) + \varepsilon_{it}$进行比较，资金缺口变量$DEF_{it}$与目标资本结构偏离变量$TarLEV_{it} - LEV_{it-1}$在模型（6）$LEV_{it} = (\lambda\beta)X_{it-1} + (1-\lambda)LEV_{it-1} + \delta M/B\_EFWA_{it} + \varepsilon_{it}$中应该处于"同等地位"，而不会存在某一变量主导另一变量的问题。由此类比而知，本书认为在模型（7）中也不存在此类问题。

资理论的资金缺口的系数。如果 0< λ <1，且关于 - λ 的 t 检验具有显著性，则动态权衡理论得到支持；如果 γ =1 且在统计上显著，而且能改变大多数其他变量的系数符号和显著性水平，那么优序融资理论得到支持，否则，优序融资理论似乎是广义权衡理论的一部分，而不是财务杠杆的唯一影响因素（Frank and Goyal，2003；Flannery and Rangan，2006）。

（5）市场择时理论检验模型

根据 Baker and Wurgler（2002）检验市场择时理论的模型[1]，我们将外部融资加权平均市账比（M/B_EFWA_{it-1}）代入模型（5），得到模型（7），以检验市场择时理论及考察其对动态权衡理论的影响。

$$LEV_{it} = (\lambda\beta)X_{it-1} + (1-\lambda)LEV_{it-1} + \delta M/B\_EFWA_{it-1} + \varepsilon_{it} \tag{7}$$

在模型（7）中，市场择时理论认为杠杆比率（LEV_{it}）与 M/B_EFWA_{it-1} 负相关。如果 0<1- λ <1，且关于 1- λ 的 t 检验具有显著性，则动态权衡理论得到支持；如果 δ 在统计上显著为负，且能改变大多数其他变量的系数符号与显著性水平，那么市场择时理论得到支持。

（6）并购支付与融资方式选择模型

本章借鉴 Hovakimian and Li（2011）的研究思路与方法，考察目标资本结构对并购公司融资政策的影响。而在研究并购融资决策行为是否遵循资本结构的权衡理论时，由于所观测到的并购支付与融资方式为二值虚拟变量，因此，本章建立了离散的因变量模型，并且采用 Logit 回归分析方法来检验并购支付与融资方式选择的相关假设，以考察并购公司的并购融资政策是否具有目标资本结构的动态调整行为。借鉴 Hovakimian and Li

---

[1] Baker and Wurgler（2002）检验市场择时理论的模型为：$(\frac{D}{A})_t = a + b(\frac{M}{B})_{efwa,t-1} + c(\frac{M}{B})_{t-1} + d(\frac{PPE}{A})_{t-1} + e(\frac{EBITDA}{A})_{t-1} + f\log(S)_{t-1} + \mu_t$（Baker and Wurgler，2002），在此模型中，Baker and Wurgler（2002）认为，将 M/B_t 同时包括在方程中就排除了由市场账面价值比水平导致的当前横截面数据变动对因变量产生的影响。这样对 M/B_efwa 来说，就只剩下了过去企业市场账面价值比的变动所造成的影响了，并认为这是他们设计实证分析的一个重要方面。他们还认为，市场账面价值比变动可能首先与投资机会有关，而不是因为管理层洞悉了错误的估价。因此，排除了当前市场账面价值比所代表的当前投资机会的影响，就使得过去的企业内（within-firm）的变化能够更好地代表已过去的进行市场时机选择的机会（Baker and Wurgler，2002）。

（2011）的负债－权益选择回归模型[①]，构建并购支付与融资方式选择的回归模型，具体模型构建如下：

$$\text{Ln}\left(\frac{\text{P(Payment}=1|X,\alpha)}{1-\text{P(Payment}=1|X,\alpha)}\right) = \alpha_0 + \alpha_1\left(\text{LEV}_{it}^* - \text{LEV}_{it-1}\right) + \alpha_2 \text{M/B\_EFWA}_{it-1} + \alpha_3 \text{FIN\_DEF}_{it} + \alpha_i \text{Con} tr ol_{it-1} + \varepsilon_{it} \tag{8}$$

$$\text{Ln}\left(\frac{\text{P(Finance}=1|X,\beta)}{1-\text{P(Finance}=1|X,\beta)}\right) = \beta_0 + \beta_1\left(\text{TarLEV}_{it} - \text{LEV}_{it-1}\right) + \beta_2 \text{M/B\_EFWA}_{it-1} + \beta_3 \text{FIN\_DEF}_{it} + \beta_i \text{Con} tr ol_{it-1} + \varepsilon_{it} \tag{9}$$

在模型（8）中，Payment表示并购支付方式，为二值虚拟变量，现金支付为1，股票支付则为0。在模型（9）中，Finance表示并购融资方式，为二值虚拟变量，债务融资为1，其他融资方式为0。模型（8）与模型（9）中，$\left(\text{LEV}_{it}^* - \text{LEV}_{it-1}\right)$表示公司实际资本结构与其目标水平的偏差，用以检验目标资本结构对并购支付方式与融资方式选择的影响，M/B_EFWA_{it-1}与FIN_DEF_{it}分别用来考察市场择时理论与优序融资理论对并购支付方式与融资方式选择的解释力。Control为本书主要考虑的控制变量，具体如下：盈利能力（Profitability）：如果并购公司内部能产生充足的现金流，那么公司倾向于使用内部融资来完成并购交易，Jensen（1986）认为公司过多的自由现金流将导致收购公司使用内部资金。持有较多现金的公司比其他公司更有可能采用内部融资方式进行收购。如果并购公司未来有充足的现金流量，则可以考虑使用内部资金来完成并购支付。本书用并购公司的盈利能力来衡量其在并购中进行内部融资的能力。投资机会（M/B）：许多学者认为并购公司投资机会与股权融资方式的使用正相关（Myers，1977；Martin，1996；Faccio and Masulis，2005；Dong et al.，2006；Swieringa and Schauten，2007；Alberta Di Giuli，2013），而国内学者则认为投资机会对股票对价并购并无显著的影响（李

---

① Hovakimian and Li（2011）用以检验目标资本结构存在性所构建的负债与权益选择的回归模型为：$\text{DI}_{i,T+1}^* = \alpha + \beta\left(\text{BDR}_{i,T+1}^* - \text{BDR}_{i,T}\right) + \varepsilon_{i,T+1}$（1）；$\text{ER}_{i,T+1}^* = \alpha + \beta\left(\text{BDR}_{i,T+1}^* - \text{BDR}_{i,T}\right) + \varepsilon_{i,T+1}$。（2）他们所构建的负债－权益选择模型为二值潜变量模型，其中模型（1）与模型（2）中的$\text{BDR}_{i,T+1}^*$为通过对资本结构影响因素进行回归估计所得到的公司目标资本结构。模型（1）中$\text{DI}_{i,T+1}^*$为衡量公司发行债务而非股票倾向的连续潜变量，与其所对应的可观测到的二值虚拟变量为：如果公司发行债务，则赋值为1；如果公司发行股票，则赋值为0。模型（2）中的$\text{ER}_{i,T+1}^*$为衡量公司回购股票而非回购债务倾向的连续潜变量，而与其所对应的可观测到的二值虚拟变量为：如果公司回购股票，则赋值为1；如果公司回购债务，则赋值为0。他们认为如果目标资本结构具有重要性，即如果目标资本结构存在，则实际资本结构与目标资本结构的偏差$\left(\text{BDR}_{i,T+1}^* - \text{BDR}_{i,T}\right)$的系数β应该为正，且具有统计与经济上的显著性。

善民和陈涛，2009；苏文兵、李心合和李运，2009）或者存在负向影响（刘淑莲、张广宝和耿琳，2012）。资产有形性（Tangibility）：并购公司的有形资产比率越高，则其债务融资能力越强，Faccio and Masulis（2005）分别用资产负债率、资产有形性与公司规模作为并购公司债务融资能力的替代变量，研究发现并购公司的债务融资能力与并购支付金额中现金支付占比之间存在正相关关系。由于模型（8）与模型（9）中包含了公司实际资本结构与其目标资本结构偏差的变量 $(TarLEV_{it} - LEV_{it-1})$，因此，本章主要通过资产有形性与公司规模来度量公司的债务融资能力对并购融资政策的影响。而可以作为抵押资产的有形资产可以增强公司的债务融资能力，公司债权人可以借债公司的有形资产为其可能的债务违约担保，一旦借债公司违约，债权人就可以出售借债公司的有形资产来收回其放贷资金。因此，对于具有大量有形资产的借债公司而言，其债权人可以要求一个较低的回报率，即降低债务融资成本。因而具有大量有形资产的公司能较为容易地进入债务资本市场获得债务融资资金，增强其现金支付的能力（Faccio and Masulis，2005；Swieringa and Schauten，2007）。公司规模（Size）：并购公司规模是另一个衡量并购公司债务融资能力的方法。规模较大的并购公司会有较高的债务融资能力以及更多元化的经营，因而导致较低的破产可能性以及较低债务融资成本。除此之外，规模较大的并购公司更有可能拥有较低的交易成本以及更容易进入债务融资市场（Faccio and Masulis，2005），为现金对价并购进行债务融资。因此，并购公司规模越大，其选择债务融资方式的可能性也越大。国内外学者在研究并购公司的融资政策时主要关注并购公司并购支付方式的选择，忽略了对一定支付方式下的并购融资方式选择的研究，可能的原因在于大多数学者将并购支付方式视同于并购融资方式（Martynova and Renneboog，2009）。虽然并购支付方式的选择会通过并购融资方式的选择间接地影响并购公司资本结构的变化，而并购融资方式的选择则可以更为直接地影响并购公司资本结构的变化。因此，本章主要考察目标资本结构对并购融资方式选择的影响[①]。

2) 变量定义

上述相关变量的定义详见表7-1。

表7-1 变量定义

变量名称	变量描述	衡量方法
LEV	实际资本结构	(期末短期借款 + 期末长期借款 + 期末一到期长期负债 + 期末应付债券）/ 期末总资产
LEV*	目标资本结构	采用目标资本结构的影响因素对公司实际资本结构进行回归估计所得
Over_Lev	杠杆过度	如果某一并购公司的 $\left(\mathrm{LEV}^*_{it} - \mathrm{LEV}_{it-1}\right)$ 小于样本公司的 $\left(\mathrm{LEV}^*_{it} - \mathrm{LEV}_{it-1}\right)$ 的p25分位时，为杠杆过度公司（Over_LEV），则赋值为1；如果某一并购公司的 $\left(\mathrm{LEV}^*_{it} - \mathrm{LEV}_{it-1}\right)$ 大于样本公司的 $\left(\mathrm{LEV}^*_{it} - \mathrm{LEV}_{it-1}\right)$ 的p75分位时，为杠杆不足公司(Under_LEV)，则赋值为0
Payment	并购支付方式	现金支付方式为1，股票支付方式为0
Finance	并购融资方式	债务融资方式为1，其他融资方式为0
FIN_DEF	资金缺口	(股利支出+资本支出+营运资本增量+一年内到期的长期负债－息税后经营现金流量）/总资产
M/B_EFWA	外部融资加权平均M/B	$\mathrm{M/B\_EFWA}_{t-1} = \sum_{j=0}^{t-1}\left[\dfrac{\Delta\mathrm{Equity}_j + \Delta\mathrm{Debt}_j}{\sum_{j=0}^{t-1}(\Delta\mathrm{Equity}_j + \Delta\mathrm{Debt}_j)} \times (\mathrm{M/B})_j\right]$
M/B	投资机会	(股权市值+净债务市值）/ 期末总资产
Tangibility	有形资产比率	有形资产总额 / 总资产
Profitability	盈利能力	息税折旧摊销前利润/总资产
Unique	独特性	销售费用 / 营业收入
Size	公司规模	公司总资产的自然对数
Ind_Median	财务杠杆行业中位数	账面杠杆比率的行业中位数

---

① 并购融资方式主要划分为内部融资、债务融资、股权融资以及混合融资方式，如果混合融资=内部融资+债务融资，或混合融资=内部融资+股权融资，那么本章将此类混合融资方式划归到债务融资或股权融资方式中，而对于混合融资=内部融资+债务融资+股权融资，或混合融资=债务融资+股权融资，由于此类混合融资较少，以及无法有效地进行分析，本章则不予以考虑。由于本章主要考察目标资本结构对并购融资方式选择的影响，以及并购公司通过并购融资方式的选择来进行资本结构的目标调整，因此本章将并购融资方式主要划分为债务融资与非债务融资两种。

7.4 —————————— 假设检验与结果分析 ——————————

1) 描述性统计分析

表7-2列示了样本公司相关变量的描述性统计结果。从表7-2中可以看出，我国发起并购交易的上市公司的有息负债率（LEV）较低（均值与中位数均不到30%），说明并购公司为增强其并购融资能力，会在并购交易发起之前调低其杠杆比率，而当并购交易完成之后，则会调高其杠杆比率。此外，外部融资加权平均M/B比率（M/B_EFWA）的均值与中位数也均大于1，说明并购公司的股价存在被市场高估的现象，公司可能存在利用市场错误定价的机会发起并购交易而择时市场的动机和行为。资金缺口变量（FIN_DEF）的均值与中位数也均大于零，说明并购公司面临融资约束，需要进行外部融资，进而会导致资本结构的变化。

表7-2   描述性统计结果

变量	样本数	均值	标准差	25%	中位数	75%
LEV	3 434	0.268	0.173	0.139	0.261	0.381
Profitability	3 360	0.084	0.071	0.051	0.079	0.116
M/B	3 380	1.540	0.899	1.003	1.220	1.700
Tangibility	3 380	0.958	0.058	0.947	0.978	0.995
Size	3 360	21.995	1.301	21.161	21.884	22.705
Unique	3 380	0.048	0.058	0.014	0.031	0.058
Ind_Median	3 526	0.262	0.101	0.191	0.270	0.332
M/B_EFWA	3 039	2.102	1.891	0.890	1.831	3.043
FIN_DEF	3 359	0.032	0.156	−0.056	0.018	0.105

注：①为避免极端观测值的影响，对上述变量采用其分布于1%和99%分位上的观测值进行缩尾处理。②考虑到计算变量M/B_EFWA时，其权重不能小于0，因此，当其权重小于0时，用0予以替代。此外，借鉴Baker and Wurgler（2002）处理M/B_EFWA极端值的方法对M/B_EFWA进行了相应的处理。

2) 资本结构均值回归假设检验与结果分析

Opler et al.（1999）采用均值回归模型检验公司是否存在目标现金持有水平，他们认为，如果公司的现金持有量存在均值回归，则接受公司存在目标现金持有水平的假设。借鉴 Opler et al.（1999）的这一思想，本章在考察公司是否存在目标资本结构水平时，首先检验公司的资本结构是否存在均值回归。同样，如果公司的资本结构不存在均值回归，则拒绝公司存在目标资本结构的假设。根据 Opler et al.（1999）的模型，本章构建资本结构均值回归模型：$\Delta LEV_{it} = \alpha_i + \beta \Delta LEV_{it-1} + \varepsilon_{it}$，如果 β 显著为负，则表明资本结构存在均值回归。模型的回归结果见表7-3[①]。

表7-3列示了各样本公司资本结构变化水平（ΔLEV_{it}）在至少五年的样本期间内的一阶自回归估计结果，表明公司资本结构变化水平（ΔLEV_{it}）的一阶滞后值（ΔLEV_{it-1}）的系数在1%的置信水平上显著为负，说明资本结构也存在均值回归现象。

表7-3　　　　　　　　　　**资本结构的均值回归检验结果**

变量	系数
ΔLEV_{it-1}	-0.098[①]
	（-5.16）
Cons	0.005[②]
	（2.23）
N	2 419
Adj_R^2	0.011

注：①表7-4中对采用GMM-DIF与GMM-SYS估计方法时，对模型设定的合理性检验结果表明扰动项不存在自相关问题。②基于异方差稳健标准误的检验结果也表明公司资本结构存在均值回归现象。

图7-1展示了各样本公司资本结构变化水平（ΔLEV_{it}）在至少五年的样本期间内的一阶自回归系数估计值（β）的分布情况。其中一阶自回归系数估计值（β）的中位数为负（-0.234，限于篇幅，β 的描述性统计分析结果未予列示），表明公司资本结构存在均值回归，似乎存在系统性的因素使得公司不会任由其资本结构水平过高或过低。

[①]　需要说明的是，与 Opler et al.（1999）关于公司现金持有均值回归的假设检验结果一致，由于本章的样本同样较小，表7-3所列示的资本结构均值回归检验结果中 ΔLEV_{it-1} 的系数估计存在下偏偏误，因此，公司资本结构的均值回归程度可能被低估了。此外，表7-3中资本结构均值回归模型检验结果的 Adj_R^2 较低，说明该简单的均值回归模型仅解释了资本结构的一些变化，而当本章将权衡理论变量与优序融资理论变量综合考虑之后，模型通过了整体显著性检验（见表7-7）。

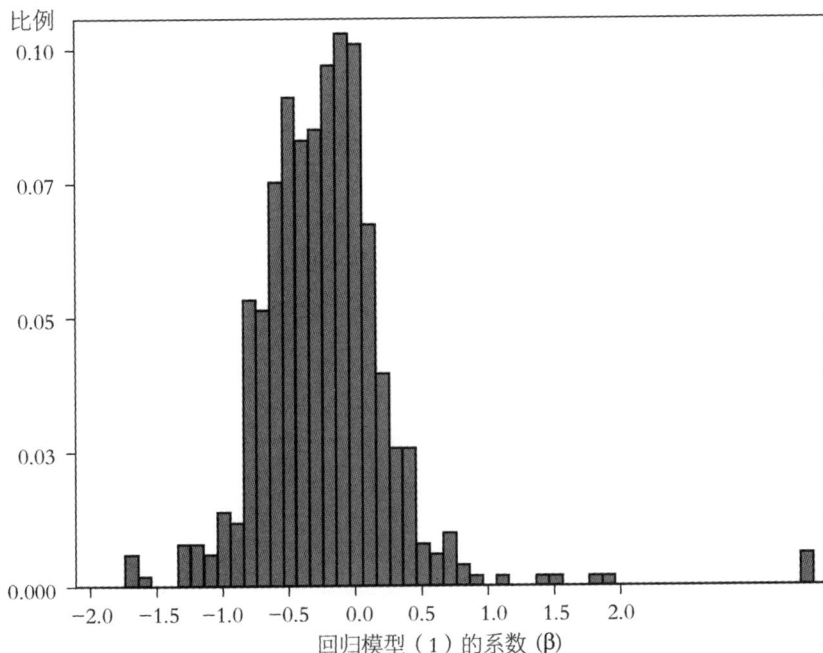

图7-1 （LEV$_{it-1}$-LEV$_{it-2}$）的系数分布

虽然本章的研究结果支持了公司资本结构存在均值回归现象，但是资本结构均值回归是机械存在的，还是公司对其资本结构进行目标调整的结果，尚不清楚。公司是否真正存在目标资本结构，还有待进一步的研究结论来予以支持。基于此，下文将借鉴 Hovakimian and Li（2011）的研究思路与方法，首先构建局部调整模型以估计资本结构动态调整速度，从理论上检验资本结构动态权衡理论的存在性与重要性，从而验证公司目标资本结构的存在性，然后构建类似于"债务–权益选择模型"的并购支付与融资方式选择模型，考察处于不同资本结构水平的并购公司如何选择并购融资政策，检验公司将会采取何种方式进行资本结构的目标调整。

3）目标资本结构存在性假设检验与结果分析

表7-4列示了几种不同估计方法对资本结构动态权衡理论的检验结果，虽然在不同的估计方法下，LEV$_{it-1}$的系数（1-λ）有所差异，即所估计出的资本结构动态调整速度有快有慢，但均在1%的置信水平上显著为正，支持了资本结构的动态权衡理论，表明公司存在目标资本结构。

表7-4　　　　　　　　　　　　动态权衡理论检验结果

估计方法　变量	Pooled OLS	FE	GMM-DIF	GMM-SYS	RE-Tobit	IV	IV(p25-p75)
LEV_{it-1}	0.785*** (68.08)	0.464*** (26.08)	0.686*** (15.76)	0.770*** (21.42)	0.784*** (68.31)	0.436*** (21.38)	0.390*** (9.44)
Profitability	0.019 (0.75)	−0.133*** (−3.79)	0.007 (0.11)	0.054 (0.88)	0.016 (0.64)	−0.134*** (−3.53)	0.040 (0.79)
M/B	−0.007*** (−3.44)	0.001 (0.42)	0.001 (0.21)	−0.001 (−0.18)	−0.007*** (−3.44)	0.001 (0.53)	−0.009** (−2.38)
Tangibility	0.044 (1.52)	−0.032 (−0.72)	0.032 (0.35)	0.025 (0.26)	0.039 (1.35)	−0.014 (−0.30)	−0.046 (−0.75)
Size	0.008*** (5.11)	0.029*** (6.66)	0.024** (2.49)	0.036*** (4.19)	0.008*** (6.01)	0.030*** (6.41)	0.033*** (5.27)
Unique	−0.134*** (−4.63)	−0.029 (−0.51)	−0.121 (−1.47)	−0.170** (−2.02)	−0.136*** (−4.69)	0.016 (0.26)	−0.119 (−1.34)
Ind_Median	0.090*** (4.80)	0.050 (1.51)	−0.346*** (−5.78)	−0.375*** (−6.26)	0.090*** (4.86)	0.080** (2.10)	0.121** (2.40)
Cons	−0.160*** (−3.85)	−0.449*** (−4.45)	−0.388* (−1.77)	−0.644*** (−3.31)	−0.168*** (−4.15)	−0.511*** (−4.55)	−0.511*** (−3.56)
Year_Dummy	Yes	Yes	Yes	Yes	No	Yes	Yes
Fixed effects?	No	Yes	No[b]	No[b]	No[a]	Yes	Yes
Half-Life	2.9年	0.9年	1.8年	2.7年	2.8年	1.2年	1.1年
N	3 352	3 352	2 412	2 919	3 352	2 919	1 667
Adj_R²/F/Wald chi2[c]	0.698	91.25***	426.71***	1 059.97	7 765.64***	0.652	0.170
AR(1) P>Z	—	—	0.000	0.000	—	0.316	0.701
AR(2) P>Z	—	—	0.302	0.289	—	—	—
Sargan-JP>Chi-Sq	—	—	0.364	0.300	—	—	—

注：（1）***、**、*分别表示在1%、5%和10%的置信水平上显著不为零，括号内为同方差假定下的t或z统计量。此外，本章也在异方差情况下，使用稳健标准误进行了参数估计和假设检验，也支持了上述检验结果，下同。（2）①由于无条件固定效应的Tobit模型是有偏的，因此本书采用随机效应Tobit模型。②一阶差分过程中包含固定效应。③Adj_R²/F/Wald chi2为对回归模型整体的显著性检验，分别为调整的拟合优度，F检验与Wald chi2检验。（3）采用GMM-DIF和GMM-SYS估计方法时，对模型设定的合理性检验结果表明，可以接受扰动项无自相关的假设以及工具变量的选择通过了过度识别检验，即所有工具变量都有效。考虑到Sargan统计量为基于iid假设的前提，本书还进行了异方差稳健的Hansen检验，检验结果与前者保持一致。（4）为了避免模型中所包含的被解释变量的一期滞后变量LEV_{it-1}与随机扰动项相关，本书采用被解释变量的二期滞后值作为工具变量进行IV估计，序列相关检验结果AR（1）P>Z的概率值为0.316，即IV估计通过了序列相关检验。

Pooled OLS 估计方法的结果中，除了盈利能力（Profitability）与有形资产比率（Tangibility）外，目标资本结构的其他影响变量的系数均具有统计意义上的显著性。LEV_{it-1} 的系数意味着并购公司调整其实际资本结构与目标资本结构偏差的速度为 21.5%（1−0.785×100%），而以此速度进行资本结构调整的话，并购公司将要花费 2.9 年才能调整到其实际资本结构与目标资本结构偏差的 50%（Half−Life=2.9 年）。这种较慢的调整速度可能受到调整成本的影响，也有可能受到并购公司在短期内遵循市场择时理论或优序融资理论的影响。此外，由于 Pooled OLS 估计方法没有考虑到影响资本结构决策的公司个体特征（个体效应）（Flannery and Rangan，2006）[①]，会导致严重的遗漏变量偏误，因此对模型（2）采用了固定效应估计方法。

在 FE 估计方法的结果中，我们发现考虑到公司个体效应之后，LEV_{it-1} 的系数有了较大幅度的降低，并购公司调整其实际资本结构与目标资本结构偏差的速度上升为 53.6%（1−0.464×100%），资本结构调整的半周期也从 Pooled OLS 估计结果的 2.9 年下降到了 0.9 年。

Huang and Ritter（2009）认为在估计资本结构动态调整速度时，没有考虑固定效应的 Pooled OLS 估计结果存在下偏偏误（biased downward），而 FE 估计结果存在上偏偏误（biased upward）[②]。为了避免 Pooled OLS 与 FE 模型估计结果存在的偏误问题，应该采用广义矩估计（GMM）方法。Flannery and Rangan（2006）以及 Huang and Ritter（2009）等学者针对同一组样本，分别采用 OLS、FE 和 GMM 进行估计，基于 GMM 估计出的调整速度都介于 OLS 和 FE 估计量之间。本章同时采用 GMM−DIF（一阶差分 GMM）与 GMM-SYS 进行估计，结果支持了上述学者的研究结论。

此外，考虑到被解释变量 LEV_{it} 为受限变量，并且无条件固定效应的

[①] Flannery and Rangan（2006）以 Fama-MacBeth 回归模型与 OLS 回归模型所估计的调整速度分别为 13.3% 与 13.6%，而考虑到公司个体效应后，对 Fama-MacBeth 回归模型进行组内去心后，所估计的调整速度提高到 36.1%，同时以面板固定效应模型（FE panel）且考虑到时间效应后，所估计的调整速度提高到 38.0%。本章采用 Flannery and Rangan（2006）的方法也得到了类似的结果，限于篇幅，未予列示。

[②] 对动态面板模型 "$y_{it} = \alpha + \rho y_{it-1} + X_{it}'\beta + Z_i'r + v_i + \varepsilon_{it}$" 做离差变换得：$(y_{it} - \overline{y_i}) = \rho(y_{it-1} - \overline{Ly_i}) + (X_{it} - \overline{X_i})\beta + (\varepsilon_{it} - \overline{\varepsilon_i})$，由于 $\overline{Ly_i}$ 中包含 $\{y_{i2}, \cdots, y_{iT-1}\}$ 的信息，因而与 $(\varepsilon_{it} - \overline{\varepsilon_i})$ 相关，故 FE 是不一致的。

Tobit 模型是有偏的，我们采用随机效应 Tobit 模型（RE-Tobit），并设定左端截取的下限为 0，右端截取的上限为 1，对公司资本结构动态调整速度进行了估计，其结果支持了资本结构的动态权衡理论。

最后，一些学者利用蒙特卡洛模拟数据研究发现，即使在目标资本结构不存在或者资本结构不进行频繁调整的情况下，资本结构也会发生均值回归（Shyam-Sunder and Myers，1999；Chang and Dasgupta，2009）。因为资本结构是一个有界的比率，处于 0 到 1 之间，杠杆非常高的公司除了降低其杠杆之外无处可去，反之亦然。而为了控制资本结构这种机械的均值回归的影响，Flannery and Rangan（2006）在检验目标资本结构的局部调整过程中，只保留了中间 50 分位的样本，其资本结构调整速度的估计结果与全样本基本一致。本章借鉴了 Flannery and Rangan（2006）控制资本结构机械均值回归的研究方法，分别对中间 50 分位的样本与全样本进行了回归检验，检验结果表明以中间 50 分位样本所估计的资本结构动态调整速度反而比以全样本所估计的资本结构动态调整速度要快（见表 7-4 的 IV 与 IV（p25-p75）估计）。因此，我们认为资本结构机械的均值回归并不是资本结构具有较快的动态调整速度的原因。

总之，基于资本结构的动态权衡理论与标准的局部调整模型，本章检验了公司是否存在目标资本结构，以及公司向其目标资本结构水平进行调整的速度，检验结果表明公司确实存在目标资本结构，其向目标资本结构水平的调整速度处于 21.5% 到 61.0% 之间，支持了资本结构的动态权衡理论。然而这种较慢的调整速度可能缘于较高的调整成本阻碍，也可能由于受资本结构动态权衡理论的其他竞争性理论（优序融资理论与市场择时理论）所支配。为了区分这两种因素，也为了进一步证实动态权衡理论，在后面的稳健性检验中将检验优序融资理论的资金缺口变量与市场择时理论的外部融资加权平均市账比变量纳入局部调整模型中，在同一框架下考察资本结构三种主要的竞争性理论的存在性与相对重要性，进一步验证公司目标资本结构的存在性假设以及三种理论对资本结构变化的影响路径。

4）目标资本结构调整假设检验与结果分析

前面已经证实并购公司存在目标资本结构，并且存在资本结构的目标调整行为，支持了资本结构的动态权衡理论。那么，处于不同资本结构水平的并购公司是如何调整其资本结构的呢？并购公司实际的资本结构水平会影响其并购融资决策吗？目标资本结构是否在并购公司具体的并购融资决策过程中发挥着重要作用？以及是否会受到优序融资与市场择时"分力"的影响呢？并购融资政策（包括并购支付方式与融资方式）提供了一个独特的机会来检验资本结构的三大主要竞争性理论，因为并购公司在并购宣告之前、并购宣告时以及并购宣告后的实际资本结构与目标资本结构的偏离可能与并购支付方式与融资方式相关，并购融资决策可能与支付方式相关，同时融资决策与资本结构政策之间又存在着相互影响，因此，大多数实务工作者在进行并购交易设计时会同时将支付方式、融资方式与资本结构结合在一起考虑（Bruner，2004）。本书基于动态权衡理论来检验目标资本结构对并购支付方式与融资方式选择的影响，也即考察并购公司在支付方式与融资方式选择时是否遵循动态权衡理论，是否会对资本结构进行再平衡。借鉴 Hovakimian et al.（2001）以及 Hovakimian and Li（2011）所构建的债务–权益选择的离散因变量模型，本书进一步构建了并购支付方式与融资方式选择模型（模型（3）与模型（4）），从并购公司具体的融资政策选择倾向来检验公司是否存在资本结构目标调整行为，从而也考察了并购公司是如何利用并购融资政策来进行资本结构动态调整的。

（1）目标资本结构与并购支付方式选择

表7–5列示了目标资本结构对并购支付方式选择影响的 Logit 回归结果。从列（1）中我们可以看出 $(\mathrm{LEV}_{it}^{*} - \mathrm{LEV}_{it-1})$ 的系数在5%的置信水平上显著为正，表明并购公司实际资本结构与其目标资本结构的偏差 $(\mathrm{LEV}_{it}^{*} - \mathrm{LEV}_{it-1})$ 越大，并购公司越有可能选择现金支付方式，也即杠杆不足的并购公司倾向于选择现金支付方式，而杠杆过度的并购公司倾向于选择股票支付方式。公司通常会通过债务融资来筹集现金进行并购支付，因此现金支付方式应该与杠杆比率的增加相关。一些学者也认为，由于股票

表7-5 目标资本结构对并购支付方式选择的影响

变量	（1）	（2）	（3）	（4）	（5）
$LEV^*_{it} - LEV_{it-1}$	4.134**	3.902**	4.132**	3.902**	
	（2.23）	（2.11）	（2.23）	（2.11）	
	[0.513]	[0.490]	[0.513]	[0.490]	
Profitability	0.147	0.695	0.103	0.710	4.098
	（0.06）	（0.27）	（0.04）	（0.27）	（1.40）
	[0.018]	[0.087]	[0.013]	[0.089]	[0.574]
M/B	0.276*	0.247	0.279*	0.246	0.024
	（1.76）	（1.34）	（1.77）	（1.34）	（0.09）
	[0.034]	[0.031]	[0.035]	[0.031]	[0.003]
Tangibility	−1.297	−1.360	−1.249	−1.376	−3.070
	（−0.48）	（−0.50）	（−0.45）	（−0.51）	（−0.79）
	[−0.161]	[−0.171]	[−0.155]	[−0.173]	[−0.430]
Size	−0.049	−0.052	−0.048	−0.052	−0.204
	（−0.36）	（−0.38）	（−0.35）	（−0.38）	（−1.15）
	[−0.006]	[−0.006]	[−0.006]	[−0.007]	[−0.029]
M/B_EFWA		−0.026		−0.026	0.048
		（−0.23）		（−0.23）	（0.31）
		[−0.003]		[−0.003]	[0.007]
FIN_DEF			−0.166	0.049	0.693
			（−0.16）	（0.05）	（0.50）
			[−0.021]	[0.006]	[0.097]
Over_LEV					−0.848**
					（−2.08）
Cons	0.070	0.268	−0.000	0.291	5.670
	（0.02）	（0.07）	（−0.00）	（0.08）	（1.12）
N	388	379	388	379	193
Pseudo R^2	0.0247	0.0201	0.0248	0.0201	0.0441

注：①中括号内的值为解释变量在样本平均值处的边际效应。②方差方程（lnsigma2）估计结果中的似然比检验的P值大于0.05，故可以在0.05的显著性水平上接受同方差的Logit模型。③可能由于Column（5）的方程中存在二值虚拟解释变量，而无法求得lnsigma2的估计概率。表7-6和表7-8的说明均同表7-5。

发行的成本高，大多数现金并购交易的支付金额来源于债务融资或内部资金（Harford et al.，2009；Uysal，2011）。因此，并购公司实际资本结构与其目标资本结构的偏差 $\left(\mathrm{LEV}_{it}^{*}-\mathrm{LEV}_{it-1}\right)$ 显著正相关表明当并购公司的资本结构水平处于杠杆不足时，会倾向于选择现金支付方式，触发公司进行更多的债务融资，提高公司的债务水平；而当并购公司的资本结构水平处于杠杆过度时，会倾向于选择股票支付方式，以避免并购公司进行更多的债务融资。

此外，在表 7-5 的列（2）中，我们进一步将市场择时变量放入回归方程中，以考察并购公司在并购支付方式选择时是否存在市场择时动机。从列（2）的回归结果中，我们发现并购公司实际资本结构与其目标资本结构的偏差 $\left(\mathrm{LEV}_{it}^{*}-\mathrm{LEV}_{it-1}\right)$ 仍然与现金支付方式选择的可能性在 5% 的置信水平上显著正相关，虽然市场择时变量（M/B_EFWA）与现金支付方式选择的可能性存在负相关关系，但在统计上并不具有显著性。因此，我们认为并购公司在并购支付方式选择时可能并不存在市场择时动机。随后，我们在列（3）中，将优序融资变量（FIN_DEF）放入回归方程中，以考察并购公司在并购支付方式选择时是否遵循优序融资理论。同样，我们发现并购公司实际资本结构与其目标资本结构的偏差 $\left(\mathrm{LEV}_{it}^{*}-\mathrm{LEV}_{it-1}\right)$ 与现金支付方式选择的可能性在 5% 的置信水平上仍然显著正相关，而对优序融资变量的检验却没有得到预期的结果。最后，我们在列（4）中同时将市场择时变量与优序融资变量放入回归方程中，发现 $\left(\mathrm{LEV}_{it}^{*}-\mathrm{LEV}_{it-1}\right)$、市场择时变量（M/B_EFWA）与优序融资变量（FIN_DEF）最后的回归结果与列（2）及列（3）中的回归结果几乎一致。

为了增强研究结果的稳健性，我们依据并购公司实际资本结构与其目标资本结构的偏差 $\left(\mathrm{LEV}_{it}^{*}-\mathrm{LEV}_{it-1}\right)$ 构建虚拟变量，将样本公司划分为杠杆过度公司与杠杆不足公司。虚拟变量的具体生成方式为：如果某一并购公司的 $\left(\mathrm{LEV}_{it}^{*}-\mathrm{LEV}_{it-1}\right)$ 小于样本公司的 $\left(\mathrm{LEV}_{it}^{*}-\mathrm{LEV}_{it-1}\right)$ 的 p25 分位时，为杠杆过度公司（Over_Lev），则赋值为 1；如果某一并购公司的 $\left(\mathrm{LEV}_{it}^{*}-\mathrm{LEV}_{it-1}\right)$ 大于样本公司的 $\left(\mathrm{LEV}_{it}^{*}-\mathrm{LEV}_{it-1}\right)$ 的 p75 分位，为杠杆不足公司（Under_L EV），则赋值为 0。接着，我们将 $\left(\mathrm{LEV}_{it}^{*}-\mathrm{LEV}_{it-1}\right)$ 变量替

换成虚拟变量 Over_ LEV ，纳入模型（3）中进行 Logit 回归，回归结果列示于表 7-5 中的列（5）。从列（5）的回归结果中，我们发现变量 Over_ LEV 的系数在 5% 的置信水平上显著为负，表明相对于杠杆不足的并购公司，在现金支付与股票支付两种并购支付方式中，杠杆过度的并购公司更倾向于选择股票支付方式而非现金支付方式。这进一步支持了列（1）至列（4）关于 $(LEV_{it}^* - LEV_{it-1})$ 与现金支付方式选择可能性的相关关系。而市场择时变量（M/B_EFWA）与优序融资变量（FIN_DEF）同样对并购支付方式的选择无显著影响。

综上所述，本章认为并购公司在并购支付方式选择时，存在资本结构的目标调整行为，杠杆过度公司不倾向于选择现金支付方式，以避免过多的债务融资，而杠杆不足公司倾向于选择现金支付方式，以触发更多的债务融资，这些均是对资本结构进行再平衡的过程，也即并购公司在选择并购支付方式时，会考虑到公司的目标资本结构，从而支持了资本结构的动态权衡理论；相反，拒绝了优序融资理论与市场择时理论，从而进一步验证了公司存在目标资本结构。

（2）目标资本结构与并购融资方式选择

由表 7-5 的目标资本结构对并购支付方式选择影响的 Logit 回归结果，我们可知杠杆过度的并购公司不倾向于选择现金支付方式，而杠杆不足的并购公司倾向于选择现金支付方式。承接上述研究结论，我们进一步研究了并购公司在并购融资方式选择时是否会受到目标资本结构的影响，是否存在对资本结构进行再平衡的行为。与并购公司在选择并购支付方式时存在资本结构目标调整行为的结论相一致，表 7-6 关于并购融资方式选择的回归结果也表明并购公司在选择并购融资方式时存在着资本结构的目标调整行为，回归结果具体如下：列（1）的回归结果显示并购公司实际资本结构与其目标资本结构的偏差 $(LEV_{it}^* - LEV_{it-1})$ 与债务融资的可能性在 10% 的置信水平上显著为正，表明 $(LEV_{it}^* - LEV_{it-1})$ 越大，并购融资方式选择中的债务融资的可能性就越大，也即相对于杠杆过度的并购公司，杠杆不足的并购公司选择债务融资的可能性更大。这说明现金支付方式下的杠杆过度并购公司不倾向于选择债务融资方式，以避免并购后面临更高的杠杆比率①。而当在列（2）与列（3）中分别放入市场择时变量（M/B_EFWA）与优序融资变量（FIN_DEF）以及列（4）中同时放入该两变量时，并购公司实际资本结构与其目标资本结构的偏差 $\left(\mathrm{LEV}_{it}^{*}-\mathrm{LEV}_{it-1}\right)$ 的系数仍然在10%的置信水平上显著为正，而列（2）至列（4）中的市场择时变量与优序融资变量对并购融资方式的选择并无显著的影响，支持资本结构的动态权衡理论，拒绝优序融资理论与市场择时理论。因此，我们认为与并购公司在支付方式选择时会考虑目标资本结构一致，并购公司在融资方式选择时同样会受到目标资本结构的显著影响，实际资本结构与其目标资本结构的偏差 $\left(\mathrm{LEV}_{it}^{*}-\mathrm{LEV}_{it-1}\right)$ 程度不同的并购公司会选择不同的融资方式向其目标资本结构水平进行调整。

表7-6   **目标资本结构对并购融资方式选择的影响**

变量	（1）	（2）	（3）	（4）	（5）
$\mathrm{LEV}_{it}^{*}-\mathrm{LEV}_{it-1}$	2.898* (1.80) [0.471]	3.032* (1.87) [0.496]	2.925* (1.82) [0.475]	3.046* (1.88) [0.498]	
Profitability	4.672** (2.17) [0.760]	4.693** (2.15) [0.767]	4.854** (2.24) [0.789]	4.871** (2.21) [0.796]	1.256 (0.43) [0.203]
M/B	−0.032 (−0.21) [−0.005]	−0.016 (−0.09) [−0.003]	−0.044 (−0.28) [−0.007]	−0.023 (−0.14) [−0.004]	0.036 (0.14) [0.006]
Tangibility	2.501 (0.86) [0.407]	2.378 (0.82) [0.389]	2.231 (0.77) [0.363]	2.121 (0.73) [0.347]	2.462 (0.52) [0.397]
Size	−0.011 (−0.10) [−0.002]	−0.004 (−0.04) [−0.001]	−0.016 (−0.14) [−0.003]	−0.009 (−0.08) [−0.001]	0.091 (0.57) [0.015]
M/B_EFWA		0.046 (0.48) [0.008]		0.040 (0.42) [0.007]	0.160 (1.09) [0.026]
FIN_DEF			0.654 (0.72) [0.106]	0.578 (0.62) [0.094]	0.473 (0.37) [0.076]
Over_LEV					−0.685* (−1.84)
Cons	−3.959 (−1.11)	−4.137 (−1.16)	−3.608 (−1.00)	−3.789 (−1.05)	−6.009 (−1.06)
N	388	379	388	379	193
Pseudo R²	0.0239	0.0268	0.0252	0.0277	0.0331

---

① 并购的支付方式主要为现金支付、股票支付以及混合支付三种支付方式，考虑到混合支付方式的样本较少，以及无法有效地进行分析，本章只考虑完全使用现金支付与完全使用股票支付的并购样本。而并购融资方式主要为内部融资、债务融资、股权融资以及混合融资方式，如果混合融资＝内部融资＋债务融资，或混合融资＝内部融资＋股权融资，本章将此类混合融资方式划归到债务融资或股权融资方式中，而对于混合融资＝内部融资＋债务融资＋股权融资，或混合融资＝债务融资＋股权融资，本章考虑到此类混合融资方式较少，以及无法有效地进行分析，不予以考虑。因此，当并购公司选择股票支付方式时，其融资方式应该为股权融资方式，而当并购公司选择现金支付方式时，其融资方式应该为内部融资、债务融资、股权融资或混合融资方式。由此，表7-6的回归结果实际为目标资本结构对现金支付方式下的并购融资方式选择的影响。

与表7-5一致，为了增强并购公司并购融资方式选择模型回归结果的稳健性，我们同样将并购公司实际资本结构与其目标资本结构的偏差 $\left(LEV_{it}^{*} - LEV_{it-1}\right)$ 替换成虚拟变量 Over_LEV，将其纳入模型（4）中进行 Logit回归，回归结果列示于表7-6中的列（5），我们发现变量 Over_LEV 的系数在10%的置信水平上显著为负，表明相对于杠杆不足公司，现金支付方式下的杠杆过度公司不倾向于选择债务融资方式。而市场择时变量（M/B_EFWA）与优序融资变量（FIN_DEF）同样对并购公司并购融资方式的选择并无显著影响。这进一步支持了列（2）至列（4）的研究结论。

与前文利用局部调整模型对资本结构动态调整速度的估计结果相呼应，表7-5与表7-6关于目标资本结构对并购支付与融资方式选择影响的"债务-权益选择"离散因变量模型的回归结果也表明并购公司的并购融资政策遵循资本结构的动态权衡理论。具体为，实际资本结构与其目标资本结构的偏差 $\left(LEV_{it}^{*} - LEV_{it-1}\right)$ 程度不同的并购公司会通过并购这一独特机会选择相应的支付方式与融资方式，从而使其资本结构向其目标水平进行调整。相对于杠杆过度的并购公司，杠杆不足的并购公司倾向于选择现金支付方式及债务融资方式，以增加其债务水平。相反，资本结构的优序融资理论与市场择时理论对并购公司融资政策选择的解释力较弱，进一步证实了前文的研究结论。

5）稳健性检验

最后，本书从目标资本结构的估计与不同的估计区间两个方面对目标资本结构的存在性以及资本结构的目标调整行为进行了稳健性检验，结果支持了前文的研究结论，进一步支持了资本结构的动态权衡理论。

（1）优序融资理论与市场择时理论检验

虽然表7-4的检验结果支持了资本结构动态权衡理论，目标资本结构在资本结构变化中具有重要作用，但是考虑到资本结构其他竞争性理论也可能对公司的资本结构决策具有解释力。因此，本章也借鉴前人的研究思路与方法，将反映资本结构的动态权衡理论、优序融资理论与市场择时理论的变量纳入同一模型中，构建修正的局部调整模型：$LEV_{it} = (\lambda\beta)X_{it-1} + (1-\lambda)LEV_{it-1} + \delta M/B\_EFWA_{it-1} + \varepsilon_{it}$ 与 $\Delta LEV_{it} = (\lambda\beta)X_{it-1} - \lambda LEV_{it-1} + \gamma FIN\_$

$DEF_{it} + \varepsilon_{it}^{①}$，同时考察各资本结构理论的存在性与相对重要性，表7-7列示了具体检验结果。

表7-7　　　　　　　　优序融资理论与市场择时理论检验结果

	Panel A：估计结果			
	（1）动态权衡理论检验	（2）市场择时理论检验	（3）优序融资理论检验	（4）资本结构三种理论同时检验
Dependent Variable	LEV	LEV	ΔLEV	LEV
Lev_{it-1}	0.464*** (26.08)	0.461*** (22.88)	−0.489*** (−19.64)	0.467*** (23.22)
Profitability	−0.133*** (−3.79)	−0.113*** (−2.73)	−0.159*** (−3.16)	−0.123*** (−2.98)
M/B	0.001 (0.42)	−0.006** (−2.12)	−0.001 (−0.31)	−0.007*** (−2.64)
Tangibility	−0.032 (−0.72)	0.004 (0.08)	−0.047 (−0.90)	0.034 (0.73)
Size	0.029*** (6.66)	0.013*** (2.80)	0.034*** (6.21)	0.013*** (2.78)
Unique	−0.029 (−0.51)	−0.108 (−1.61)	−0.081 (−0.98)	−0.116* (−1.73)
Ind_Median	0.050 (1.51)	0.104*** (3.33)	0.038 (0.95)	0.102*** (3.28)
M/B_EFWA		0.006*** (3.59)		0.006*** (3.58)
FIN_DEF			0.064*** (4.93)	0.067*** (6.20)
Cons	−0.449*** (−4.45)	−0.145 (−1.30)	−0.577*** (−4.32)	−0.170*** (−3.29)
Year_Dummy	Yes	Yes	Yes	Yes
Fixed effects?	Yes	Yes	Yes	Yes
N	3 352	2 859	2 467	2 850
F	91.25***	79.06***	36.89***	76.22***

① Baker and Wugler（2002）检验市场择时理论的模型为：$(D/A)_t = a + b(M/B)_{efwa, t-1} + c(M/B)_{t-1} + d(PPE/A)_{t-1} + e(EBITDA/A)_{t-1} + flog(S)_{t-1} + \mu_t$，在此模型中，Baker and Wurgler（2002）认为将M/B_{t-1}同时包括在方程中就排除了由市场-账面价值比自身所导致的当前横截面数据变动对因变量产生的影响。这样对M/B_{efwa}来说，就只剩下了过去企业市场-账面价值比的变动所造成的影响了，并认为这是他们设计实证分析的一个重要方面。他们还认为市场-账面价值比变动可能首先与投资机会相关，而不是因为管理层熟悉了错误的估价。因此，排除了当前市场、账面价值比所代表的当前投资机会的影响，就使得过去的企业内（within-firm）的变化能够更好地代表已过去的进行市场时机选择的机会。为了与Baker and Wugler（2002）检验市场择时理论的模型保持一致，本章采用目标资本结构回归估计模型估计目标资本结构，以构建模型$LEV_{it} = (\lambda\beta)X_{it-1} + (1-\lambda)LEV_{it-1} + \delta M/B\_EFWA_{it-1} + \varepsilon_{it}$。如此，在对资本结构的动态权衡理论与市场择时理论同时进行检验时，动态权衡理论的替代变量与市场择时理论的替代变量在模型$Lev_{it} = (\lambda\beta)X_{it-1} + (I-\lambda)Lev_{it-1} + \delta M/B\_EFWA_{it-1} + \varepsilon_{it}$中处于"同等地位"，不会存在某一变量主导另一变量的问题。
Shyam-Sunder and Myers（1999）检验优序融资理论的模型为：$\Delta D_{it} = a + b_{PO}DEF_{it} + \varepsilon_{it}$。其中：$\Delta D_{it}$为债务的变化量，$DEF_{it}$为资金缺口（funds flow deficit）。$DEF = DIV_t + X_t + \Delta W_t + R_t - C_{it}$，其中，$C_t$为息税后经营现金流量，$DIV_t$为股利支出，$X_t$为资本支出，$\Delta W_t$为营运资本的增量，$R_t$为一年内到期的长期负债（Shyam-Sunder and Myers，1999）。本章进行了将资金缺口除以总资产的处理。此外，将检验优序融资理论的模型：$\Delta D_{it} = a + b_{PO}DEF_{it} + \varepsilon_{it}$与检验资本结构动态权衡理论的模型：$LEV_{it} - LEV_{it-1} = \alpha + \lambda(LEV_{it}^* - LEV_{it-1}) + \varepsilon_{it}$进行比较，资金缺口变量$DEF_{it}$与目标资本结构偏离变量$LEV_{it}^* - LEV_{it-1}$在模型$LEV_{it} = (\lambda\beta)X_{it-1} + (I-\lambda)LEV_{it-1} + \delta FIN\_DEF_{it-1} + \varepsilon_{it}$中处于"同等地位"，也不会存在某一变量主导另一变量的问题。

Panel B：资本结论理论的相对经济显著性				
		Column(2) of Panel A		Column(3) of Panel A	
		Impact on LEV		Impact on ΔLEV	
		Absolute	LEV's Std.Dev	Absolute	LEV's Std.Dev
权衡理论	Estimated Target	0.1184	0.7681	0.1015	0.1128
市场择时理论	M/B_EFWA	0.0793	0.5141		
优序融资理论	FIN_DEF			0.0630	0.0699

注：采用标准化系数比较不同解释变量的相对重要性，对每个变量执行标准化处理，进而执行面板数据的固定效应估计。

表7-7中列（1）描述的动态权衡理论检验结果为考虑时间效应的FE估计结果，我们将其作为比较基准，以考察优序融资理论（FIN_DEF）与市场择时理论（M/B_EFWA）是否对其产生影响。列（2）列示了模型 $LEV_{it} = (\lambda\beta)X_{it-1} + (1-\lambda)LEV_{it-1} + \delta M/B\_EFWA_{it-1} + \varepsilon_{it}$ 的回归结果，结果表明：①并没有改变 LEV_{it-1} 的系数符号及显著性，只是微弱地提高了资本结构调整速度的估计结果（从53.6%提高到53.9%）；②除 M/B 与 Tangibility 外，其他变量的系数符号和显著性基本没有改变，其中，M/B_{it-1} 的系数在5%的置信水平上显著为负，说明当前的市场-账面价值比的变动对公司资本结构的变化产生了负向影响。③市场择时变量（M/B_EFWA）的系数在1%的置信水平上显著为正，说明过去的公司市场-账面价值比的变动对资本结构的变化产生了正向影响，该检验结果与 Baker and Wurgler（2002）以及 Flannery and Rangan（2006）的研究结论不一致。Hovakimian（2006）认为 M/B 对资本结构变化的影响由 M/B_{it-1} 与 M/B_EFWA_{it-1} 所分割。列（2）的市场择时理论检验结果表明，资本结构调整速度 λ 比较稳定，而市场择时变量 M/B_EFWA 的系数 δ 较小，并且符号为正，因此拒绝支持市场择时理论，而支持动态权衡理论。此外，表7-7中"Panel B：资本结论理论的相对经济显著性"的结果表明目标资本结构对实际资本结构一个标准差的影响是市场择时变量对实际资本结构一个标准差的影响的1.49倍（0.1184/0.0793）。

表 7-7 中列（3）列示了资本结构优序融资理论的检验结果。资金缺口变量（FIN_DEF）的系数 γ 在 1% 的置信水平上显著为正，但是并没有显著地改变其他变量的符号与显著性水平，而且资本结构的调整速度 λ 比较稳定，优序融资变量 FIN_DEF 的系数 γ 较小。同时，表 7-7 的 Panel B 中的资本结论理论的相对经济显著性的结果也表明，目标资本结构对 ΔLEV 一个标准差的影响是优序融资变量对 ΔLEV 一个标准差的影响的 1.61 倍（0.1015/0.0630）。因此，本书认为，相对于资金缺口，目标杠杆比率的变化对公司杠杆比率变化的影响更为重要，支持了 Flannery and Rangan（2006）的研究结论。优序融资理论的资金缺口变量可能是权衡理论广义形式的一部分（Frank and Goyal，2003），优序融资理论所证实的影响因素可能仅仅是驱动资本结构变化的一股"分力"，而不是财务杠杆的唯一影响因素（Flannery and Rangan，2006）。

最后，本书将 M/B_EFWA 与 FIN_DEF 纳入同一回归方程中，对资本结构的三种理论同时检验。虽然这种方法的合理性有所欠缺（M/B_EFWA 解释的是资本结构水平，而 FIN_DEF 解释的是资本结构水平的变化），但是 M/B_EFWA 在列（2）和列（4）以及 FIN_DEF 在列（3）和列（4）中的系数及符号与显著性几乎一致，而且检验动态权衡理论的变量（LEV_{it-1}）的系数及符号与显著性也几乎保持不变。

综上所述，尽管资本结构的优序融资理论与市场择时理论对公司资本结构水平及其变化提供了一定的解释，但均不能替代公司会向其目标资本结构进行局部调整的行为，同时也间接地验证了较高的调整成本阻碍了公司资本结构的目标调整行为。公司对其资本结构进行目标调整的行为符合动态权衡理论，也能解释公司的资本结构政策。

（2）不同的目标资本结构替代变量、估计方法、衡量偏误与估计区间下的稳健性检验

由于目标资本结构的估计对本章的研究结果具有重要影响，本章分别从不同的目标资本结构替代变量（并购公司前三年的资本结构平均值）、估计方法（在对资本结构调整速度进行估计时，采用两步法所得

的 LEV_{it-1} 变量的估计结果与一步法所得的结果基本一致[①]）、衡量偏误（利用蒙特卡罗模拟产生随机数，加入 LEV_{it}^* 中）与估计区间（分别估计了并购公司在并购前三年、并购前后一年以及并购后三年三个样本期间的资本结构调整速度）等方面对目标资本结构的存在性以及资本结构的目标调整行为进行了稳健性检验，结果仍支持了前文的研究结论，进一步支持了公司存在目标资本结构的研究假设（限于篇幅，相关研究结果未予列示）。

（3）样本自选择问题的 Heckman 两步法回归检验

为了能够增强并购支付与融资能力，成功实现并购，公司在并购之前往往会降低其杠杆比率。因此公司在进行并购支付与融资方式选择时可能存在样本自选择问题。为了控制样本自选择导致的内生性问题，本章采用 Heckman 两步法回归分析进行稳健性检验。第一阶段，首先对选择方程 $LEV_{it} = \alpha + \beta X_{it-1} + \varepsilon_{it}$ 进行估计，计算出逆米尔斯比率（Lambda）；第二阶段，将得到的逆米尔斯比率加入并购支付与融资方式选择模型中，控制可能的样本自选择所导致的内生性问题。并购支付与融资方式选择的 Heckman 两步法回归检验结果见表 7-8。表 7-8 显示，逆米尔斯比率 Lambda 在并购支付方式选择模型中在 10% 的置信水平上具有统计意义上的显著性，但是解释变量杠杆偏离度 $\left(LEV_{it}^* - LEV_{it-1}\right)$ 在并购支付方式选择模型中却在 10% 的置信水平上显著为正，说明并购支付方式选择模型存在一定的自选择偏误，两步法 Heckman 回归对这一问题进行了控制；而逆米尔斯比率 Lambda 在并购融资方式选择模型中却并不具有统计意义上的显著性，但解释变量杠杆偏离度 $\left(LEV_{it}^* - LEV_{it-1}\right)$ 在并购融资方式选择模型中却在 5% 的置信水平上显著为正，说明并购融资方式选择模型不存在自选择偏误所导致的内生性问题。此外，市场择时变量与优序融资变量在并购支付与融资方式选择模型中均不具有统计意义上的显著性。总之，样本自选择问题的 Heckman 两步法回归检验结果进

[①] 一步法即为将影响目标资本结构的因素直接放入局部调整模型中，对资本结构调整速度进行估计。而两步法，则为首先对目标资本结构的影响因素进行回归估计，得到目标资本结构估计值，如本章通过 OLS 估计方法对目标资本结构的影响因素进行估计，得到目标资本结构（LEV*_OLS），或者找出目标资本结构直接的替代变量，如本章将并购公司前三年的资本结构平均值（L3LEV）作为目标资本结构，最后，将目标资本结构值（LEV*_OLS 或 L3LEV）代入局部调整模型，以估计资本结构的调整速度。

一步支持了假设2。

表7-8 目标资本结构对并购支付与融资方式选择影响的
Heckman两步法回归结果

变量	并购支付方式选择模型	并购融资方式选择模型
$LEV_{it}^{*} - LEV_{it-1}$	4.289*	4.219**
	(1.83)	(2.14)
	[0.511]	[0.610]
Profitability	4.128	2.083
	(1.38)	(0.77)
	[0.492]	[0.301]
M/B	−0.365	−0.051
	(−1.58)	(−0.23)
	[−0.044]	[−0.007]
Tangibility	2.224	7.665*
	(0.67)	(1.71)
	[0.265]	[1.109]
Size	−0.225	−0.049
	(−1.39)	(−0.35)
	[−0.027]	[−0.007]
M/B_EFWA	0.176	0.110
	(1.15)	(0.94)
	[0.021]	[0.016]
FIN_DEF	−0.002	−0.542
	(−0.00)	(−0.66)
	[−0.000]	[−0.078]
Lambda	3.893*	−0.111
	(1.75)	(−0.05)
	[0.464]	[−0.016]
Cons	−1.806	−8.099
	(−0.35)	(−1.40)
N	386	386
Pseudo R^2	0.0348	0.0333

209

7.5 —————————— 研究结论 ——————————

本章利用我国于 2007—2009 年间发生的 505 起并购交易作为研究样本，基于资本结构的动态权衡理论、优序融资理论与市场择时理论，通过构建修正的局部调整模型与负债−权益选择模型，检验公司是否存在目标资本结构。研究发现，相对于优序融资理论与市场择时理论，动态权衡理论对于公司资本结构的变化具有较强的解释力，从而验证了公司存在目标资本结构。具体而言：

首先，本章构建了资本结构均值回归模型，检验结果支持了资本结构存在均值回归的假设，表明公司有可能存在目标资本结构。

其次，我们利用标准的局部调整模型与相关的回归估计方法，研究发现并购公司存在目标资本结构，并且在并购前、并购中与整合的过程中均存在目标资本结构调整行为，符合资本结构动态权衡理论的预期，这从理论上验证了公司存在目标资本结构。

再次，为了进一步检验目标资本结构的存在性假设，我们在标准的局部调整模型中加入了动态权衡理论的两个主要竞争理论（优序融资理论与市场择时理论）的替代变量，检验结果并没有拒绝动态权衡理论的存在性与相对重要性，优序融资理论与市场择时理论对并购公司资本结构变化的解释力较弱，进一步验证了公司存在目标资本结构，并间接验证了调整成本对资本结构目标调整行为的阻碍作用。

最后，为了检验目标资本结构调整假设，我们考察了并购公司目标资本结构对并购支付与融资方式选择的影响，并购支付与融资方式选择的 Logit 回归结果表明：在并购支付与融资方式选择时，相对于杠杆过度的并购公司，杠杆不足的并购公司分别倾向于选择现金支付方式与债务融资方式。此外，我们还发现，资本结构的优序融资理论与市场择时理论对并购公司支付与融资方式选择的解释力同样较弱，因此，我们认为并购公司在并购融资政策选择时会受到目标资本结构的影响，并购公司会通过支付与融资方式的选择来调整其资本结构至目标水平，从而支持了资本结构的动态权衡理论，从并购融资政策的选择上验证了公司存在目标资本结构。

▶▶ 第 8 章 ◀◀

研究展望

8.1 ——————— 行为财务学视角研究 ———————

行为财务学不是对传统财务学经典理论的背弃，而是在传统财务学经典理论的基础上，通过放松理性人假设，将现实世界市场主体的心理特征纳入视野，力图从人类心理特征及行为层面解释企业的财务行为。现有研究已基本上形成了企业内部管理者非理性与外部投资者非理性两条研究思路，通过理论分析和实证检验，肯定了企业财务决策不仅取决于项目盈利能力、内部现金流以及资本结构，还与管理者的决策心理以及资本市场的现实状况密切相关。既有成果一方面揭示了主体的心理特征对企业财务行为的影响，有助于解释某些经典理论无法回答的问题；另一方面对于解释治理现实中的财务行为扭曲具有重要意义，能够启发我们通过加大信息回馈、加强外部监督、改进业绩评价、加强内部授权、优化投资者结构、加强投资者理性教育等途径，努力消除或减少主体非理性对企业财务行为、企业价值的不利影响。

从国内外的研究现状来看，学者们对上市公司财务决策受管理者非理性和投资者非理性影响的原因、过程和机理的研究也较透彻，从而为上市公司财务行为中非理性行为理论和实践的探讨奠定了一定的基础。本书主要基于传统财务学的研究框架考察了上市公司的并购决策、融资政策选择以及资本结构动态调整，在后续研究中，我们可以进一步基于行为财务学的研究框架分别考察上市公司的并购决策、融资政策选择以及资本结构动态调整行为。在上市公司并购的行为财务学考察方面，虽然国外学者利用行为财务学理论对并购活动进行了大量的研究，但是国内学者利用行为财务学理论对并购活动的研究并不多，而且对于并购决策、并购融资政策选择以及并购绩效的研究始终没有脱离传统公司财务理论的框架。因此，我们需要综合考察管理者非理性（如管理者过度自信）或投资者非理性（如市场错误定价）对公司并购决策、并购融资政策选择以及并购绩效的影响，以期为并购浪潮、并购融资政策选择以及并购绩效提供行为解释。

从资本结构动态调整的行为财务学考察方面，资本结构动态权衡理论认为，目标资本结构在公司融资政策中具有重要影响，当公司实际资本结构偏离目标资本结构时，公司会通过权衡调整成本和收益，以决定是否进行调整以及调整的幅度，目标资本结构的偏离在一定时期内会逐渐得到消除；资本结构市场择时理论则认为，管理者发行证券融资时，会对发行债券与股票的成本进行比较，市场择时动机使得公司将利用有利的定价机会改变其资本结构。Warr et al.（2012）通过研究发现，公司股票价格与其内在价值的暂时偏离会影响股票发行成本，进而对资本结构动态调整成本产生显著影响，即股票错误定价程度会显著影响资本结构动态调整的速度。因此，我们认为管理层市场择时动机可以改变公司调整其资本结构至目标水平的成本，公司市场择时行为的存在并不妨碍动态权衡理论；相反，我们可以基于调整成本的视角，考察股票市场错误定价的程度对资本结构动态调整速度的影响。

8.2　　融资政策动态调整研究

公司股权结构是资本结构的一个重要方面，资本结构存在向其目标水平进行动态调整的行为，那么，为了实现公司价值的最大化，公司股权结构也应该存在向其目标水平进行动态调整的行为。《中共中央 国务院关于深化国有企业改革的指导意见》以及《国务院关于国有企业发展混合所有制经济的意见》等文件均强调，要大力发展国有资本、集体资本和非公有资本等参股的混合所有制经济，实现投资主体多元化，使股份制成为公有制的主要实现形式。然而，混合所有制改革的首要任务就是企业所有权的安排，以及股权结构在国有资本与非公有资本中的合理分配。因此，公司股权结构需要研究的问题有：

第一，企业如何根据内外部环境因素确定一个最优的股权比例，即最优股权结构选择及其影响因素。

第二，在实际股权比例不是最优的情况下，企业如何根据各种内外部环境因素调整实际股权比例，使其达到最优状态，即企业股权结构调整及其影响因素。

第三，股权结构调整的经济后果，即股权结构的调整是否有利于公司价值的提高。

第四，企业股权结构的优化路径，即企业如何根据实际股权结构与最优股权结构的偏差，进行相应的资本运作，以优化其股权结构。

基于此，后续研究可以委托代理理论为基础，以混合所有制改革背景下的上市公司为研究对象，探讨上市公司股权结构动态调整与优化路径的理论与实证问题，以期为我国国有企业混合所有制改革、实现产权多元化提供借鉴与参考。此外，公司现金持有水平以及股利政策也是公司融资政策的重要方面。我们认为，公司现金持有水平以及股利政策也具有目标水平，也具有动态调整行为。因此，我们可以构建关于公司现金持有水平与股利政策的局部调整模型，将资本结构动态调整行为研究扩展到公司现金持有水平以及股利政策的动态调整行为研究中去，最终综合研究公司融资政策的动态调整行为以及资本结构、股权结构、现金持有水平与股利政策之间的相互关系，还可以进一步考察公司面临的制度环境以及宏观经济政策对公司融资政策动态调整行为的影响。

8.3　经济后果研究

实证研究主要沿着影响因素与经济后果两条主线展开。本书主要考察了公司并购、融资政策选择以及资本结构动态调整行为的影响因素，在后续研究中，我们将关注公司并购、融资政策选择以及资本结构动态调整行为的经济后果。

第一，在并购决策的经济后果方面，从微观层面来说，将主要考察以下问题：公司的并购交易活动是否实现了预期的战略目标？是否实现了协同效应？是否提升了企业的竞争力？不同类型并购交易的财务绩效是否存在显著差异？基于协同效应、自负动机与代理动机的并购决策，其经济后果如何？不同并购主体推动的并购交易，其绩效是否存在显著差异？从宏观层面来说，将主要考察以下问题：企业的并购重组是否实现了区域竞争力的提升？是否实现了产业结构的优化升级？是否实现了国家经济战略结构调整的目标？是否提高了资源的配置效率？

第二，在融资政策选择的经济后果方面，主要基于委托代理理论、信号理论与资本结构理论，考察以下问题：不同的并购支付方式与融资方式选择所产生的财务绩效与整合绩效如何？是否存在显著差异？在管理层特征、公司特征、行业特征以及宏观经济环境冲击对并购绩效的影响中，并购融资政策选择存在何种中介作用？

第三，在资本结构动态调整行为的经济后果方面，一方面，本书主要从并购融资决策的角度来检验资本结构的动态权衡理论，考察公司的融资政策是否是公司目标资本结构动态调整行为的体现，但是并没有考察实际资本结构与目标资本结构的偏离对公司投资决策的影响。具体而言，相比于杠杆不足公司，过度杠杆公司是否更不愿意发起并购交易活动？相比于杠杆不足公司，过度杠杆公司是否更有可能放弃净现值为正的投资项目，即更有可能存在债务悬挂问题？相反，相比于过度杠杆公司，杠杆不足公司的过度投资问题是否更为严重？在投资效率方面，相比于杠杆不足公司，过度杠杆公司的投资是否更有效率？另一方面，虽然本书的研究结果表明公司实际资本结构与目标资本结构的偏离影响着并购支付方式与融资方式的选择，并购公司的融资政策选择遵循资本结构的动态权衡理论，但是基于公司价值最大化理念，本书将主要考察以下问题：过度杠杆与杠杆不足的并购公司选择不同的支付方式与融资方式时，市场反应如何？具体而言，过度杠杆公司分别选择股票支付方式与现金支付方式时，市场反应存在显著差异吗？杠杆不足公司分别选择债务融资方式与非债务融资方式时，市场反应存在显著差异吗？目标资本结构发生偏离的并购公司的支付方式与融资方式的选择，如果偏离了动态权衡理论的预期，市场是给出积极的反应，还是消极的反应？

主要参考文献

[1] 蔡祥.上市公司被接管之后的资产重组行为分析[J]. 中国会计评论,2004(2):259-272.

[2] 才静涵,刘红忠.市场择时理论与中国市场的资本结构[J]. 财经科学,2006(4):59-69.

[3] 陈信元,黄俊.政府干预、多元化经营与公司业绩[J]. 管理世界,2007(1):92-97.

[4] 陈庆勇,韩立岩.上市公司对外并购中高管薪酬变动实证研究[J]. 北京航空航天大学学报:社会科学版,2008(1):13-16.

[5] 常亮.银行授信与资本结构动态调整——来自中国上市公司的经验证据[J]. 南方经济,2012,30(9):156-168.

[6] 冯根福,吴林江.我国上市公司并购绩效的实证研究[J]. 经济研究,2001(1):54-68.

[7] 冯旭南,李心榆,陈工孟.家族控制、治理环境和公司价值[J]. 金融研究,2011(3):149-164.

[8] 傅强,方文俊.管理者过度自信与并购决策的实证分析[J]. 商业经济与管理,2008(4):76-80.

[9] 谷祺,邓德强,路倩.现金流权与控制权分离下的公司价值——基于我国家族上市公司的实证研究[J]. 会计研究,2006(4):30-36.

[10] 龚朴,张兆芹.资本结构动态调整速度的异质性研究[J]. 管理评论,2014,26(9):11-21.

[11] 甘丽凝,武洪熙,牛芙蓉,等.大型投资与资本结构动态调整——基于中国上市公司的经验证据[J]. 会计研究,2015(9):59-67.

[12] 何威风,刘巍.管理者团队特征与资本结构动态调整[J]. 财务研究,2015(3):50-62.

[13] 姜付秀,张敏,陆正飞,等.管理者过度自信、

企业扩张与财务困境[J]. 经济研究,2009(1):131-143.

[14] 姜付秀,黄继承.市场化进程与资本结构动态调整[J],管理世界,2011(3): 124-134.

[15] 刘文通.论国际兼并收购活动[J]. 经济界,1997(5):65-69.

[16] 李增泉,余谦,王晓坤.掏空、支持与并购重组——来自我国上市公司的经验证据 [J]. 经济研究,2005(1):95-105.

[17] 李瑞海,陈宏民,邹礼瑞.影响中国企业兼并宏观因素的实证研究[J]. 管理评 论,2006(5):50-53,64.

[18] 连玉君,钟经樊.中国上市公司资本结构动态调整机制研究[J]. 南方经济, 2007(1):23-38.

[19] 李善民,周小春.公司特征、行业特征和并购战略类型的实证研究[J]. 管理世 界,2007(3):130-137.

[20] 李善民,毛雅娟,赵晶晶.高管持股、高管的私有收益与公司的并购行为[J]. 管 理科学,2009(6):2-12.

[21] 李善民,陈涛.并购支付方式选择的影响因素研究[C]. 第四届中国管理学年 会——金融分会场论文集,2009:405-412.

[22] 李善民,陈文婷.企业并购决策中管理者过度自信的实证研究[J]. 中山大学学 报:社会科学版,2010(5):192-201.

[23] 刘淑莲.上市公司并购重组演变与理论研究展望[J]. 会计师,2010(4):4-6.

[24] 刘错.并购交易特征、股权结构与市场绩效研究[M]. 北京:经济科学出版 社,2011.

[25] 刘淑莲.并购对价与融资方式选择:控制权、风险与融资约束——基于吉利并购 沃尔沃的案例研究[J]. 投资研究,2011(7):130-140.

[26] 刘淑莲,张广宝,耿琳.并购对价方式选择:公司特征与宏观经济冲击[J]. 审计 与经济研究,2012(4):55-65.

[27] 李井林,刘淑莲,杨超.市场错误定价、投资机会与并购对价方式[J]. 山西财经 大学学报,2013a(1):30-40.

[28] 李井林,刘淑莲,杨超.家族控制、支付方式与并购绩效关系的经验研究[J]. 财 经论丛,2013b(1):76-82.

[29] 李井林,刘淑莲,杨超.所有权结构、家族控制与并购决策[J]. 投资研究,2013c (7):58-71.

[30] 李井林,刘淑莲,韩雪.融资约束、支付方式与并购绩效[J]. 山西财经大学学报, 2014(8):114-124.

[31] 李井林,刘淑莲.资本结构动态调整研究综述[J]. 财务研究,2015(6):41-51.

[32] 李井林,刘淑莲,汪玉兰.公司存在目标资本结构吗?——来自并购的经验证据

[J]. 投资研究,2015(10):53-75.

[33] 毛雅娟.管理者视角公司并购理论的相对重要性——基于代理理论与管理者过度自信的并购动因研究[D]. 广州:中山大学,2010.

[34] 麦勇,胡文博,于东升.上市公司资本结构调整速度的区域差异及其影响因素分析——基于2000—2009年沪深A股上市公司样本的研究[J]. 金融研究,2011(7):196-206.

[35] 宁宇新,柯大钢.控制权转移和资产重组:掏空抑或支持——来自中国资本市场的经验证据[J]. 中国会计评论,2006(2):277-290.

[36] 潘勇辉.跨国并购与经济增长的长短期关系研究——基于中美的比较研究[J]. 管理世界,2007(7):152-153.

[37] 屈耀辉.中国上市公司资本结构的调整速度及其影响因素——基于不平行面板数据的经验分析[J]. 会计研究,2006(6):56-62.

[38] 孙永祥.所有权、融资结构与公司治理机制[J]. 经济研究,2001(1):45-53.

[39] 苏启林,朱文.上市公司家族控制与企业价值[J]. 经济研究,2003(8):36-45.

[40] 苏文兵,李心合,李运.公司控制权、信息不对称与并购支付方式[J]. 财经论丛,2009(5):67-73.

[41] 史永东,朱广印.管理者过度自信与企业并购行为的实证研究[J]. 金融评论,2010(2):73-82,38.

[42] 宋献中,吴一能,宁吉安.货币政策、企业成长性与资本结构动态调整[J]. 国际金融研究,2014(11):46-55.

[43] 唐绍祥.我国并购浪潮假说的实证检验[J]. 财贸经济,2006(9):75-80,97.

[44] 唐绍祥.我国总体并购活动与宏观经济变量的关联性研究——对我国并购浪潮成因的分析[J]. 数量经济技术经济研究,2007(1):83-91.

[45] 王正位,赵冬青,朱武祥.资本市场摩擦与资本结构调整——来自中国上市公司的证据[J]. 金融研究,2007(6):109-119.

[46] 王琳.中国上市公司的市场择时和资本结构研究[J]. 经济纵横,2009(3):86-88.

[47] 王化成,高升好,张伟华.行为金融与资本结构动态调整:基于损失规避视角的探讨[J]. 财贸经济,2013,34(10):49-58.

[48] 王逸,张金鑫,于江.并购能否带来资本结构的优化?——来自中国上市公司的经验证据[J]. 证券市场导报,2015(4):18-25.

[49] 肖作平.资本结构影响因素和双向效应动态模型——来自中国上市公司面板数据的证据[J]. 会计研究,2004(2):36-41.

[50] 许永斌,郑金芳.中国民营上市公司家族控制权特征与公司绩效实证研究[J]. 会计研究,2007(11):50-57.

[51] 肖作平,廖理.非财务利益相关者与公司资本结构选择——一个动态调整模型 [J].中国工业经济,2010(10):85-95.

[52] 邢天才,袁野.我国上市公司资本结构决定因素的实证研究[J].宏观经济研究, 2013(2):34-40.

[53] 张鸣,郭思永.高管薪酬利益驱动下的企业并购——来自中国上市公司的经验证据[J].财经研究,2007(12):103-113.

[54] 张秋生.并购学:一个基本理论框架[M].北京:中国经济出版社,2010.

[55] 张夕勇.并购与整合[M].北京:中国财政经济出版社,2011.

[56] 张晶,张永安.主并方股权结构与并购支付方式的选择[J].金融理论与实践, 2011(6):7-11.

[57] 翟进步,王玉涛,李丹.什么因素决定公司并购中融资方式的选择?交易成本视角[J].中国会计评论,2012(3):17-30.

[58] 周业安,程栩,郭杰.高管背景特征与资本结构动态调整——国际比较与中国经验[J].经济理论与经济管理,2012(11):11-22.

[59] 张敏,李延喜.上市公司资本结构调整速度的区域差异研究[J].经济与管理研究,2013(6):111-118.

[60] 甄红线,梁超,史永东.宏观冲击下企业资本结构的动态调整[J].经济学动态, 2014(3):72-81.

[61] 赵息,孙世攀.资本结构对并购支付方式的影响研究——基于我国资本市场背景的分析[J].管理评论,2015(8):33-46.

[62] ARROW K J. Vertical Integration and Communication[J]. Bell Journal of Economics,1975,6(6):173-183.

[63] AMIHUD Y, LEV B. Risk Reduction as A Managerial Motive for Conglomerate Mergers[J]. Bell Journal of Economics, 1981, 12(2): 605-617.

[64] AMIHUD Y, LEV B, TRAVLOS N G. Corporate Control and the Choice of Investment Financing: The Case of Corporate Acquisitions[J]. Journal of Finance,1990,45(2):603-616.

[65] AGHION P, BOLTON P. An Incomplete Contract Approach to Financial Contracting[J]. Review of Economic Studies,1992,59(3):473-494.

[66] ANDREI, SHLEIFER, VISHNY. A Survey of Corporate Governance[J]. Journal of Finance,1997,52(2):737-83.

[67] ANDRADE G,STAFFORD E. New Evidence and Perspectives on Mergers[J]. Journal of Economic Perspectives,2001,15(2):103-120.

[68] ALI-YRKKÖ, J. Mergers and Acquisitions: Reason and Results[C]. ETLA

Discussion Papers,The Research Institute of the Finnish Economy,2002.

[69] ANDERSON R C, REEB D M. Founding - Family Ownership and Firm Performance: Evidence from the S&P 500[J]. Journal of Finance,2003,58 (3):1301-1327.

[70] ALMEIDA H,CAMPELLO M,WEISBACH M S. The Cash Flow Sensitivity of Cash[J]. Journal of Finance,2004,59(4):1777-1804.

[71] ANG J S, CHENG Y. Direct Evidence on the Market-Driven Acquisition Theory[J]. Journal of Financial Research,2006,29(2):199-216.

[72] ANTONIOU, GUNEY, PAUDYAL. The Determinants of Capital Structure: Capital Market-oriented Versus Bank-oriented Institutions[J]. Journal of Financial and Quantitative Analysis,2008,43(1):59-92.

[73] AKTAS N, BODT, et al. Learning, Hubris and Corporate Serial Acquisitions [J]. Journal of Corporate Finance,2009(5):543-561.

[74] ANDRÉ P,BEN-AMAR W. Control Threat and Means of Payment: Evidence from Canadian Mergers and Acquisitions[R]. Working Paper,2009.

[75] ALSHWER, SIBILKOV. Financial Constraints and the Method of Payment in Mergers and Acquisitions[R]. Working Paper,2010.

[76] BERLE A A, MEANS G C.The Modern Corporation and Private Property [M]. New York: Macmillan,1932.

[77] BAUMOL W J. Business Behavior, Value and Growth[J]. Economica, 1960, 27(107):1-34.

[78] BRADLEY M, DESAI A, KIM E H. The Rationale Behind Interfirm Tender Offers: Information or Synergy?[J]. Journal of Financial Economics,1983, 11(1-4):183-206.

[79] BRENNAN M J,SCHWARTZ E S. Optimal Financial Policy and Firm Valuation [J]. The Journal of Finance,1984,39(3):593-607.

[80] BECKETTI, SEEN.Corporate Mergers and the Business Cycle[J]. Economic Review,1986(71):13-26.

[81] BRADLEY M, DESAI A, KIM E H. Synergistic Gains from Corporate Acquisitions and Their Division Between the Stockholders of Target and Acquiring Firms[J]. Journal of Financial Economics,1988,21(1):3-40.

[82] BARCLAY M J,HOLDERNESS C G. Private Benefits from Control of Public Corporations[J]. Journal of Financial Economics,1989(25): 371-395.

[83] BIKHCHANDANI, HIRSHLEIFER, WELCH A. Theory of Fads, Fashion, Custom, and Cultural Change as Informational Cascades[J]. Journal of

Political Economy,1992,100(5):992-1026.

[84] BERKOVITCH E,NARAYANAN M P. Motives for Takeovers: An Empirical Investigation[J]. Journal of Financial & Quantitative Analysis,1993,28(3): 347-362.

[85] BLISS R T,ROSEN R J. CEO Compensation and Bank Mergers[J]. Journal of Financial Economics,2001,61(1):107-138.

[86] BAE K H,KANG J K,KIM J M.Tunnelling or Value Addition? Evidence from Mergers by Korean Business Groups[J]. Journal of Finance,2002(57): 2695-2740.

[87] BAKER M,WURGLER J. Market Timing and Capital Structure [J]. The Journal of Finance,2002,57(1):1-32.

[88] BREALEY R A,MYERS S C. Principles of Corporate Finance[M]. 7th ed. New York:McGraw-Hill,2003.

[89] BRUNER, R F. Applied Mergers and Applications [M]. Hoboken, New Jersey:John Wiley & Sons,Inc.,2004.

[90] BAKER,RUBACK,WURGLER. Behavioral Corporate Finance: A Survey[M]// Forthcoming in the Handbook of Corporate Finance: Empirical Corporate Finance,2004.

[91] BARONTINI R,CAPRIO L. The Effect of Family Control on Firm Value and Performance: Evidence from Continental Europe[J]. European Financial Management,2006,12(5):689-723.

[92] BROWN, RAYNA, SARMA. CEO Overconfidence, CEO Dominance and Corporate Acquisitions[R]. Working Paper,2006.

[93] BEN - AMAR W, ANDRÉ P.Separation of Ownership from Control and Acquiring Firm Performance: The Case of Family Ownership in Canada[J]. Journal of Business Finance and Accounting,2006(33):517-543.

[94] BILLETT M T,QIAN Y. Are Overconfident CEOs Born or Made? Evidence of Self-Attribution Bias from Frequent Acquirers[J]. Management Science, 2008,54(6):1037-1051.

[95] BASU N,DIMITROVA L,PAEGLIS I. Family Control and Dilution in Mergers [J]. Journal of Banking & Finance,2009,33(5):829-841.

[96] BESSLER W,DROBETZ W,GRÜNINGER M C. Information Asymmetry and Financing Decisions [J]. International Review of Finance, 2011, 11 (1): 123-154.

[97] BEBCHUK, KRAAKMAN, TRIANTIS.Stock Pyramids, Cross-Ownership, and

Dual Class Equity: The Creation and Agency Costs of Separating Control from Cash Flow Rights[J]. SSRN Electronic Journal, 2000:295-318.

[98] COASE R.The Nature of the Firm[J]. Economica,1937,4 (16):386-405.

[99] CHOWDHURY A R. Univariate Time-Series Behavior of Merger Activity and Its Various Components in the United States [J]. Applied Financial Economics,1993(3):61-66.

[100] CLAESSENS, DJANKOV, LANG. The Separation of Ownership and Control in East Asian Corporations[J]. Journal of Financial Economics, 2000, 58 (1): 81-112.

[101] CHANG S, ERIC M. Managerial Motives and Merger Financing [J]. Financial Review,2000,35(4):139-152.

[102] CLAESSENS S, et al.Disentangling the Incentive and Entrenchment Effects of Large Shareholdings [J]. The Journal of Finance, 2002, 57 (6):2741-2771.

[103] CRONQVIST H, NILSSON M. Agency Costs of Controlling Minority Shareholders[J]. Journal of Financial and Quantitative Analysis, 2003, 38 (4):695-719.

[104] COAKLEY J, ILIOPOULOU S. Bidder CEO and Other Executive Compensation in UK M & As[J]. European Financial Management, 2006, 12(4):609-631.

[105] CAMPA J M, HERNANDO I. The Reaction by Industry Insiders to M & As in the European Financial Industry[J]. Journal of Financial Services Research, 2007,33(2):127-146.

[106] CHANG X, DASGUPTA S. Target Behavior and Financing: How Conclusive Is the Evidence?[J]. The Journal of Finance,2009,64(4):1767-1796.

[107] COTEI C, FARHAT J, BAKER H K, et al. Worldwide Patterns in Capital Structure[M]//Capital Structure and Corporate Financing Decisions: Theory, Evidence, and Practice. Hoboken, New Jersey: John Wiley & Sons, Inc., 2011:111-126.

[108] DYCK A, ZINGALES L. Control Premiums and the Effectiveness of Corporate Governance Systems[J]. Journal of Applied Corporate Finance, 2004,16(2-3):51-72.

[109] DONG M, HIRSHLEIFER D, RICHARDSON S, et al. Does Investor Misvaluation Drive the Takeover Market?[J]. Journal of Finance,2006,61 (2):725-762.

[110] DOUKAS J A,PETMEZAS D. Acquisitions,Overconfident Managers and Self-attribution Bias[J]. European Financial Management,2007,13(3): 531-577.

[111] DENIS D, SIBILKOV V. Financial Constraints, Investment, and the Value of Cash Holdings[J]. Review of Financial Studies,2010,23(1):247-269.

[112] EISFELDT A L,RAMPINI A A. Capital Reallocation and Liquidity[J]. Journal of Monetary Economics,2006,53(3):369-399.

[113] ELLUL A. Control Motivations and Capital Structure Decision[J]. SSRN Electronic Journal, 2008.

[114] ECKBO B E. Bidding Strategies and Takeover Premiums: A Review[J]. Journal of Corporate Finance,2009,15(1):149-178.

[115] FIRTH M. The Profitability of Takeovers and Mergers [J]. Economic Journal,1979,89(89):316-28.

[116] FISCHER E O,HEINKEL R,ZECHNER J. Dynamic Capital Structure Choice: Theory and Tests[J]. The Journal of Finance,1989,44(1):19-40.

[117] FIRTH M. Corporate Takeovers,Stockholder Returns and Executive Rewards [J]. Managerial & Decision Economics,1991,12(12):421-428.

[118] FACCIO,LANG. The Ultimate Ownership of Western European Corporations [J]. Journal of Financial Economics,2002,65(3):365-395.

[119] FAMA E F,FRENCH K R. Testing Trade-off and Pecking Order Predictions about Dividends and Debt[J]. Review of Financial Studies, 2002,15(1): 1-33.

[120] FEE, THOMAS. Sources of Gains in Horizontal Mergers: Evidence from Customer, Supplier, and Rival Firms[J]. Journal of Financial Economics, 2004,74(3):423-460.

[121] FACCIO M, MASULIS R W. The Choice of Payment Method In European Mergers and Acquisitions[J]. Journal of Finance,2005,60(3):1345-1388.

[122] FAULKENDER M,WANG R. Corporate Financial Policy and the Value of Cash [J]. Journal of Finance,2006,61(4):1957-1990.

[123] FLANNERY M J,RANGAN K P. Partial Adjustment toward Target Capital Structures[J]. Journal of Financial Economics,2006,79(3):469-506.

[124] FRANK M Z, GOYAL V K.Capital Structure Decisions: Which Factors Are Reliably Important? [J]. Financial Management,2009,38(1):1-37.

[125] GORT M. An Economic Disturbance Theory of Mergers [J]. Quarterly Journal of Economics,1969,83(4):624-42.

[126] GEROSKI P A. On the Relationship Between Aggregate Merger Activity and the Stock Market[J]. European Economic Review,1984,25(2):223-233.

[127] GROSSMAN S J, HART O D. One Share-one Vote and the Market for Corporate Control[J]. Journal of Financial Economics, 1987, 20 (1-2): 175-202.

[128] GOLBE D L, WHITE L J. A Time Series Analysis of Mergers and Acquisitions in the US Economy[M]//AUERBACH A J. Corporate Takeovers Causes and Consequences. Chicago: NBER and University of Chicago Press,1988:265-305.

[129] GILSON R J,SCHOLES M S,WOLFSON M A. Taxation and the Dynamics of Corporate Control: The Uncertain Case for Tax-motivated Acquisitions [M]// COFFEE, LOWENSTEIN, ACKERMAN. Knights, Raiders and Targets: The Impact of the Hostile Takeover,1988.

[130] GUERARD J. Mergers, Stock Prices, and Industrial Production: Further Evidence[J]. Economics Letters,1989,30(2):161-164.

[131] GRULLON G,MICHAELY R,SWARY I. Capital Adequacy,Bank Mergers and the Medium of Payment[J]. Journal of Business Finance & Accounting, 1997(24):97-124.

[132] GHOSH, WILLIAM. Managerial Ownership, the Method of Payment for Acquisitions,and Executive Job Retention[J]. Journal of Finance,1998,53 (2):785-798.

[133] GREGORY A. Motives Underlying the Method of Payment by UK Acquirers: the Influence of Goodwill[J]. Accounting and Business Research, 2000 (30): 227-240.

[134] GRINSTEIN Y, HRIBAR P. CEO Compensation and Incentives: Evidence from M & A Bonuses[J]. SSRN Electronic Journal,2004,73(1):119-143.

[135] GREGORIOU G N, RENNEBOOG L. Understanding Mergers and Acquisitions : Activity Since 1990[J]. International Mergers & Acquisitions Activity Since,2007:1-20.

[136] GOEL A M,THAKOR A V. Do Envious CEOs Cause Merger Waves?[J]. Review of Financial Studies,2009,23(2):487-517.

[137] GOMBOLA M,ARIOGLU E. Do Firms Rebalance Their Capital Structures? Evidence from Reverse LBOs[R]. Working Paper,2011.

[138] GUGLER K, MUELLER D C, WEICHSELBAUMER M, et al. The Determinants of Merger Waves: An International Perspective [J].

International Journal of Industrial Organization,2012,30(1):1-15.

[139] GIULI A D. The Effect of Stock Misvaluation and Investment Opportunities on the Method of Payment in Mergers[J]. Journal of Corporate Finance, 2013,21(2):196-215.

[140] HANSEN R G. A Theory for the Choice of Exchange Medium in Mergers and Acquisitions[J]. Journal of Business,1987,60(1):75-95.

[141] HARRIS M,RAVIV A. Corporate Control Contests and Capital Structure[J]. Journal of Financial Economics,1988,20(20):55-86.

[142] HARRIS M, RAVIV A. The Theory of Capital Structure [J]. Journal of Finance,1991(46):297-355

[143] HEALY P M, PALEPU K G, RUBACK R S. Does Corporate Performance Improve after Mergers? [J]. Journal of Financial Economics,1992,31(2): 135-175.

[144] Healy P M, Palepu K G. International Corporate Equity Acquisitions: Who, Where and Why? [M]// FROOT. Foreign Direct Investment. Chicago and London: The University of Chicago Press,1993.

[145] HAQUE M, HARNHIRUN S, SHAPIRO D A. Time Series Analysis of Causality Between Aggregate Merger and Stock Prices: The Case of Canada[J]. Applied Economics,1995(27): 563-568.

[146] HOLMSTROM B,KAPLAN S N. Corporate Governance and Merger Activity in the United States: Making Sense of the 1980s and 1990s [J]. Chemotherapy,2001,54(1):1-8.

[147] HOVAKIMIAN A,OPLER T,TITMAN S.The Debt-Equity Choice[J]. Journal of Financial & Quantitative Analysis,2001,36(1):1-24.

[148] HEATON J B. Managerial Optimism and Corporate Finance[J]. Financial Management,2002(31):3-45.

[149] HARFORD J. Efficient and Distortional Components to Industry Merger Waves[J]. SSRN Electronic Paper,2003.

[150] HARTZELL J C,OFEK E,YERMACK D. What's in It for Me? CEOs Whose Firms Are Acquired[J]. Review of Financial Studies,2004,17(1):37-61.

[151] HOVAKIMIAN A, HOVAKIMIAN G, TEHRANIAN H. Determinants of Target Capital Structure: The Case of Dual Debt and Equity Issues[J]. Journal of Financial Economics,2004,71(3):517-540.

[152] HOVAKIMIAN. The Role of Target Leverage in Security Issues and Repurchases[J]. The Journal of Business,2004,77(4):1041-1072.

[153] HARFORD J. What Drives Merger Waves? [J]. Journal of Financial Economics,2005(77):529-60.

[154] HOVAKIMIAN A. Are Observed Capital Structures Determined by Equity Market Timing?[J]. Journal of Financial & Quantitative Analysis,2006,41 (41):221-243.

[155] HARFORD J,KAI L I. Decoupling CEO Wealth and Firm Performance: The Case of Acquiring CEOs[J]. Journal of Finance,2007,62(2):917-949.

[156] HARFORD J,KLASA S,WALCOTT N. Do Firms Have Leverage Targets? Evidence from Acquisitions[J]. Journal of Financial Economics,2009,93 (1):1-14.

[157] HUANG R,RITTER J R.Testing Theories of Capital Structure and Estimating the Speed of Adjustment [J]. Journal of Financial and Quantitative Analysis,2009,44(2): 237-271.

[158] HOVAKIMIAN,GUANGZHONG.In Search of Conclusive Evidence: How to Test for Adjustment to Target Capital Structure[J]. Journal of Corporate Finance,2011,17(1):33-44.

[159] HUANG J,PIERCE J,TSYPLAKOV S. Post-Merger Integration Duration and Leverage Dynamics of Mergers: Theory and Evidence[R]. SSRN Electronic Paper,2012.

[160] IKENBERRY D,LAKONISHOK J,VERMAELEN T. Market Underreaction to Open Market Share Repurchases [J]. Journal of Financial Economics, 1995,39(2):181-208.

[161] JENSEN M C,MECKLING W H. Theory of the Firm: Managerial Behavior, Agency Costs and Ownership Structure[J]. Journal of Financial Economics, 1976,3(4):305-360.

[162] JENSEN M C. Agency Costs of Free Cash Flow, Corporate Finance and Takeovers[J]. American Economic Review,1986,76(2):323-329.

[163] JARRELL G A,BRICKLEY J A,NETTER J M. The Market for Corporate Control: The Scientific Evidence Since 1980 [J]. Journal of Economic Perspectives,1988(2):49-68.

[164] JUNG K,KIM Y C,STULZ R. Timing,Investment Opportunities,Managerial Discretion, and the Security Issue Decision [J]. Journal of Financial Economics,1996,42(2):159-186.

[165] JOVANOVIC B,ROUSSEAU P L. Mergers and Technological Change: 1885-1998[R]. Vanderbilt University Department of Economics Working Papers,

2001,11(1):122-127.

[166] JOVANOVIC B,ROUSSEAU P L. The Q-Theory of Mergers[J]. American Economic Review,2002,92(2):198-204.

[167] JINGHUA. Merger Waves: Theory and Evidence [J]. SSRN Electronic Paper,2009.

[168] KRAUS A, LITZENBERGER R H. A State-Preference Model of Optimal Financial Leverage[J]. The Journal of Finance,1973,28(4):911-922.

[169] KORAJCZYK R A,MCDONALD R L. The Effect of Information Releases on the Pricing and Timing of Equity Issues[J]. Review of Financial Studies, 1991,4(4):685-708.

[170] KHORANA A, ZENNER M. Executive Compensation of Large Acquirors in the 1980s[J]. Journal of Corporate Finance,1998,4(3):209-240.

[171] KAYHAN A, TITMAN S. Firms' Histories and Their Capital Structures[J]. Journal of Financial Economics,2007,83(1):1-32.

[172] KIM W, WEISBACH M. Motivations for Public Equity Offers: An International Perspective[J]. Journal of Financial Economics, 2008(87): 281-307.

[173] KORTEWEG A. The Net Benefits to Leverage[J]. Journal of Finance,2010, 65(6):2137-2170.

[174] LA PORTA, LOPEZ-DE-SILANES, SHLEIFER. Tunneling [J]. American Economic Review,2000,90(2):22-27.

[175] LEV B. Industry Averages as Targets for Financial Ratios[J]. Journal of Accounting Research,1969,7(2):290-299.

[176] LAMBERT R A, LARCKER D F. Executive Compensation Effects of Large Corporate Acquisitions[J]. Journal of Accounting & Public Policy,1987,6 (4):231-243.

[177] LOUGHRAN T, VIJH A M. Do Long-Term Shareholders Benefit From Corporate Acquisitions?[J]. Journal of Finance,1997,52(5):1765-90.

[178] LA PORTA, LOPEZ-DE-SILANES, SHLEIFER. Corporate Ownership around the World[J]. Journal of Finance,1999,54(2):471-517.

[179] LAMONT O A. Investment Plans and Stock Returns[J]. Journal of Finance, 1999,55(6):2719-2745.

[180] LAMBRECHT B M. The Timing and Terms of Mergers Motivated by Economies of Scale [J]. Journal of Financial Economics,2004,72(1):41-62.

[181] LEMMON M L, ROBERTS M R, ZENDER J F. Back to the Beginning:

Persistence and the Cross - Section of Corporate Capital Structure [J]. Journal of Finance,2008,63(4):1575-1608.

[182] LIU J,WEN Z. An Empirical Study on the Correlation Between Business Cycle and M&A[C]. IEEE International Conference on Management and Service Science,2010:1-6.

[183] MURRAY,VIDHAN. Testing the Pecking Order Theory of Capital Structure [J]. Journal of Financial Economics,2003(67):217-248.

[184] MARK,HANKINS. Estimating Dynamic Panel Models in Corporate Finance [J]. Journal of Corporate Finance,2013(19):1-19.

[185] MALCOLM,COVAL,STEIN.Corporate Financing Decisions When Investors Take the Path of Least Resistance[J]. Journal of Financial Economics, 2007,84(2):266-298.

[186] MILLER M H,MODIGLIANI F. Dividend Policy,Growth,and the Valuation of Shares[J]. Journal of Business,1961,34(4):411-411.

[187] MARRIS R. A Model of the "Manageria" Enterprise[J]. Quarterly Journal of Economics,1963,77(2):185-209.

[188] MUELLER D C. A Theory of Conglomerate Mergers[J]. Quarterly Journal of Economics,1969,83(4):643-59.

[189] MYERS S C. Determinants of Corporate Borrowing[J]. Journal of Financial Economics,1977,5(2):147-175.

[190] MELICHER R, LEDOLTER J, D' ANTONIO. A Time Series Analysis of Aggregate Merger Activity[J]. The Review of Economics and Statistics, 1983(65):423-430.

[191] MYERS S C. The Capital Structure Puzzle[J]. Journal of Finance,1984,39 (3):574-592.

[192] MYERS S C,MAJLUF N S. Corporate Financing and Investment Decisions When Firms Have Information that Investors Do Not Have[J]. Journal of Financial Economics,1984,13(2):187-221.

[193] RANDALL, SHLEIFER, VISHNY. Do Managerial Objectives Drive Bad Acquisitions? [J]. Journal of Finance,1990(45):31-48.

[194] MARTIN K J. The Method of Payment in Corporate Acquisitions,Investment Opportunities,and Management Ownership[J]. Journal of Finance,1996, 51(4):1227-1246.

[195] MITCHELL M L, MULHERIN J H. The Impact of Industry Shocks on Takeover and Restructuring Activity[J]. Journal of Financial Economics,

1996,41(2):193-229.

[196] MILBOURN T T, BOOT W A, THAKOR A V. Megamergers and Expanded Scope: Theories of Bank Size and Activity Diversity[J]. Journal of Banking & Finance,1999,23(2-4):195-214.

[197] MULHERIN J H, BOONE A L. Comparing Acquisitions and Divestitures[J]. Journal of Corporate Finance,2000,6(2):117-139.

[198] MCCANN. Cross-border Acquisitions: The UK Experience [J]. Applied Economics,2010,33(4):457-461.

[199] MAKSIMOVIC V, PHILLIPS G. The Market for Corporate Assets: Who Engages In Mergers and Asset Sales and Are There Efficiency Gains?[J]. Journal of Finance,2001,56(6):2019-2065.

[200] MUELLER D C, SIROWER M L. The Causes of Mergers: Tests Based on the Gains to Acquiring Firms' Shareholders and the Size of Premia [J]. Managerial & Decision Economics,2003,24(5):373-391.

[201] MUKHERJEE T K, KIYMAZ H, BAKER H K. Merger Motives and Target Valuation: A Survey of Evidence from CFOs [J]. Journal of Applied Finance,2005(14):7-24.

[202] MOELLER S B, SCHLINGEMANN F P, STULZ R M. Wealth Destruction on A Massive Scale? A Study of Acquiring-Firm Returns in the Recent Merger Wave[J]. Journal of Finance,2005,60(2):757-782.

[203] MALMENDIER, TATE, YAN. Corporate Financial Policies with Overconfident Managers [R]. Working Paper, Stanford University and University of Pennsylvania,2005.

[204] MALMENDIER, TATE.CEO Overconfidence and Corporate Investment[J]. Journal of Finance,2005,60(6):2661-2700.

[205] MALMENDIER, TATE. Who Makes Acquisitions? CEO Overconfidence and the Market's Reaction[J]. Journal of Financial Economics, 2008,89(1): 20-43.

[206] MARTYNOVA M, RENNEBOOG L. What Determines the Financing Decision in Corporate Takeovers: Cost of Capital, Agency Problems, or the Means of Payment?[J]. Journal of Corporate Finance,2009,15(3):290-315.

[207] MALMENDIER, TATE, YAN. Overconfidence and Early-Life Experiences: The Effect of Managerial Traits on Corporate Financial Policies [J]. The Journal of Finance,2011,66(5):1687-1733.

[208] MARTYNOVA, RENNEBOOG. The Performance of the European Market for

Corporate Control: Evidence from the Fifth Takeover Wave[J]. European Financial Management,2011,17(2):208-259.

[209] MAKAEW T. Waves of International Mergers and Acquisitions[C]. AFA 2012 Chicago Meetings Paper,University of South Carolina-Moore School of Business,2012(11).

[210] NELSON R L. Business Cycle Factors in the Choice Between Internal and External Growth[M]. ALBERTS W,SEGALL J. The Corporate Mergers. Chicago: University of Chicago Press,1996.

[211] NAKAMURA R H. To Merger and Acquire When the Times are Good? The Influence of Macro Factors on the Japanese M&A Pattern[R]. Working Paper,2004.

[212] OHLSON J A. Earnings,Book Values,and Dividends in Equity Valuation [J]. Contemporary Accounting Research,1995,11(11):661-687.

[213] OWEN S,YAWSON A. Corporate Life Cycle and M&A Activity[J]. Journal of Banking & Finance,2010,34(2):427-440.

[214] PRATTEN C. Economies of Scale in Manufacturing Industry [M]. Cambridge: Cambridge University Press,1971.

[215] PINKOWITZ,STULZ,WILLIAMSON. The Determinants and Implications of Corporate Cash Holdings[J]. Journal of Financial Economics,1999,52(1): 3-46.

[216] PENAS,UNAL. Gains in Bank Mergers: Evidence from the Bond Markets[J]. Journal of Financial Economics,2004,74(1):149-179.

[217] POWELL R,YAWSON A. Industry Aspects of Takeovers and Divestitures: Evidence from the UK[J]. Journal of Banking & Finance,2005,29(12): 3015-3040.

[218] PALMQUIST S,SANDBERG V. The Art of Surfing the Waves of Mergers and Acquisitions: An Empirical Study on the Macroeconomic Determinants of Mergers and Acquisitions in Sweden[D]. Doctoral Dissertation,Örebro University,2012.

[219] REID S. The Conglomerate Merger: A Special Case[J]. Antitrust Law and Economic Review,1968(2):141-166.

[220] RUBACK R S,JENSEN M C. The Market for Corporate Control: The Scientific Evidence[J]. Journal of Financial Economics,1983,11(1-4): 5-50.

[221] ROLL R. The Hubris Hypothesis of Corporate Takeovers[J]. Journal of

Business,1986,59(59):197-216.

[222] RAJAN R G, ZINGALES L. What Do We Know about Capital Structure? Some Evidence from International Data[J]. The Journal of Finance,1995, 50(5):1421-1460.

[223] RHODES - KROPF M, VISWANATHAN S. Market Valuation and Merger Waves[J]. Journal of Finance,2004,59(6):2685-2718.

[224] RHODES - KROPF, ROBINSON, VISWANATHAN. Valuation Waves and Merger Activity: The Empirical Evidence[J]. Journal of Financial Economics, 2005,77(3):561-603.

[225] ROSEN, R. Merger Momentum and Investor Sentiment: The Stock Market Reaction to Merger Announcements[J]. Journal of Business,2006,79(2): 987-1017.

[226] RESENDE, M. Mergers and Acquisitions Waves in the UK: A Markov-Switching Approach[J]. Applied Financial Economics,2008,18(13):1067-1074.

[227] STIGLER G J. Monopoly and Oligopoly by Merger[J]. American Economic Review,1950,40(2):23-34.

[228] STEINER P. Mergers: Motives, Effects, and Policies [M]. Michigan: University of Michigan Press,1975.

[229] SHLEIFER,VISHNY. Large Shareholders and Corporate Control[J]. Journal of Political Economy,1986,94(3):461-488.

[230] SHYAM-SUNDER, MYERS. Testing Static Tradeoff Against Pecking Order Models of Capital Structure[J]. Journal of Financial Economics, 1999, 51 (51):219-244.

[231] STULZ R. Managerial Control of Voting Rights: Financing Policies and the Market for Corporate Control[J]. Journal of Financial Economics,1988,20 (1-2):25-54.

[232] STEIN J. Takeover Threats and Managerial Myopia[J]. Journal of Political Economy,1988,96(1):61-80.

[233] STEIN J C. Efficient Capital Markets,Inefficient Firms: A Model of Myopic Corporate Behavior[J]. Quarterly Journal of Economics, 1989, 104 (4): 655-69.

[234] SHLEIFER A, VISHNY R W. Equilibrium Short Horizons of Investors and Firms[J]. American Economic Review,1990,80(2):148-53.

[235] STULZ R. Managerial Discretion and Optimal Financing Policies[J]. Journal

of Financial Economics,1990,26(1):3-27.

[236] SETH A. Value Creation in Acquisitions: A Re-examination of Performance Issues[J]. Strategic Management Journal,1990,11(2):99-115.

[237] SERVAES H. Tobin's Q and the Gains from Takeovers[J]. Journal of Finance,1991,46(1):409-419.

[238] SLUSKY A R,CAVES R E. Synergy,Agency,and the Determinants of Premia Paid in Mergers[J]. Journal of Industrial Economics,1991,39(3):277-96.

[239] SHLEIFER A, VISHNY R W. Takeovers in the 60s and 80s: Evidence and Implications[J]. Strategic Management Journal,1991,12(S2):51-59.

[240] SHLEIFER, VISHNY. Liquidation Values and Debt Capacity: A Market Equilibrium Approach[J]. The Journal of Finance,1992,47(4):1343-1366.

[241] SCHWERT G W. Markup Pricing in Mergers and Acquisitions[J]. Journal of Financial Economics,1996,41(2):153-192.

[242] STEIN J C. Rational Capital Budgeting in An Irrational World[J]. The Journal of Business,1996,69(4):429-455.

[243] SCHOENBERG R,REEVES R. What Determines Acquisition Activity Within An Industry?[J]. European Management Journal,1999,17(1):93-98.

[244] SETH A, SONG, et al. Synergy, Managerialism or Hubris? An Empirical Examination of Motives for Foreign Acquisitions of US firms[J]. Journal of International Business Studies,2000,31(3):387-405.

[245] SHLEIFER A, VISHNY R W. Stock Market Driven Acquisitions[J]. Journal of Financial Economics,2003,70(3):295-311.

[246] SUDARSANAM S. Creating Value from Mergers and Acquisitions: The Challenges[M]. Pearson Education,2003.

[247] SWIERINGA J, SCHAUTEN M. The Payment Method Choice in Dutch Mergers and Acquisitions[J]. SSRN Electronic Paper,2007.

[248] SY K,MIKE S. Takeover Activity as A Response to Time-Varying Changes in Investment Opportunity Sets: Evidence from Takeover Sequences[J]. Financial Management,2007,36(2):1-25.

[249] TRAVLOS N G. Corporate Takeover Bids, Methods of Payment, and Acquiring Firms' Stock Returns[J]. Journal of Finance, 1987, 42(4): 943-963.

[250] TITMAN S,WESSELS R. The Determinants of Capital Structure Choice[J]. The Journal of Finance,1988,43(1):1-19.

[251] TRAUTWEIN F. Merger Motives and Merger Prescriptions[J]. Strategic

Management Journal, 1990, 11(4): 283-295.

[252] UYSAL V B. Deviation from the Target Capital Structure and Acquisition Choices[J]. Journal of Financial Economics, 2011, 102(3): 602-620.

[253] VILLALONGA B, AMIT R. How do Family Ownership, Control and Management Affect Firm Value?[J]. Journal of Financial Economics, 2006, 80(2): 385-417.

[254] VERMAELEN T, XU M. Acquisition Finance and Market Timing[J]. Journal of Corporate Finance, 2014, 25(2): 73-91.

[255] WARR, ELLIOTT, KOËTER - KANT, et al. Equity Mispricing and Leverage Adjustment Costs[J]. Journal of Financial & Quantitative Analysis, 2012, 47(3): 589-616.

[256] WELCH I. Capital Structure and Stock Returns [J]. Journal of Political Economy, 2004, 112(1): 106-132.

[257] WESTON J F, MITCHELL M L, MULHERIN J H. Takeovers, Restructuring, and Corporate Control[M]. London: Prentice Hall, 2003.

[258] YAGIL J. Mergers and Macroeconomic Factors [J]. Review of Financial Economics, 1996, 5(2): 181-190.

[259] YEN T, ANDRÉ P. Concentrated Ownership and Long Term Operating Performance of Acquiring Firms: The Case of English Origin Countries[J]. Journal of Economics and Business, 2007(59): 380-405.

[260] ZHANG P.What Really Determines the Payment Methods in M&A Deals [J]. SSRN Electronic Paper, 2001.

索引

后记

专著付梓之际，心中充满感激之情。

本书是在笔者博士学位论文和一些后续研究的基础上修改完成的。本书能够顺利出版，首先感谢我的恩师刘淑莲教授。在博士求学期间，恩师刘淑莲教授以严谨的治学态度、深邃的思想境界为学生营造了一种良好的求学氛围，让我能潜心学术、开阔视野，接受全新的学术理念，树立自己的学术目标，在磕磕绊绊地走过书山学海之后，沉淀些许哲思。读博的日子里，我有过迷茫，有过困惑，恩师刘淑莲教授以博大的胸怀给我以宽容和理解，以渊博的学识给我以指导和教诲，让我能在风雨中执着追求，在坎坷中无悔前行。从学术论文到学位论文的选题、撰写和修改，无不渗透着恩师的点拨与指导，提升了学生的学术素养。博士毕业之后，恩师刘淑莲教授仍然一如既往地指导我的学术，而且在工作和生活上，也给予了关心与支持。恩重如山，无以言表，唯有铭刻于心，用终生的学术成果来报答老师的恩情！

还要特别感谢我在东北财经大学求学期间遇到的每一位老师。在张先治老师的课上，严谨的理论逻辑、清晰的研究脉络以及完整的研究框架始终是张老师对我们的谆告；在方红星老师的课上，学术前沿的敏锐性、研究方法的规范性一直是方老师对我们的劝导；在刘明辉老师的课上，理论联系实际、旁征博引是刘老师对我们的一贯要求；在陈国辉老师的课上，夯实理论基础、构建理论体系是陈老师对我们的不断教导。在开题、预答辩以及正式答辩阶段，张先治老师、王满老师、池国华老师、刘凌冰老师为笔者博士学位论文的框架结构和研究内容都提出了许多宝贵意见，使得论文更为完善。在论文的答辩会上，财政部企业司原司长刘玉廷老师、中国会计学会周守华副秘书长也对论文提出了很多建设性的意见。良师见教、受益匪浅，谢谢各位老师！

感谢我的同学，谢谢你们对我的学习与生活给予的无私帮助。感谢东北财经大学出版社在本书编辑和出版过程中的大力支持和帮助。

最后，我要感谢我的家人，你们的理解和支持是我顺利完成学业的后盾，也是鼓舞我继续前行的动力。

祝愿所有帮助和关心过我的人健康、快乐、幸福、平安！

李井林

2017年1月于武汉